미워하지 않으려면,
미움받지 않으려면

ADHD 지피지기 백전불태 ● ● 제2권 관계편

미워하지 않으려면, 미움받지 않으려면

~ ⌒

김강우 지음

하나醫學社

관계의 숲에서 길 잃은 ADHD인들에게 이 책이 나침반이 되어

행복이라는 보물을 찾는 여정에 함께하길 바랍니다.

"실패하는 길은 여럿이나 성공하는 길은 오직 하나다."

- 아리스토텔레스

추천의 글

시작하며

이 책의 추천사를 처음 부탁받았을 때, 과연 내가 작가의 깊은 통찰과 고통을 담아낸 이 책에 누를 끼치지 않을까 걱정되어 여러 번 고사했던 기억이 납니다. 하지만 이 젊은 작가의 열정과 의도가 순수하고 진실하다는 사실을 알게 되었고, 부족한 글솜씨가 부끄럽지만 용기를 내어 글을 쓰게 되었습니다.

우리는 책이 아닌, 실제로 고통 속에 있는 환자들을 진료실에서 만납니다. 이들은 저마다 깊은 사연을 지니고 있으며, 긴 고민 끝에 마지막이라는 심정으로 병원을 찾아옵니다. 저는 이야기의 시작을 진료실에서 울고 있는 세 사람의 이야기로부터 시작하고자 합니다.

첫 번째는 젊은 여대생입니다. 난생처음 시작한 아르바이트에서 한 달 만에 잦은 지적과 비난을 받고 자신감을 잃은 그녀는 대인관계가 두려워졌고, 앞으로 사회생활을 어떻게 해야 할지 도저히 모르겠다며 한참을 울었습니다.

두 번째는 30년 넘게 결혼 생활을 이어 온 중년의 남성입니다. 그는 가족을 위해 헌신했지만, 어느 날 아내로부터 "당신은 고집 불통에다가 자기밖에 모르는 사람이라 도저히 같이 살 수 없다"라는 말과 함께 일방적인 이혼 통보를 받았습니다. 가족이 인생의 전부였던 그는 한순간에 모든 것이 무너진 듯한 절망 속에서, 자신이 무엇을 잘못했는지 모르겠다며 긴 한숨을 내뱉었습니다.

마지막으로, 초등학교 3학년 남자아이는 친구들이 자신을 따돌렸다는 사실에 속상해했습니다. 그는 친구들이 자기만 빼고 축구를 한다는 사실을 선생님과 부모님께 알렸고, 이 소식을 들은 어머니는 크게 화를 내며 학교폭력위원회를 열어 책임을 묻겠다고 벼르고 있었습니다.

ADHD와 관계의 문제

이 세 사람의 사연은 서로 달라 보이지만, 자세히 들여다보면 모두 사람 사이의 문제 즉, '관계'에서 비롯된 고통이라는 공통점이 있습니다. 이러한 문제를 단순히 표면적으로 바라본다면, 뻔한 결론과 위로에 그치고 말 것입니다. 그러나 이들에게는 본질적인 공통점이 있습니다. 이들은 모두 ADHD로 인해 사회적 관계에서 고통을 겪고 있었습니다.

관계는 우리 인생의 어느 시기에도 피할 수 없는 요소입니다. 이는 우리가 예상하는 것보다 우리 삶에 훨씬 광범위한 영향을 미치고 있습니다. 따라서 ADHD로 인해 고민하거나 진단을 받은 사람들, 그리고 그 가족과 친구, 지인에게 이 책이 주는 의미는 남다르며, 그 가치는 우리가 기대하는 것보다 훨씬 깊습니다.

정보의 홍수 속에서 책의 역할

최근 ADHD에 대한 관심이 커지면서 수많은 정보가 쏟아지고 있습니다. 그러나 대다수의 정보는 유튜브 쇼츠나 인스타그램 피드와 같은 짧고 자극적인 형태로 제공됩니다. 이러한 정보들은 흥미를 끌 수는 있어도 실질적인 도움으로 이어지지 못합니다. 심지어 타인의 아픔을 이용해 부당한 이득을 취하는 사기꾼들에 의해 악용되는 일도 많습니다.

과거 병원을 찾은 한 환자분은 집중력 향상에 좋다는 소문을 듣고, 간판도 없는 보신원에서 300만 원어치의 탕약을 복용했지만, 쓰기만 했을 뿐 효과는 전혀 없었다고 했습니다. 만약 이 환자가 『미워하지 않으려면, 미움받지 않으려면』을 먼저 접했다면, 돈과 시간을 낭비하지 않은 채 많은 도움을 얻었을 거라 생각합니다.

이 책을 읽으면서 마음 깊이 감명받은 문구들이 많았습니다. 이 책은 ADHD에 대한 안내서이면서, 동시에 ADHD인을 위한 격려의 모음집처럼 느껴집니다. 이 책은 독자들에게 훌륭한 길잡이가 되어주며, 저자는 여러분의 든든한 동반자입니다. 저자의 글이 더욱 값지게 느껴졌던 이유는, 그의 실제 경험에서 비롯된 고민들이 진솔하게 담겨있을 뿐만 아니라, 이를 자신만의 통찰로 풀어내어 독자들이 쉽게 이해할 수 있도록 전달했기 때문입니다. 예를 들어, ADHD인이 흔히 빠지는 인지 오류 17가지에 대한 설명은 창의성이 돋보이면서도, 예비 ADHD인에게 큰 위로가 되는 친근한 설명이었습니다. 또한, 다양한 문헌을 참고하여 정보의 신뢰성을 높이려는 노력도 돋보입니다.

책에서는 적절한 진단과 치료를 통해 얻을 수 있는 효과를 설명하고, 치료 과정에서 겪게 되는 고통과 그 대처법까지 안내함으로써 독자들에게 안심을 주는 중요한 역할을 하고 있습니다.

이론과 현실의 차이 속에서 책의 역할

이 책은 ADHD 환자를 둔 보호자들이 그동안 이해하지 못했고 왜곡되기 쉬운 그들의 생각과 감정을 ADHD 증상을 통해 보다 깊고 명확하게 이해할 수 있도록 돕습니다. 일반적으로 ADHD에 관한 전문 서적을 읽어 나갈 때면, ADHD 증상과 아이들의 마음을 모두 이해하고, 넓은 마음으로 수용할 수 있을 것 같은 착각을 경험하지만, 실제 진료 현장에서 보호자들이 이를 받아들이는 것은 결코 쉽지 않습니다.

예를 들어, 주치의가 아이의 증상을 설명하는 도중 아이가 책상 위에 있던 물건을 떨어뜨리면 보호자들은 어쩔 줄 몰라 하며 아이에게 화를 내기 마련입니다. 이렇게 ADHD가 없는 일반인이 이를 완전히 이해하고 수용하는 것은 매우 어려운 일입니다. 하지만 이 책에서는 저자의 어린 시절 ADHD 경험과 자녀를 양육하는 현재의 경험이 결합된 만큼, 다른 책에서는 찾아보기 힘든 특별한 통찰을 제공합니다.

실생활에서 적용 가능한 행동 지침으로서 책의 역할

이 책은 ADHD와 관련된 문제를 단순히 분석하거나 지적하는 데 그치지 않고, 실제 생활에서 활용할 수 있는 마음챙김, 자기 객관화, 유연한 계획 작성 등 실질적인 행동 지침을 제공합니다. 저자는 첫 만남에서 좋은 인상을 주는 방법과 이를 바탕으로 관계를 유지하는 팁, 위기 상황에서의 대처 방안 등을 과거 자신의 경험을 바탕으로 아낌없이 공유합니다. 이 설명들은 누구나 쉽게 따라 할 수 있도록 제시되어, 집중력이 부족한 독자도 이해하고 실생활에 유용하게 활용할 수 있습니다.

치유 과정에서 얻은 교훈

마지막으로, 이 글을 마무리하면서 가장 인상 깊었던 문구를 공유하고

자 합니다.

지금까지 ADHD 환자들과 함께 치료와 회복의 길을 걸으면서 절실히 느낀 점이 있습니다.

첫째, 어느 누구도 ADHD라는 질병을 가져야 할 이유는 없다.

둘째, 의사와 환자, 그리고 가족이 함께 노력하지 않으면 난관을 극복하기 어렵다.

치료는 진료실에서만 이루어지는 것이 아니라, 이 책의 수많은 Q&A에서 볼 수 있듯이 생활 속 곳곳에서 치열하게 이루어진다는 사실을 깨달았습니다.

이 여정에서 다음 문구를 기억하고자 합니다. 여러분에게도 적극 추천합니다.

"행복은 저절로 찾아오는 것이 아니라,
끊임없는 노력을 통해 얻어지는 값진 선물입니다."

이 책이 값진 선물이 되기를 진심으로 기원합니다.

맑은정신건강의학과의원
원장 **신기택**

제목에 숨겨진 메시지

ADHD 지피지기 백전불태(이하 지백이) 1권의 제목은 "당신이 ADHD라고 해서, ADHD가 당신은 아니다"였습니다. 제목이 조금 길지만 그만큼 책이 담고 있는 의미를 쉽게 알 수 있었습니다. 하지만 지백이 2권의 경우 제목만 보고는 어떤 내용인지 짐작하기 어려울 수도 있겠다는 생각이 들었습니다. 그래서 제목에 담긴 의미를 좀 더 자세히 설명해드리려고 합니다.

지백이 2권의 제목을 "미워하지 않으려면, 미움받지 않으려면"으로 정한 이유는 대인관계에 어려움을 겪는 ADHD인들이 부담 없이 책을 펼쳐 보길 바라기 때문입니다.

1권에서 ADHD에 대한 전반적인 이해와 공부 방법을 다루었다면, 2권에는 ADHD로 인해 대인관계에서 발생하는 다양한 문제와 그에 대한 조언을 담았습니다. 하지만 '성공적이고 행복한 관계' 같은 거창한 목표는 오히려 ADHD인들에게 부담감을 줄 수 있다고 생각했습니다.

우리 ADHD인은 성공 가능성이 작다고 판단되면, 아예 시도하지 않고 회피하려는 경향이 있기 때문입니다. 따라서 "미워하지 않으려면, 미움받지 않으려면"이라는 제목은 '완벽한 관계'라는 부담스러운 목표가 아닌, '미워하지 않고 미움받지 않는 관계'라는 좀 더 접근 가능한 목표를 제안합니다. 특히 '미워하지 않으려면'이라는 표현에는 단순히 미움받지 않는 것을 넘어 긍정적인 관계를 만들기 위해서는 ADHD인들의 적극적인 노력과 자세가 필요하다는 의미가 담겨 있습니다.

또한 이 제목은 미워하지 않으려는 마음과 미움받지 않으려는 마음이 서로 연결되어 있다는 의미를 담고 있습니다. 미움받지 않으려는 마음은 타인과 갈등 관계를 피하고 원만하게 지내고자 하는 인간의 자연스러운 욕구입니다. 그런데 ADHD인은 감정 기복, 충동성 등 ADHD 성향으로 인해 자기도 모르게 갈등 상황에 빠지곤 합니다. 그런 만큼 미움받지 않으려는 마음은 ADHD인들이 사회생활을 원활하게 하는 데 필요한 동기가 됩니다.

반면, 미워하지 않으려는 마음은 상대방에 대한 이해를 바탕으로 상대방을 헤아리고자 시도함으로써 자신의 부정적인 감정을 제어하려는 노력입니다. 누군가를 미워하는 마음은 ADHD인에게 스트레스와 불안을 불러일으킵니다. 이로 인해 ADHD인은 자신의 ADHD 성향을 조절하는 데 어려움을 겪고 괴로워합니다. 따라서 이 마음은 ADHD인들이 자기 자신을 제어하고 주변과 조화롭게 지내는 데 필수적입니다. 결국, 미움받지 않으려는 마음은 미워하지 않으려는 마음에서 나오고, 미워하지 않으려는 마음은 미움받지 않는 결과로 이어지는 선순환 구조가 만들어집니다.

저 역시 ADHD인으로서 ADHD로 인해 대인관계에 어려움을 겪었으며, 그 과정에서 미움받지 않으려는 마음과 미워하지 않으려는 마음의 중요성을 알게 되었습니다. 타인을 이해하고 공감하는 노력을 통해 관계가 개선되는 경험을 하면서, 두 마음의 상호 작용을 몸소 느낄 수 있었습니다.

두 마음은 긴밀하게 연결되어 있기에 함께 키워 나가야 합니다. 그러나 저는 개인적으로 '미워하지 않으려는 마음'이 먼저라고 생각합니다. 누군가를 미워하는 마음은 자신을 괴롭히는 것이므로, 결국 자기 자신을 불행하게 만듭니다. 미움에 사로잡히면 주변과 벽을 쌓고, 자기 자신을 고립시키게 됩니다.

미워하지 않으려는 마음은 자신을 보호하고, 나아가 타인과의 관계를 개선해 행복한 삶을 살아가도록 도와줍니다. 그래서 2권의 제목을 '미움받지 않으려면, 미워하지 않으려면'이 아닌, "미워하지 않으려면, 미움받지 않으려면"으로 정했습니다.

이 책을 통해서 ADHD인들이 대인관계에 취약한 이유를 이해하고, 관계 개선을 위한 실질적인 조언들을 통해 더 행복한 삶을 살아갈 수 있기를 진심으로 바랍니다.

목차

5장. 지백이 대화방 고민 상담

프롤로그

톨스토이의 소설 『안나 카레니나』는 이렇게 시작합니다. "행복한 가정은 모두 엇비슷하고, 불행한 가정은 불행한 이유가 제각기 다르다." 행복한 가정은 여러 조건이 조화롭게 어우러져야 가능하지만, 그중 단 한 가지 조건만 어긋나도 불행한 가정이 될 수 있다는 의미입니다. 행복한 삶도 마찬가지로 행복을 위한 여러 조건 중 하나라도 충족되지 못하면 불행해질 수 있습니다.

2007년, 캘리포니아 클레이몬트 대학원에서는 '행복'을 학문적으로 연구하는 '행복학' 전공이 개설되었습니다. 이는 행복에 대한 본격적인 연구의 시작을 알리는 중요한 계기가 되었습니다. 이후 전 세계적으로 행복 연구가 활발하게 진행되었고, 그 결과 행복한 삶을 살아가는 사람들의 비밀이 하나씩 밝혀졌습니다. 그들에게서 여러 가지 공통 요소를 발견할 수 있었는데, 그중에서도 '주변 사람과의 좋은 관계 유지'가 행복에 가장 큰 영향을 미치는 요인으로 나타났습니다.

이를 통해 행복을 위해서는 건강, 경제적 안정, 성취감 등 다양한 요소가 필요하지만 그중에서도 타인과의 관계가 가장 큰 영향을 미친다는 것을 알 수 있습니다. 그러나 안타깝게도 ADHD 성향을 가진 사람들은 사회성 기능이 부족해 원만한 대인관계를 유지하는 데 어려움을 겪곤 합니다. 충동적인 언행으로 본의 아니게 상대방에게 상처를 주거나 오해가 생기는 경우가 많고, 숨은 맥락을 파악하지 못해 엉뚱한 말을 하거나 분위기를 깨는 경우 등도 있습니다.

지백이 시리즈는 ADHD인들이 어려운 삶을 극복하고 행복한 삶을 살아가는 데 도움을 주고자 기획되었습니다. 이번 지백이 2권에서는 사회성 기능과 대인관계 개선에 초점을 맞추어 ADHD인들이 행복한 삶을 만들어 갈 수 있도록 안내하려고 합니다.

커뮤니케이션의 기준은 내가 아니라 상대에게 있다.

성공적인 대인관계를 위해서는 무엇보다 '커뮤니케이션'이 중요합니다. 커뮤니케이션의 핵심은 상대방 중심의 사고입니다. 즉, '내가 어떤 의도로 말했는가?' 보다 '상대방이 나의 말과 행동을 어떻게 받아들였는가?'에 집중해야 합니다. 내가 아무리 좋은 의도로 말했다 하더라도, 상대방이 불편함이나 오해를 느꼈다면 좋은 커뮤니케이션이라 할 수 없습니다. '내 마음을 몰라주다니, 참 섭섭하네' 하며 상대방을 탓하기 전에 내가 의도를 제대로 전달했는지 먼저 돌아보는 것이 중요합니다.

물론, 이러한 상대방 중심의 커뮤니케이션은 하루아침에 쉽게 익힐 수 있는 기술이 아닙니다. 특히 ADHD 성향을 가진 ADHD인들에게는 오랜 시간 굳어진 습관을 바꾸는 과정이 버겁게 느껴질 수 있습니다.

하지만 꾸준히 노력하고 연습하다 보면, 분명 자연스럽게 익숙해질 겁니다.

'나는 다른 사람들이 동의하지 않아도 내 방식대로 하는 것이 더 편하고 효율적이야. 내가 왜 굳이 다른 사람들에게 맞춰야 해?'라고 생각할 수도 있습니다. 하지만 이러한 생각은 결국 스스로 고립시키고 불행하게 만듭니다. 변화해야 하는 이유는 다른 사람의 행복이 아니라, 바로 자신의 행복을 위해서입니다. 원만한 대인관계는 행복한 삶의 필수 조건이며, 상대방 중심의 커뮤니케이션은 그 첫걸음입니다.

여러분은 행복해질 자격이 있습니다. 지금까지 어떤 삶을 살아왔든, 지금 이 순간부터 행복을 향해 나아갈 수 있습니다. 행복은 저절로 찾아오는 것이 아니라, 끊임없는 노력을 통해 얻는 값진 선물입니다. 주변 사람들과의 관계를 개선하기 위한 노력은 그 자체로 충분히 가치 있습니다. 따뜻한 말 한마디, 진심 어린 공감 그리고 작은 배려가 모여 서로 지지하고 응원하는 긍정적인 관계를 만들어 냅니다. 이러한 긍정적인 관계는 우리 삶을 더 풍요롭고 행복하게 만들어 줍니다.

우리의 뇌와 근육은 사용하지 않으면 퇴화합니다. 사람들과 관계에서 받은 상처 때문에 혼자 지내는 것을 선택한다면, 사회성이 점점 퇴화하고 결국 더 큰 괴로움에 휩싸일 수 있습니다. 이러한 악순환을 깨뜨리기 위해서는 용기를 내어 변화를 시도해야 합니다. 지금 당장 변화를 시작하세요. 오늘이 가장 쉽고 빠르게 변화할 수 있는 날입니다.

이 책을 펼친 당신은 이미 변화를 선택했습니다. 변화는 결코 쉽지 않지만, 용기 있는 당신이라면 충분히 해낼 수 있습니다. 작은 노력이 모여 큰 변화를 만들어 낼 수 있다는 것을 늘 기억하길 바랍니다. ADHD로 인해 겪었던 괴로움과 아픔을 극복하고, 더 건강하고 행복한 삶을 만들어 갈 수 있다는 믿음을 가지세요. 그리고 그 믿음을 누구도 빼앗아 갈 수 없도록 당신만의 강력한 무기로 만드세요.

나는 과거의 두려움을 극복하고,
변화를 통해 성장하는 용기 있는 사람이다.

ADHD인의 대인관계 개선에 필요한 두 가지

대인관계는 단순히 한 사람의 사회성이나 소통 기술만으로 결정되지 않습니다. 업무 능력, 책임감, 신뢰성 등 다양한 요소가 복합적으로 작용해 관계의 질이 결정됩니다. 대인관계 기술과 사회적 기능이 동일하더라도 뛰어난 능력과 신뢰를 갖춘 사람은 주변에 긍정적인 영향을 주고, 자연스럽게 좋은 관계를 형성할 가능성이 큽니다. 그러나 실수가 잦고 능력이 부족하다고 평가받는 사람은 주변을 불안하게 만들며, 좋은 관계 형성에 어려움을 겪을 수 있습니다.

아쉽게도 많은 ADHD인이 주의력 조절 어려움, 충동성, 감정 조절 어려움, 메타인지 기능 약화 등으로 인해 자신이 가진 능력을 제대로 발휘하지 못하고 남들보다 더 실수하는 경향이 있습니다. 이런 모습은 주변인에게 부정적인 인상을 주거나 관계를 어렵게 만드는 요인이 되기도 합니다. 하지만 지백이 1권에서 확인했듯이, ADHD는 극복할 수 없는 장애가 아닙니다. 약물 치료, 마인드셋 전환, 효과적인 대처 전략 등을 통해 ADHD를 극복하고 오히려 강점으로 활용할 수 있습니다.

ADHD인들의 성공적인 대인관계 형성을 위해서는 사회성 기술과 소통 능력을 향상시키는 노력뿐 아니라, 자신의 능력을 개발하고 신뢰를 쌓는 노력도 더불어 해야 합니다. 이 책은 ADHD 성향을 바탕으로 대인관계 개선을 위한 다양한 방법을 제시합니다. 하지만 그것만으로는 충분하지 않습니다. 지백이 1권에서 미처 다루지 못했던 내용, 즉 꾸준한 노력을 통해 ADHD를 극복하고 자신의 능력을 발휘하는 데 도움이 되는 내용도 함께 담았습니다. 이 책을 통해 ADHD인들이 사회적 활동에서 느끼는 어려움의 원인을 파악하고, 대인관계 개선을 위한 실질적인 방법을 배우고 실천함으로써 행복한 대인관계를 만들어 갈 수 있다는 희망을 가질 수 있기를 진심으로 응원합니다.

지백이 2권, 어떻게 달라졌나?

지백이 1권을 구매한 후 바로 읽지 않고 미루다가 후회했다는 독자분이 많았습니다. 그 이유를 몇 가지 생각해 봤습니다.

첫째, 1권은 제가 쓰는 첫 책이라는 부담감 때문에 문장에 너무 힘을 줘 딱딱하게 느껴졌을 수 있습니다. ADHD인에 관한 재미있는 이야기도 중요한 내용이 가벼워 보일까 봐 모두 뺐습니다. 하지만 2권에서는 제 ADHD 기질을 숨기지 않고 재미있는 이야기도 담았습니다.

둘째, ADHD인의 충동성으로 쉽게 책을 구매했지만, 그 동기만은 가볍지 않았을 것입니다. 이미 블로그와 오픈채팅을 통해 책의 내용을 알고 있으며, 삶의 변화에 대한 의지와 희망을 가지고 구매했을 것입니다. 하지만 이 책을 읽고 변화해야 한다는 부담감과 실패에 대한 불안감이 미루기라는 회피 반응으로 이어졌을 수 있습니다. 이번 2권은 부담감을 낮추고 가볍게 읽을 수 있도록 썼습니다.

지백이 책을 구매했다는 것은 이전과 달라지고 싶은 욕구와 욕망이 있다는 증거입니다. 흔히 ADHD인은 의지가 없다고 오해받지만, 누구보다 변화하고 싶어 하고 인정받고 싶어 합니다. 스스로 병원을 찾아가 진단받고 치료하는 것 자체가 의지의 표현입니다. 하지만 꿈을 이루기 위한 노력이 버겁게 느껴져 포기하거나 타협하는 경우도 있습니다.

의지가 있는 사람은 두 부류로 나뉩니다. 목표를 쟁취하는 사람과 노력은 하지만 주의가 분산되어 실패하는 사람입니다. 많은 ADHD인이 후자에 속합니다. 꿈과 행동의 간극이 클수록 우울증이나 불안 등 2차적인 어려움이 발생하고 빈곤의 악순환에 빠지기 쉽습니다. 하지만 ADHD인은 의지가 없거나 게으른 것이 아닙니다. 단지 자신의 몸을 제대로 사용하지 못하는 것일 뿐입니다. 이 책을 통해 틀린 명령어를 바로잡고 변화하는 방법을 함께 알아봅시다.

변화는 '내용 확인 후 생각 바꾸기', '실천', '습관 형성', '삶의 변화'라는 네 단계를 거칩니다. 각 단계는 순차적으로 진행되며 많은 시간이 필요합니다. 조급함은 가장 큰 방해물입니다. 하지만 지금도 많은 ADHD인이 이 과정을 밟고 있습니다. 1보 후퇴 후 2보 전진한다는 믿음을 가지고 꾸준히 노력하면 변화할 수 있습니다. 고민하지 말고 '미루기 극복 10계명'을 외치며 지금 바로 시작하세요. "할 마음은 시작하면 생긴다! 셋! 둘! 하나! 시작!"

이 책을 쓰는 저자는 행복할까?
대인관계를 어려워하지 않을까?

솔직히 말씀드리면, 저도 항상 행복하지만은 않습니다. 행복한 순간도 있지만, 그렇지 않은 순간도 많습니다. 어쩌면 이 글을 읽는 분 중에는 저보다 더 행복한 삶을 살고 있는 분이 많을지 모릅니다. 과거의 아픔 때문에 부정적인 생각에 쉽게 빠지는 저는 행복한 시간보다는 힘든 시간이 더 많은 것 같습니다. 그럼에도 끊임없이 행복을 추구합니다. 사랑하는 가족이 행복하려면 제가 먼저 행복해야 한다고 믿기 때문입니다.

삶이란 원래 괴롭고 고통스러운 과정일지도 모릅니다. 나만 힘든 것 같지만, 사실 모든 사람이 저마다의 문제와 어려움으로 괴로워합니다. 이런 현실 속에서 '행복'이라는 단어가 사치스럽게 느껴질 수도 있습니다. 하지만 그렇다고 행복을 포기해서는 안 됩니다.

지금 당장 행복하지 않더라도, 행복을 향해 조금씩 나아가는 것을 목표로 삼아 보세요. 이 책이 당신을 단번에 행복하게 해 주지 못할 수도 있습니다. 하지만 행복해지기 위해 무엇이 필요한지, 어떤 노력을 해야 하는지 깊이 고민하는 계기를 마련해 줄 겁니다. 그리고 그 과정에서 몰랐던 자신의 문제점을 발견하고, 해결의 실마리를 찾게 되리라 생각합니다.

ADHD인으로서 대인관계 어려움이 완전히 사라진 것은 아닙니다. 하지만 예전과 달리 대인관계에 어려움을 가져오는 제 안의 ADHD 성향을 조절할 수 있다는 것을 알고 있습니다. 여러분도 꾸준히 노력하면 스스로 대처할 수 있다는 것을 깨닫게 될 겁니다. 이전과 달라진 점이 없다고 좌절할 수도 있겠지만, 그런 기분은 누구나 느낍니다. 중요한 것은 이전보다 조금씩 나아지고 있다는 점을 인지하는 겁니다. 삶은 결과가 아니라 과정이라는 점을 기억하세요.

이 책을 쓰는 동안 저는 소통과 행복이 무엇인지 깊이 고민하고 탐구했습니다. 적어도 이 책을 쓰기 전보다 지금이 더 행복하고, 소통에 자신감이 생겼습니다.

1장. ADHD와 나에 대한 이해를 넘어서

01

ADHD인이 흔히 빠지는 인지 오류 17가지

제가 운영하는 ADHD 관련 채팅방 중에는 ADHD인 1,000여 명이 활발히 대화를 나누는 곳이 있습니다. 다양한 주제가 오가지만, 가장 많은 주제는 일상의 어려움에 대한 고민입니다. 가족, 직장, 대인관계, 스트레스, 경제적 어려움, 직업, 불안, 가치관 혼란 등 다양한 고민이 공유되고 함께 해결책을 찾습니다. 흥미로운 점은 이러한 고민들이 ADHD 워크북에서 소개하는 'ADHD인이 쉽게 빠지는 왜곡된 인지 유형'과 관련이 깊다는 것입니다. 아래 소개하는 17가지 유형 중 적어도 하나 이상 해당하는 경우가 많습니다. 저 역시 15년간 치료를 받아왔지만, 여전히 무의식적으로 이러한 왜곡된 사고에 빠지곤 합니다.

이제부터 ADHD인이 쉽게 빠지는 인지 오류 17가지 유형을 살펴보겠습니다. 이는 대화방의 실제 고민들을 참고해 재구성한 것입니다. 자신도 모르게 빠지게 되는 사고방식은 없는지 되돌아보는 시간이 되길 바랍니다.

(1) 확대: 객관적인 사실을 넘어 부정적인 측면을 과장하고, 이로 인해 지레 겁을 먹는다.

예시 공무원 시험 모의고사를 본 꺼벙이와 현명이의 반응

· 꺼벙이: "복습했는데 또 틀렸어. 난 공부해도 소용없나 봐. 맞힌 건 다 쉬운 문제야."
→ 실패를 과장하고 자신의 능력을 과소평가함

· 현명이: "틀린 건 아직 익숙하지 않아서 그래. 다시 풀어 보자. 맞히는 문제가 점점 늘고 있어."
→ 객관적으로 상황을 판단하고 개선에 집중함

(2) 축소: 객관적인 판단을 회피하고, 불안한 상황을 축소해 안심하려고 한다. 특히 시간이나 노력 등을 과소평가하는 경향이 있다.

예시 과제 제출 기한을 앞둔 꺼벙이와 현명이의 반응

· 꺼벙이: "아직 사흘이나 남았으니 내일 해도 돼. 이틀이면 충분해. 내가 듣기론 늦게 내도 괜찮다던데."
→ 시간과 난이도를 과소평가하고 낙관적으로 생각함

· 현명이: "다른 사람은 사흘 걸린다고 하지만 난 시간이 더 걸릴 수도 있어. 지금 시작해야 해."
→ 현실적으로 판단하고 즉각적으로 행동함

(3) 타인 비교: 남과 비교하며 과도하게 자책하고, 이상적인 타인과 비교해 자신감을 잃는다.

예시 학습 내용을 이해하는 속도에 대한 꺼벙이와 현명이의 생각

· 꺼벙이: "다른 사람들은 한 번에 이해하겠지? 난 세 번 넘게 봐도 자꾸 잊어버려."

→ 자신을 이상적인 타인과 비교하며 자책함

· 현명이: "세 번 봐도 기억 안 나네. 수첩에 적어서 더 자주 봐야겠다."

→ 자신의 상황에 맞는 해결책을 모색함

(4) 이분법적 사고: 결과를 '성공 아니면 실패' 둘 중 하나로만 판단하고, 실패에 대한 두려움으로 아예 시도조차 하지 않으려 한다.

예시 팀 프로젝트 결과에 대한 꺼벙이와 현명이의 태도

· 꺼벙이: "입상하지 못하면 10개월 동안 쏟아붓는 노력이 모두 헛수고야. 차라리 놀자."

→ 실패를 극단적으로 생각하고 포기함

· 현명이: "10개월 동안 많은 걸 배울 수 있을 거야. 혹시 떨어진다고 해도 다음에 도움이 될 거야."

→ 과정의 가치를 인정하고 긍정적인 태도를 유지함

(5) 근거 없는 추측: 타인이 자신의 단점을 알고 부정적으로 평가한다고 믿는다.

예시 강의 후 식사 제안을 거절당한 꺼벙이와 현명이의 해석

· 꺼벙이: "철수는 내가 수업을 못 따라가는 걸 알고 멀리하는 게 분명해."

→ 근거 없이 타인의 의도를 부정적으로 추측함

· 현명이: "철수가 선약이 있나 보네. 밥 빨리 먹고 녹음 파일 들으며 복습해야지."

→ 다른 가능성을 고려하고 자신이 할 일에 집중함

(6) 비관적 예상: 긍정적인 상황에서도 부정적인 결과를 예측하고 불안해한다.

> **예시 대학 신입생이 된 꺼벙이와 현명이의 생각**
>
> · 꺼벙이: "새로운 친구들이 잘해 주지만 결국 나는 또 외톨이가 될 거야."
> → 미래를 부정적으로 예상하고 걱정함
>
> · 현명이: "새로운 친구들과 잘 지내고 싶어. 과거 실수를 반복하지 않도록 노력해야지."
> → 긍정적인 기대를 하며 개선하려는 의지가 있음

(7) 감정적 판단: 이성적인 판단보다 감정에 휩쓸려 결정하고 행동한다.

> **예시 해야 할 일을 미루는 꺼벙이와 현명이의 대처**
>
> · 꺼벙이: "일하기 싫으니 청소부터 하자. 집이 깨끗하면 일이 하고 싶어질 거야."
> → 감정에 따라 행동을 미루고 합리화함
>
> · 현명이: "청소하고 싶은 마음은 허상이야. 일단 장소를 바꿔서 딱 10분 만 해 보자."
> → 감정을 인정하고 행동 변화를 시도함

(8) 성급한 일반화: 하나의 사실을 바탕으로 전체를 판단하고 성급하게 결론을 내린다.

> **예시 회사 인턴 동기들과 학벌을 비교하는 꺼벙이와 현명이의 반응**
>
> · 꺼벙이: "나만 학벌이 낮으니 인턴으로 끝나겠지. 대충 다녀야겠다."
> → 한 가지 사실로 미래를 부정적으로 단정함

· 현명이: "학벌은 조금 부족하지만 내가 첫 정직원이 되도록 노력해야지."
→ 현실을 인정하고 긍정적인 목표를 설정함

(9) 공평하다는 착각: 세상은 공평해야 한다는 믿음으로 불공평한 상황에 과도하게 분노하고 억울해한다.

예시 동기와의 업무 진행 속도를 비교하는 꺼벙이와 현명이의 생각

· 꺼벙이: "왜 나만 지적받고 동기는 벌써 업무에 투입됐지? ADHD라서 억울해."
→ 불공평함에 분노하며 자신의 어려움을 ADHD 탓으로 돌림

· 현명이: "동기가 더 능숙하네. 따라잡으려면 더 노력해야겠어."
→ 차이를 인정하고 발전하기 위한 노력에 집중함

(10) 엄격한 잣대: 비현실적인 목표와 규칙을 세우고, 이를 지키지 못하면 과도하게 자책하며 자신감을 잃는다.

예시 빼곡한 계획표를 지키지 못한 꺼벙이와 현명이의 반응

· 꺼벙이: "ADHD 약을 먹는데 왜 계획을 못 지키지? 난 역시 안 돼."
→ 자신에게 지나치게 엄격한 기준을 적용하고 자책함

· 현명이: "이 계획을 따라가는 건 아직 무리인가 봐. 내일은 좀 더 여유롭게 계획을 짜야지."
→ 자신의 상황을 현실적으로 인식하고 계획을 수정함

(11) 비약: 근거 없는 추측을 사실처럼 믿고, 상황을 과장해 부정적인 결론을 내린다.

> **예시 회식 자리에서의 상황을 해석하는 꺼벙이와 현명이의 태도**
> · 꺼벙이: "내가 나타나기만 하면 말을 멈추는 걸 보니 뒷담화 하는 게 분명해. 회사를 그만둬야겠어."
> → 근거 없이 상황을 확대 해석하고 극단적으로 결정함
> · 현명이: "내가 나타나면 대화가 멈추네. 혹시 내가 뭐 실수한 건 아닐까? 동료에게 물어봐야겠어."
> → 다른 가능성을 고려하고 상황을 확인하려고 노력함

(12) 꼬리표 붙이기: 자신이나 상황을 단정적으로 규정하고, 그 틀에 맞춰 해석한다.

> **예시 과제를 미루다가 후회하는 꺼벙이와 현명이의 반응**
> · 꺼벙이: "역시 난 게을러, 정말 구제 불능이야."
> → 자신에게 부정적인 꼬리표를 붙이고 자책함
> · 현명이: "과제가 부담스러워서 회피했구나. 다음엔 침대 없는 곳에서 시도해야지."
> → 행동을 분석하고 개선 방안을 모색함

(13) 낙관 회로: 복잡한 문제 상황을 단순화하고, 낙관적인 결과만 기대하며 노력을 과소평가한다.

> **예시 프로젝트 성공과 승진 가능성에 대한 꺼벙이와 현명이의 생각**
> · 꺼벙이: "지각은 좀 했지만, 이번 프로젝트만 성공하면 승진 확정이야! 경쟁자도 없으니 문제없어."
> → 단순하게 생각하고 노력을 과소평가함

· 현명이: "프로젝트가 성공해도 승진은 불확실해. 경쟁사에서 먼저 발표하기 전에, 더 철저히 준비하고 일정도 앞당겨야겠어."
→ 현실적으로 상황을 판단하고 꾸준하게 노력함

(14) 남 탓: 자신의 책임을 회피하고 문제의 원인을 타인에게 돌린다.

예시 논문 제출 지연에 대한 꺼벙이와 현명이의 반응

· 꺼벙이: "실험 기구 사용 순번이 늦어지는 바람에 논문 제출이 늦어졌어. 동료와 교수님이 배려가 없어."
→ 책임을 전가하고 불평함

· 현명이: "미리 실험 기구 사용 신청을 안 한 내 잘못이 커. 지금 할 수 있는 다른 방법을 찾아봐야겠다."
→ 자신의 책임을 인정하고 해결책을 모색함

(15) 내 탓: 문제 상황에서 과도하게 책임을 지고 죄책감을 느낀다.

예시 날씨 예보에 없었던 비가 내려 야외 나들이를 망친 꺼벙이와 현명이의 반응

· 꺼벙이: "나 때문에 나들이를 망쳤어. 내가 아이들을 실망시켰어."
→ 과도하게 자책하며 죄책감을 느낌

· 현명이: "비는 예상 못 했지만, 어쩔 수 없지. 지금 이 순간을 즐기는 게 중요해. 아이들과 영화를 보거나 맛있는 걸 먹으러 가야겠나."
→ 상황을 수용하고 긍정적인 대안을 제시함

(16) 자의적 해석: 특정 정보에만 집착해 전체적인 맥락을 무시하고 자신에게 유리한 방향으로 해석한다.

> **예시 수능 킬러 문항 폐지에 대한 꺼벙이와 현명이의 해석**
>
> · 꺼벙이: "킬러 문항이 없어진다니 시험이 쉬워지겠군. 어려운 문제는 넘기고 쉬운 문제만 풀어야지."
> → 자신에게 유리한 정보만 취하고 학습 전략을 잘못 세움
>
> · 현명이: "킬러 문항은 없어져도 다른 유형의 어려운 문제가 나올 수 있어. 방심하지 말고 꾸준히 공부해야지."
> → 다양한 가능성을 고려하고 객관적으로 상황을 판단함

(17) 무용無用한 고집: 스스로 중요하다고 여기는 것에는 '반드시, 꼭'이라는 단어를 포함해 말하면서, 유용하지 않은 규칙을 고집한다. 그렇지만 정작 중요한 일은 소홀히 한다.

> **예시 시험을 준비하는 꺼벙이와 현명이의 생각**
>
> · 꺼벙이: "시험공부를 할 때는 반드시 빨간색 펜으로 밑줄을 그어야 해. 안 그러면 불안해서 집중이 안 돼."
> → 불필요한 규칙에 집착하며 시간을 낭비함
>
> · 현명이: "시험 전날에는 충분히 자고 아침에 가벼운 운동을 하는 게 집중력에 도움이 돼."
> → 효율적인 학습 습관에 집중함

02

ADHD tax ①: 정의

ADHD tax(ADHD 세금)는 ADHD인이 자신의 ADHD스러운 모습으로 인해 일상에서 지출하는 비용을 말합니다. 이런 비용으로 납부일을 지키지 않아서 내는 벌금, 늦은 밤 충동적으로 구매하는 배달 음식이나 쇼핑 등에 쓰는 돈이 먼저 떠오를 것입니다. ADHD로 인한 금전적 손해도 물론 중요하지만, 우리 삶에는 그 이상으로 영향받는 것이 많습니다. 대인관계 실패, 에너지 관리 실패, 시간 관리 실패, 건강 관리 실패 등이 여기에 해당합니다. 이런 것도 모두 ADHD tax에 포함됩니다.

ADHD tax는 다양한 형태로 나타납니다.

- 경제적 손실: 반복되는 충동 구매로 인한 쇼핑 중독, 납부 기한을 잊어서 내야 하는 과태료, 잦은 이직과 취직의 어려움으로 인한 수입 감소, 잘 알아보지 않고 충동적으로 진행하는 투자 등
- 생산성 감소: 일을 하다가 자꾸 딴짓을 함, 중간에 딴생각을 하다

가 실수하고 다시 수정과 확인을 하면서 시간을 소비함, 목표로 삼은 공부량을 완수하는 데 더 많은 시간이 걸림 등

- 대인관계 문제: 잦은 지각과 약속 불이행으로 신뢰받기 어려움, 귀찮고 번거롭다는 이유로 사회적인 활동 기피, 친구들과 소통하는 데 어려움 발생 등

ADHD tax를 줄이려면 어떻게 해야 할까?

첫째, 자신의 ADHD를 하루빨리 인정하고 적극적으로 대처합니다. 치료를 미룰수록 ADHD tax가 점점 커진다는 사실을 기억하세요.

둘째, 정신과 전문의와 치료 계획을 세우고 꾸준하게 치료합니다. 약물 치료나 인지행동치료는 전문적인 도움을 받는 것이 중요합니다.

셋째, 『당신이 ADHD라고 해서, ADHD가 당신은 아니다』 315~319쪽의 'ADHD 이론 정복 콤팩트 로드맵 & 알고리즘' 내용을 확인하고 실행합니다(https://drgogo.tistory.com/m/159 참조).

나는 ADHD에 대한 정보를 적극적으로 활용해
더 나은 삶을 만든다.

03

ADHD tax ②: 약을 먹으면 진짜 모습이 사라질까?

"ADHD 진단 후 치료를 시작하고 나서 세상이 뒤죽박죽입니다. 내 성격과 내 모습이라고 생각했던 게 사실 ADHD 증상이네요. 개성이라고 생각했던 걸 치료하면서 노력으로 바꿔야 한다고 생각하니 마음이 복잡해요. 약물 치료를 하면서 내가 바뀌게 된다면 나는 원래 어떤 사람일까요? 약을 먹기 이전의 나 그리고 약을 먹으면서 달라진 나, 어떤 모습이 저의 진짜 모습일까요? 혼란스럽습니다."

– ADHD 지피지기 백전불태 대화방에 올라온 글

글을 올리신 분의 혼란스러운 마음 충분히 공감합니다. 때론 ADHD 증상이 나의 대부분을 차지한다는 생각에 ADHD를 자신의 정체성으로 오해할 수 있습니다. 약물 치료가 대부분 ADHD 증상을 감소시키는 목적으로 진행되다 보니, 약물 치료를 계속하면 고유한 정체성이 사라질 것 같은 느낌이 들기도 합니다. 그러나 ADHD 증상은 나의 정체성이 아닌 일부분일 뿐입니다. 설령 많은 부분을 나타낸다고 해서 ADHD 증상이 나를 대변하는 것은 아닙니다.

제가 성인 ADHD를 진단받았을 때 이야기를 해 보겠습니다. '약물 치료를 하면 내 성격이 바뀌는 걸까? 그러면 내 장점도 없어지는 것 아닌가? 이제는 이전에 했던 즐거운 경험을 다시 느낄 수 없는 걸까?' 본격적인 약물 치료를 시작하기에 앞서 제가 했던 생각입니다. 변화에 대한 긍정적인 기대도 있었지만 치료에 대한 두려운 마음도 있었습니다. 그렇지만 변화에 대한 간절함이 두려움보다 컸기에 용기를 내서 치료를 시작했습니다.

ADHD로 진단받은 사람 중에는 이런 고민을 하는 분이 많습니다. 예상치 못한 약 부작용을 겪으면서 치료에 대한 두려움이 커지고, 약 복용을 중단하거나 병원 방문을 미루기도 합니다. 이런 경우는 치료를 막 시작한 사람뿐 아니라 수년간 치료를 받은 사람에게서도 종종 나타납니다. 하지만 ADHD 진단을 받았다면 치료를 미룰수록, 나이가 들수록 감당해야 할 ADHD tax가 점점 더 커진다는 사실을 기억해야 합니다. 과거가 어떻든 지금부터 약물 치료와 비약물 치료를 병행하는 것이 ADHD tax를 가장 효과적으로 관리하는 방법입니다.

'약을 먹고 대처 방안을 연습하면 ADHD tax에서 완전히 벗어날 수 있지 않을까?'라고 생각할 수도 있지만, 현실은 그렇지 않습니다. 'ADHD인으로 태어난 이상 ADHD tax는 어쩔 수 없이 감당해야 하는 것'이라고 받아들이는 것이 더 건강하고 긍정적인 생각입니다. 지금의 자신을 있는 그대로 인정하세요. '그럼 왜 약을 먹고 대처 방안을 연습하나요?'라고 묻는다면, 'ADHD tax를 최소화하고, 더 적은 횟수로 지불하기 위해서입니다'라고 답할 수 있습니다.

오은영 박사님은 "ADHD를 치료받지 않으면 주의력 조절과 자제력에 어려움을 겪게 되고, 쉽게 몰입할 대상을 찾다가 중독으로 이어지기 쉽다"라고 말합니다. 쇼핑 중독, 게임 중독, 알코올 중독 등이 대표적인 예입니다. ADHD 커뮤니티에서는 '차라리 공부 중독에 빠지면 좋겠다'라는 글을 종종 볼 수 있습니다. 하지만 쉽게 도파민을 얻을 수 있는 중독 행위(탄수화물, 쇼핑, 게임, 니코틴, 알코올 등)와 목표를 향해 꾸준히 노력하고 인내해야 얻을 수 있는 공부는 완전히 다릅니다. 뇌에서 활성화되는 부위도 다르지요. '어쩌다 운 좋게 생산적인 일에 몰입해서 좋은 결과를 얻으면 어떨까?' 하는 생각은 도둑놈 심보와 같습니다. 이런 생각은 우리 삶에 아무런 도움이 되지 않습니다.

ADHD 진단 후 겪는 혼란스러운 마음은 많은 분이 공감하는 부분입니다. 저 역시 약물 치료를 시작하기 전에 비슷한 생각을 했습니다. '약을 먹으면 내 성격이 변할까?', '내 장점도 사라지는 건 아닐까?', '예전처럼 즐겁게 살 수 있을까?' 하고 말입니다. 하지만 이러한 생각은 ADHD인들이 흔히 겪는 인지 왜곡 중 하나였습니다.

약물 치료를 하면 내 성격이 바뀌는 걸까?

성격은 후천적으로 결정됩니다. 주변이 변하면 성격도 변하지요. 주변이 변하지 않는다 해도 사람은 나이를 먹으면서 부단하게 변하기 때문에 성격 역시 계속 변합니다. 약을 먹든 먹지 않든 성격은 환경과 경험에 따라 변합니다. 약물 치료는 그 변화를 긍정적인 방향으로 이끌어 줍니다.

내 장점이 없어지는 것 아닌가?

어디선가 'ADHD인 중에 창의적인 사람이 많다'라는 말을 듣고 약물 치료로 창의성을 잃지는 않을까 걱정하는 분들도 있습니다. 예전에 저는 스스로를 엄청나진 않아도 틀에 박히지 않은, 열린 사고를 가진 창의적인 사람이라고 생각했습니다. 그래서 약물 치료를 하면 이러한 창의성이 없어지지 않을까 걱정했습니다. 하지만 ADHD 증상은 오히려 창의적인 아이디어를 끝까지 발전시키는 데 방해가 될 수 있습니다. 실제로 꾸준히 창의적인 결과물을 내는 사람 중에는 ADHD 증상이 없는 사람이 더 많습니다. 약물 치료를 통해 산만함, 주의력 분산, 충동성, 성급함 등의 ADHD 증상이 완화되면 오히려 당신의 장점이 더 빛을 발할 수 있습니다.

이전에 했던 즐거운 경험을 다시 느낄 수 없는 건 아닐까?

내가 달라진다면 이전처럼 즐거움을 느낄 수 없을까요? 아닙니다. 치료 후 저는 여전히 즐거운 추억을 만들고 있습니다. 오히려 이전에는 몰랐던 한층 성숙한 새로운 경험을 할 수 있었습니다. 약물 치료를 받기 전의 내 모습도 나의 모습이며, 약물 치료를 시작하고 달라진 모습도 나의 모습입니다. 모두 나의 소중한 일부입니다. 내가 이전에 했던 것들과 앞으로 내가 하게 될 것들은 모두 나의 선택과 판단으로 구성됩니다. 그러니 과거에 매여 살기보다는 다가올 미래의 내 모습에 집중하면 좋겠습니다.

ADHD 진단 후 저의 과거를 되돌아보니 ADHD 증상과 무관한 부분을 찾기 어려웠습니다. 그래서 'ADHD가 없었다면 지금 어떤 모습일까?'라는 질문을 받으면, '그런 모습을 상상하기 어렵지 않을까?'라고 생각합니다. 수많은 연구에서 ADHD의 원인으로 '뇌 신경의 특정 부위 구조 차이'를 지목합니다. 이 부위는 인간의 사회적 활동, 타인과의 상호 작용, 개인의 성장 과정 등 삶 전반에 걸쳐 중요한 역할을 합니다. 그렇기에 ADHD와 개인의 모습을 완전히 분리해서 생각하기는 힘들다고 봅니다.

약물 치료에 대한 두려움은 아마도 정신과 약이라는 특성 때문일 것입니다. 대화방에서도 '약을 먹을 때마다 약에 의존하는 것 같아 불안해요'라는 말을 자주 듣습니다. 하지만 시력이 나빠 안경을 쓰는 사람이 안경에 의존한다고 생각할까요? 지백이 1권에서 잠깐 언급했던 당뇨 환자를 떠올려 봅시다. 당뇨 환자는 혈당을 낮추기 위해 당뇨약을 먹습니다. 당뇨약을 먹는다고 해서 약에 의존한다고 생각하는 사람은 없지요. 정신과 약물 치료도 마찬가지입니다.

변화를 두려워하는 마음은 충분히 이해합니다. 그러나 사람은 늘 변하기 마련입니다. 변하지 않고 가만히 있는 상태는 '죽은 상태'입니다. 우리 몸을 구성하는 가장 작은 단위인 세포는 물질대사라는 과정을 끊임없이 진행합니다. 이러한 관점에서 인생을 한 단어로 요약하면 '변화'입니다. 계속해서 변하는 삶 속에서 우리는 계속 새로운 의미를 부여하며, 그래야만 합니다. 이러한 변화의 연속에서 벗어날 수 없는 이상, 변화를 즐기고 새로운 의미를 계속 찾아야 합니다. 이 흐름 속에서 우리는 성장하게 됩니다.

약물에 의존하기보다 마음가짐과 정신력으로 스스로 변화해야 한다고 주장하는 사람들도 있습니다. 그들은 약물 치료를 진정한 변화로 보지 않습니다. 하지만 삶을 바꾸는 계기가 약물 치료가 아닌 다른 '의미 있는 사건'이라면 어떨까요? 그것도 진정한 변화가 아니라고 할 수 있을까요?

소설이나 실제 이야기에서 우리는 어떤 사건을 계기로 사람이 변화하는 모습을 자주 봅니다. 가족의 죽음, 친구의 배신 등 다양한 이유로 삶의 태도를 바꾸고 새로운 삶을 살아가는 사람들의 이야기는 감동을 주기도 합니다. 이러한 것들이 진정한 변화라고 생각한다면, '용기를 내서 약물 치료를 시작하는 것' 역시 삶을 변화시키는 중요한 계기입니다. 사건 이전의 모습과 이후의 모습 중 어떤 모습이 그 사람의 진짜 모습일까요? 둘 다 그 사람의 진짜 모습입니다. 우리는 끊임없이 변화하며 성장하는 존재이기 때문입니다.

약물 치료는 변화의 시작입니다. ADHD인이라면 누구나 약물 치료에 대한 기대감과 두려움을 동시에 느낄 수 있습니다. 하지만 두려움은 외면할수록 더 커지기 마련입니다. 그럴 때는 약물 치료를 통해 성장할 수 있다는 기대감에 집중해 보세요. 다가올 미래를 긍정적으로 바라보고, 의도적으로 긍정적인 마음을 유지하는 것이 중요합니다. 용기를 북돋아 주는 음악을 듣거나, 비슷한 상황에 있는 사람들과 교류하며 서로에게 힘을 주고받는 것도 좋은 방법입니다. 긍정적인 사람들과 함께하면 긍정적인 마음을 유지하는 데 큰 도움이 될 것입니다.

나는 변화를 두려워하지 않고,
용기 있게 앞으로 나아가는 사람이다.

04

ADHD인의 정신 연령(수행 연령)과 30%의 노력

아이와 함께 키즈 카페에 갔던 날, 예상치 못했던 뜻밖의 만남이 있었습니다. 기억 저편에 희미하게 기억되는 한 남성이 다가와 저에게 아는 척을 했습니다. 곰곰이 생각해 보니 초등학교 시절 같은 동네에 살던 한 살 어린 친구였습니다. 지백이 1권에서도 말했던 것처럼 저는 어린 시절 작은 시골 마을에서 자랐습니다. 마을에 있는 초등학생이라고 해봐야 10명 남짓이다 보니, 시간만 생기면 동네 놀이터에 모여서 함께 뛰어놀았습니다. 그 친구도 그중 한 명이었습니다. 세월이 흘러 각자의 아이를 데리고 키즈 카페에서 만나게 된 것입니다. 서로 연락처를 교환하고 지금까지도 한 달에 한 번씩은 아이들과 함께 만나 시간을 보내곤 합니다.

ADHD에 관한 책을 쓰다 보니 어린 시절 또래 친구들에게 제가 어떤 아이로 기억되고 있는지 궁금해졌습니다. 그래서 어느 날 그 친구에게 물어봤습니다. "내가 좀 독특한 아이였나? 만약 그랬다면 어떤 점이 그랬어?" 친구는 잠시 생각에 잠기더니 이렇게 말했습니다.

"25년 전이라 자세하게 기억나지는 않는데, 형은 확실히 독특하긴 했어. 다른 형들과는 달랐지. 다른 형들이랑 달리 웃기고 재밌었던 모습이 기억나. 좀 허술하긴 했지만, 착하고 말투도 재밌었어. 다들 아는 얘기를 굳이 알려 준다며 말할 때도 다들 그냥 듣고 있었지. 근데 스스로 독특하다고 생각했다니, 그런 생각을 하는 게 쉽지 않은데 말이야. 어른 되더니 뭔가 달라졌네? 하하."

친구의 말을 듣고 곰곰이 생각해 보니, 어린 시절 저는 또래보다 나이가 어린 친구들과 어울릴 때도 늘 격의 없이 지냈습니다. 어른스러운 척 훈계하거나 가르치려 들기보다는 그저 또래 친구처럼 함께 뛰어놀았습니다. 동네 어른들은 그런 저를 '동생들과 잘 놀아 주는 착한 아이'라고 칭찬했지요. 하지만 지금 생각해 보면 그저 동생들과 노는 게 더 재미있었을 뿐이었던 것 같습니다.

"너는 왜 이렇게 철이 없니?"

"나잇값 좀 해."

"네 또래는 안 그러는데 왜 너만 그러니?"

제가 기억할 수 있는 가장 어린 시절부터 지금까지 끊임없이 부모님에게 듣는 말입니다. 부모님 속을 썩이는 게 일상이었던 저는 이런 잔소리가 너무 익숙해서 한 귀로 듣고 한 귀로 흘려버리곤 했습니다. 대한민국 사회에서 이 같은 말은 상대방의 언행과 사고 과정이 나이에 맞지 않고 미숙하거나 또는 책임감이 부족할 때 사용합니다. 보통 다음과 같은 상황에서 사용합니다.

• 사회적 기대에 미치지 못하는 행동을 할 때: 실제 나이에 비해 유치

하거나 충동적일 때 또는 자신의 행동에 변명과 핑계를 일삼을 때

- 나이에 비해 미숙한 모습을 보일 때: 일반적으로 또래가 마땅히 경험했을 일을 회피하는 등 특정 상황에 대한 경험이 또래에 비해 부족해서 적절하게 행동하지 못할 때
- 타인을 배려하지 못하는 모습을 보일 때: 자신의 언행이 상대방에게 어떤 영향을 줄지 생각하지 않고 자신의 감정대로 행동하거나 자신의 입장만 생각할 때

저는 그 외에 '정신 연령이 낮다', '순수하다', '아이 같다'라는 말도 자주 들었습니다. 우리나라 사람들은 '철이 없다', '나잇값을 못한다'를 '정신 연령이 낮다'라는 말과 비슷한 맥락에서 사용합니다. 그러나 이러한 표현은 심리학 용어인 '정신 연령Mental age'과 차이가 있습니다.

- 정신 연령Mental age: 지능 검사에서 측정되는 지적 능력 수준. 특정 연령대의 평균적인 지적 능력과 비교해 어느 정도 수준인지 알 수 있음
- 수행 연령Executive age[1]: 특정 연령대가 평균적으로 특정한 과제를 수행하는 수준을 고려해 그 과제를 수행하는 능력. 여기에는 의사 결정 능력, 문제 해결 능력, 감정 조절 능력, 계획 능력 등이 포함됨

'철이 없다' 또는 '나잇값을 못한다'라는 표현은 '전반적인 성숙도'를 지적하는 표현인데, '전반적인 성숙도'는 정신 연령mental age과 수행 연

1) 수행 연령은 ADHD 기본서(지백이/초록이/하양이)에서 말하는 '실행 기능(executive functions)'과 관련됩니다. 즉, 'executive (function) age'입니다.

령executive age을 모두 포함합니다. 하지만 엄밀히 말해 수행 연령executive age에 더 가깝습니다. '철이 없다', '나잇값을 못한다'라는 표현은 단순히 지적 능력이 부족하다는 의미보다는 사회적으로 기대되는 수준의 생각과 행동을 보여 주지 못하는 등 사회생활에 필요한 여러 가지 능력이 부족하다는 의미를 지니기 때문입니다. 따라서 우리가 흔히 일상에서 말하는 정신 연령은 실제 정신 연령mental age보다는 수행 연령executive age을 의미합니다(앞으로 이 책에서 언급되는 '정신 연령'은 '수행 연령'을 의미합니다).

또래보다 정신 연령이 낮은 것도 ADHD인의 특징인가?

지백이 대화방뿐 아니라 여러 ADHD 커뮤니티에서 자주 볼 수 있는 질문입니다. 이를 보면 많은 ADHD인이 저와 비슷한 경험을 했다는 걸 알 수 있습니다. 그렇다면 낮은 정신 연령은 ADHD와 관련이 있을까요? ADHD 분야의 저명한 연구원 러셀 바클리 박사는 그렇다고 합니다.

그의 자료에 따르면, ADHD인의 전두엽은 또래보다 약 30% 정도 늦게 발달합니다. 지백이 1권에서 전두엽의 기능을 다루며 특히 강조했던 기능이 '실행 기능executive functions'이었다는 것 기억하시나요? 이는 추상적인 목표 설정, 계획 수립, 유연한 대처, 자기관리 기능 등 인간을 인간답게 만들어 주는 핵심 기능입니다. 그런데 ADHD인의 경우, 이 기능을 담당하는 전두엽의 발달이 또래보다 30% 지연되면서, 실제 연령에 비해 정신 연령이 낮게 나타나는 경향이 있습니다. 〈표 1〉은 ADHD인의 실제 연령과 정신 연령(수행 연령)을 비교한 자료입니다.

〈표 1〉 ADHD인의 실제 연령과 정신 연령 비교

실제 연령	수행 연령	실제 연령	수행 연령	실제 연령	수행 연령
3	2	13	8.67	23	15.33
4	2.67	14	9.33	24	16
5	3.33	15	10	25	16.67
6	4	16	10.67	26	17.33
7	4.67	17	11.33	27	18
8	5.33	18	12	28	18.67
9	6	19	12.67	29	19.33
10	6.67	20	13.33	30	20
11	7.73	21	14	31	20.67
12	8	22	14.67	32	21.33

출처: https://ceril.net/index.php/articulos?id=621

여기서 30%는 실행 기능을 구성하는 각 항목의 평균값입니다. 따라서 ADHD인이라고 해서 모두 같은 정도로 실행 기능이 부족한 건 아닙니다. 각 항목에 따라 30%보다 더 나을 수도, 더 부족할 수도 있습니다. 지백이 1권의 주제처럼 ADHD인이라고 해서 다 같지 않다는 점을 기억해야 합니다.

표에서 볼 수 있듯이, 실행 기능의 발달은 30대 초반에 멈춥니다. 이는 우리 뇌가 30대 초반 이후에는 더 성장하지 않기 때문입니다. 즉, 30대 초반까지 발달한 수행 연령은 그 이후에도 그대로 유지되기 마련입니다. ADHD를 진단받았다면 평균적으로 32세에 21.33세 수준의 수행 능력을 갖는 것이며, 나이가 들어도 이는 더 상승하지 않습니다. 하지만 러셀 바클리 박사는 ADHD인이 ADHD에 대처하는 새로운 기술과 전략을 배우는 일이 불가능한 건 아니라고 강조합니다. 단지 실행 기능과 관련된 부분에서 또래보다 30% 정도 부족한 것뿐이며, 이는 약물 치료를 통해 충분히 메꿀 수 있다고 말합니다. 나이와 상관없이 말이지요.

그렇다면, 지금 이 순간 우리는 어떤 마음가짐으로 살아야 할까요?

낙관이	"에이, ADHD랑 정신 연령이 무슨 상관이람? 그럴 리 없어. 나는 나 자신을 믿어." (부정)
긍정이	"ADHD인은 실행 기능이 또래보다 30% 정도 부족하다는 전문가의 의견이 있구나. 그렇다면 약물 치료를 꾸준히 하고, 지백이/초록이/하양이 같은 ADHD 기본서를 통해 대응 전략을 익히고 실천하는 데 힘써야겠어. 자만하지 말고 꾸준히 노력해야지." (수용과 대책)

ADHD를 진단받은 많은 사람이 과거를 후회하고 아쉬워합니다. 억울한 마음도 들지요. 시간이 흘러도 이 감정은 사라지지 않고 내 안에 머물곤 합니다. 그러다가 이런 글을 읽으면 '아, 그래서 내가 그때 그랬구나. 진작에 이런 사실을 알았더라면…' 하는 생각과 더불어 아쉬운 감정이 다시 떠오르며 씁쓸해지기도 합니다. 저는 그 마음이 어떤지 누구보다 잘 이해합니다.

그러나 지나온 길을 너무 아쉽게만 바라보지 마세요. 후회에 빠져 과거에 매몰되기에는 지금 이 순간이 너무나 소중합니다. 우리 ADHD인은 다른 사람들보다 30% 더 노력하며 살아왔습니다. 이 사실을 늘 기억하면서 언제나 '긍정적으로' 자신과 세상을 바라보며 앞을 향해 나아갑시다.

나는 나의 부족한 부분을 인정하고 개선하기 위해
노력하는 용기 있는 사람이다.

05
도파민에 대한 오해: 욕망과 통제의 균형

도파민 중독 이론: 도파민은 나쁜 놈?

'도파민 중독'은 사실 과학적으로 보나 언어적으로 보나 틀린 용어입니다. 이를 다루는 책이 유행하면서 지백이 대화방뿐 아니라 다른 ADHD 커뮤니티에서도 '도파민'에 관해 많이 이야기하는 걸 볼 수 있습니다. 저도 그렇지만 대부분 ADHD인은 SNS, 쇼츠, 유튜브 등을 통해 새롭고 자극적인 정보를 끊임없이 갈구하며 시간을 헛되이 보내곤 합니다. 그런 행동을 멈추고 할 일을 해야 한다고 생각하지만 좀처럼 몸이 따라주지 않습니다.

이런 식으로 많은 시간을 허비하며 인생에서 수많은 기회를 날린 ADHD인들이 이리힌 현상을 설명하는 '도파민 중독 이론'에 열광했습니다. 그리고 '도파민 디톡스(단식)' 운동을 시작했지요. 이처럼 무언가에 중독된 행위를 이야기할 때 우리는 도파민에 '우리가 지양해야 하는 부정적인 의미'를 담아서 말하곤 합니다. 도파민은 새로운 자극을 통한

즉각적인 쾌락과 관련되어 중독 과정에서 중요한 역할을 합니다.

그러나 실제로 중독은 도파민 외에도 여러 요인이 작용하는 매우 복잡한 과정입니다. 또한 뇌의 신경 전달 물질인 도파민은 서로 반대되는 개념인 '욕망회로'와 '통제회로' 두 과정에 모두 관여합니다.

욕망회로 vs 통제회로

복측피개영역(ventral tegmental area, VTA)은 도파민을 만드는 장소로 뇌의 안쪽 깊숙한 곳에 있습니다. 이 VTA에서 만들어진 도파민은 여러 통로를 따라 뇌의 다양한 영역으로 이동하며 분비됩니다. 그중에 VTA에서 측좌핵(nucleus accumbens, NAc)으로 도파민을 분비하는 통로를 '중변연계 경로mesolimbic pathway'라고 합니다. 이 측좌핵은 몰입과 집중을 할 때에 활성화되는 곳이지만, 더불어 쾌락과 중독을 담당하는 부위이기도 합니다(서로 사랑에 빠진 연인들도 측좌핵이 활성화됩니다). 이 중변연계 경로가 도파민의 '욕망회로'입니다.

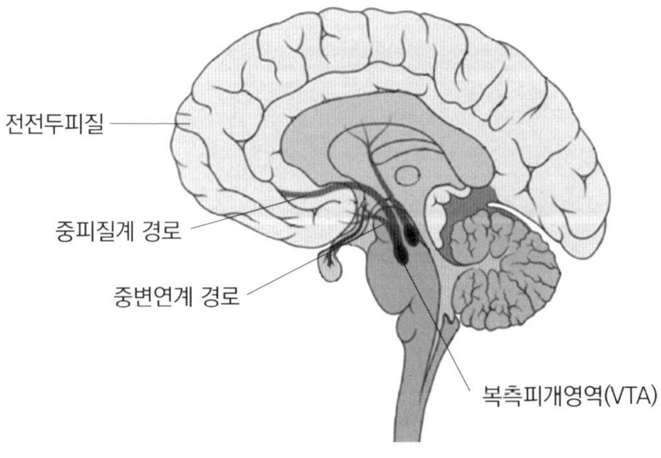

생존과 번식 등 인간의 본능과 관련된 욕망회로는 식욕, 성욕 등을 충족하는 과정에서 뇌에 쾌감과 관련된 신호를 보냅니다. 친구와 맛집을 찾아다니거나, 소개팅을 하거나, 연인과 사랑을 나누는 경험을 할 때 우리 뇌의 욕망회로가 활성화됩니다. 이러한 경험은 우리 삶을 풍요롭게 만들어 주기 때문에 인간의 기본적인 욕구와 욕망회로는 사실 나쁜 게 아닙니다. 다만, 인터넷과 스마트폰이 발달한 현대 사회에서는 이 같은 경험이 아니더라도 즉각적인 쾌감을 얻을 수 있는 자극이 넘쳐납니다. 탄수화물 중독, 포르노 중독 등 쾌감만을 위한 행위에 누구나 중독되기 쉬운 세상입니다. 일반인은 물론이고 ADHD인은 말할 것도 없습니다.

스마트폰을 한 번만 터치해도 말초적인 정보가 범람하는 시대에 산다는 것은 ADHD인의 생존과 발전에 매우 불리하게 작용합니다. 그러나 현 사회에서 하나의 보편적인 소통 수단이 된 스마트폰을 혼자만 사용하지 않을 수는 없습니다. '도파민 디톡스'라는 용어에는 사실 오류가 있지만, 이 운동의 의도를 생각해 본다면 ADHD인에게 아주 의미 있는 도전이라고 생각합니다.

도파민이 관련하는 회로에는 욕망회로 외에 또 다른 회로가 있습니다. VAT에서 만들어진 도파민이 전전두피질(profrontal cortex, PFC)로 분비되기 위해 거쳐 가는 통로가 있는데, 이것이 중피질계 경로 mesocortical pathway입니다. 이 중피질계 경로를 도파민의 '통제회로'라고 합니다. 그리고 이 회로는 욕망회로의 기능과 정반대로 작용합니다.

통제회로는 욕망회로가 즉각적인 쾌락을 좇는 과정에 브레이크 역할을 합니다. 여기서 도파민에 의해 활성화되는 전전두피질은 실행 기능, 사회적 기능, 장 · 단기적 비전 설정 등 인간을 인간답게 만들어 주는 기능을 합니다. 따라서 당장의 즐거움을 좇고 싶은 충동을 억누르고, 좀 더 나은 미래를 만들기 위해 어떻게 해야 할지 생각하고 행동하게 합니다.

앞서 욕망회로를 나쁘게 볼 수 없다고 말했듯이 통제회로 역시 좋은 것 또는 나쁜 것으로 구분할 수 없습니다. 통제회로에만 매몰되면, 당장의 즐거움을 거부하며 미래의 성과와 결과만 좇는 사람이 될 겁니다. 흔히 말하는 일중독, 즉 워커홀릭workaholic이 여기에 해당하지요. 그렇게라도 해서 성공하면 본전이라 생각할 수도 있겠습니다만, 소홀한 건강 관리와 인간관계로 인해 결국 자신의 삶에 만족하지 못하게 됩니다.

도파민을 현명하게 활용하는 것이 중요

ADHD인이 자존감 높은 삶을 살기 위해서는 욕망회로와 통제회로를 적절하게 잘 이용해야 합니다. 도파민은 서로 상반되는 두 회로에 모두 작용하는, 둘 사이의 균형을 유지하는 데 필요한 연료입니다.

욕망회로와 통제회로가 그렇듯이 도파민 역시 나쁜 것도 아니고 좋은 것도 아닙니다. 단지 뇌를 구성하는 신경과 신경 사이에서 신경들이 상호 작용을 하는 데 관여하는 신경 전달 물질일 뿐입니다. (핵무기와 원자력 발전에 모두 이용되는 핵분열 연쇄반응 에너지는 에너지 자체일 뿐입니다. 사용하는 사람이 어떤 의도를 가지고 어떻게 사용하느냐에 따라 완전히 다른 결과를 초래하지요. 도파민도 이와 같습니다.) 나쁜 것은 도파민이 아니라 '욕망회로를 작동시켜야 할 때 통제회로를 작동시키는 것', '통제회로를 작동시켜야 하는 상황에서 욕망회로를 작동시키는 것' 등 눈치 없이 판단하는 것입니다. 따라서 무엇보다 중요한 것은 욕망회로와 통제회로를 주어진 맥락에 맞춰 잘 조절하며 쓰는 올바른 판단입니다.

도파민 활용에 어려움을 느끼는 ADHD인

ADHD인은 일반인에 비해 욕망회로와 통제회로를 서로 전환하며 균형을 맞추는 기능이 약합니다. 그래서 두 회로 중 어느 한쪽으로 치우치는 경향이 있습니다. 여기에는 이유가 있는데, 흔히 알려진 것처럼 ADHD인의 전전두피질 기능이 다소 빈약하다는 특성이 원인입니다. 전전두피질이 담당하는 조절 기능이 조금 부족하다 보니, 양측을 조절하며 균형을 맞추는 각종 시스템이 제대로 작동하지 않는 것입니다. ADHD인이 감정과 주의력 등의 조절에 어려움을 겪는 것처럼 욕망회로와 통제회로를 조절하는 데도 어려움을 겪습니다.

ADHD는 다양한 유형과 스펙트럼 증상을 보이기 때문에 개인에 따라 욕망회로와 통제회로의 활성화 정도는 다를 수 있습니다. 그래서 일 중독에 빠져 높은 사회경제적 지위를 이룬 ADHD인도 있습니다. 하지만 대개의 경우 통제회로보다 욕망회로에 빠져 당장의 자극을 추구하는 경향이 있습니다. (이로 인해서 생기는 다양한 현실적 문제는 성인 ADHD인이 정신건강의학과를 내원하는 동기가 됩니다. 반대로 워커홀릭으로 성공한 소수 ADHD인은 병원에 내원해 치료하기보다는 '자신만 옳은 고집불통'이 되는 것 같습니다. 결국 외톨이가 된 후 괴로워하다가 뒤늦게 병원을 찾는 중장년층의 고민도 지백이 대화방에 간간히 올라오지요.)

통제회로보다 우세한 욕망회로 활성화로 허송세월하는 ADHD인이 많은 것은 두 회로의 특성 차이 때문입니다. 미래의 목표가 중요하다는 건 잘 알지만, 아직 일어나지 않은 일이며 확실한 기약이 없습니다. 이러한 불확실성을 기반으로 단 · 중 · 장기적인 계획을 세우고 자신이 나아가는 과정을 체크하는 것은 당장 손을 뻗으면 닿을 수 있는 구체적이고 보장된 쾌감에 비해 매우 추상적인 일입니다. 이런 추상적인 과정을 논리적으로 따져 가면서 수행할 수 있는 동물은 이 지구상에 인간뿐이며, 이런 고등 기능을 담당하는 부위는 (ADHD인에게는 약점인) 전전두엽 피질입니다.

상상을 현실로 만드는 도파민: 통제회로 활성화

도파민은 현재와 다른 미래의 내 모습을 상상하는 과정에서 방출되므로, 본질적으로 통제회로는 욕망회로와 크게 다르지 않습니다. '아, 내가 이렇게 되면 참 좋겠다'라는 식의 상상에 대한 어렴풋한 느낌보다는 단계적인 목표 설정과 구체적인 계획 등을 만들고 실천할 때 더 많은 도파민이 방출됩니다.

우리의 뇌는 상상을 통해서 미래를 시뮬레이션합니다. 비전이 구체적이고 디테일할수록 뇌는 그 미래를 더 생생하게 시뮬레이션합니다. 이렇게 되면 마치 실제로 미래가 현실이 된 것 같은 느낌이 강해지면서 더 강력한 동기 부여가 됩니다. 더욱이 추상적인 비전과 달리 구체적인 비전은 단계적 목표 설정이 가능합니다. 따라서 달성하는 과정을 통해 꾸준히 성취감을 얻을 수 있습니다. 이로 인해 지속적으로 동기 부여를 얻을 수 있습니다.

통제회로와 욕망회로의 균형을 맞추는 것이 ADHD인에게 어려운 것은 사실이지만 구체적인 비전 설정, 긍정적인 자기 암시, 마음챙김 훈련 등을 활용해 긍정적인 변화를 만들어 낼 수 있습니다. 자신감을 가지세요. 우리 ADHD인은 회복 탄력성이 좋고, 열정이 넘치는 사람입니다. 여러분이 미래의 목표와 현재의 행복을 모두 잡을 수 있는 삶을 만들어 나가기를 진심으로 응원합니다.

목표? 비전? 청사진?

- **목표:** 구체적이며 측정 가능한 개념입니다. 그리고 기한이 정해져 있기 때문에 결과라고 볼 수 있습니다. 예를 들면 '내년 1월부터 월 수입 10% 증가, 불량률 5% 감소'가 목표에 해당합니다.
- **비전:** 개인이나 조직이 되고자 하는 이상적인 미래상입니다. '대전광역시에서 가장 유명한 빵집이 되고, 지역 사회 활동을 하는 사회적 기업이 되는 것'과 같은 이미지로서, 장기적인 관점으로 바라봅니다. 이는 동기를 부여하며, 선택의 순간에 판단 기준이 됩니다.
- **청사진:** 비전을 우리말로 할 때 가장 비슷한 의미를 지닙니다. 청사진은 건축물의 설계도처럼 미래 모습을 구체적으로 나타낸 것을 말합니다. 하지만 비전은 개인이나 조직원에게 동기를 부여하고 열정을 불러일으키는 역할을 한다는 점에서 더 넓은 의미를 지닙니다.

나는 욕망회로와 통제회로의 균형을 맞추며
건강한 삶을 산다.

06

약물 치료가 시간을 늦추고 수명까지 늘린다?

시간 감각에 영향을 주는 ADHD 약물 치료

ADHD 약물(콘서타, 메디키넷, 페니드 등 메틸페니데이트 제제) 복용 후 '약을 먹으니까 먹기 전보다 시간이 왜 이렇게 천천히 가는 것 같죠?'라고 질문하는 분들이 종종 있습니다. 이는 뇌의 시간 인지 시스템과 관련이 있습니다. 관련된 한 이론을 살펴보겠습니다.

우리 뇌에서 시간이 흐르는 걸 느끼는 부분은 중뇌mid brain에 위치한 선조체striatum라는 영역입니다. 이 선조체에는 돌기신경세포spiny neuron가 있는데, 여러 감각 기관에서 들어온 각각의 정보를 통합하는 역할을 합니다. 이 돌기신경세포가 도파민이라는 신경 전달 물질에 의해 활성화되는 정도에 따라 시간이 흐르는 속도를 다르게 느끼게 됩니다. 쉽게 말해 도파민 반응이 활발할수록 같은 시간 내에 느끼게 되는 감각 정보의 양이 많아집니다.

ADHD 치료제로 널리 사용되는 메틸페니데이트는 뇌신경 세포 간의 도파민 재흡수를 억제해 도파민 반응 활성화를 촉진합니다. 따라서 약물을 복용하면 같은 시간에 더 많은 감각 정보를 처리하게 되고, 결과적으로 시간이 천천히 흐르는 듯한 느낌을 받을 수 있습니다. (메틸페니데이트는 전두엽에서만 선택적으로 작용하도록 설계되었지만, 다른 부위에도 어느 정도 작용해 다양한 부작용이 나타날 수 있습니다. 반대로 할로페리돌처럼 도파민 반응을 억제시키는 약물을 복용하면 시간이 빨리 흘러가는 것처럼 느껴집니다.)

반대로 나이가 들수록 돌기신경세포spiny neuron의 도파민 반응은 감소합니다. 따라서 나이가 들면 실제 흘러간 시간보다 더 짧은 시간이 흘러갔다고 느낍니다. 심리학자 피터 맹건 박사는 다양한 연령대의 사람들에게 3분 동안 마음 속으로 시간을 세고 손을 들게 했습니다. 그랬더니 20대는 3초 내외의 오차를 보였고, 60대는 3분 40초가 지나서야 손을 들었습니다. 즉, 60대는 2분 20초 정도 흐른 줄 알았는데 실제로는 3분이 지났던 것입니다.

이처럼 나이가 들수록 시간이 빨리 흐른다고 느끼는 것은 흔한 현상입니다. '벌써 점심시간이야?', '벌써 5월이 지났어?', '벌써 여름이야?' 등의 말을 자주 하는 어른들의 모습을 떠올려 보면 쉽게 이해할 수 있을 겁니다(저도 최근 들어 이런 말을 자주 쓰는 것 같은데, 벌써 노인이 된 기분이네요).

나이에 따라 시간의 속도를 다르게 느끼는 이유는 도파민 외에 새로운 경험과도 관련이 있습니다. 과학자들은 반복되는 일상적인 경험보다 새로운 경험을 할수록 시간이 천천히 간다고 말합니다. 우리가 태어날 때 새하얀 도화지를 가지고 태어난다고 생각해 봅시다. 어린 시절에는 모든 경험이 새롭고 신기하게 느껴져 오랫동안 기억됩니다. 반면, 나이가 들면 일상적인 일들이 더는 특별하게 느껴지지 않아서 시간이 빨리 가는 것처럼 느껴집니다.

따라서 과학자들은 나이가 들수록 여행과 같은 새로운 경험을 통해 생체 시계를 늦추는 것을 권장합니다. 새로운 장소에서 새로운 경험과 자극을 받으면 시간을 더 풍요롭게 느낄 수 있기 때문입니다. 하지만 현실적으로 매일 여행을 다닐 수는 없습니다. 우리 ADHD인이 삶을 더 길게 느끼며 살 수 있는 좀 더 현실적인 방법은 '꾸준한 약물 치료'와 '매일매일을 충실하게 살아가는 것'입니다. 약물 치료를 통해 도파민 활성화를 돕고, 작은 일상에서도 새로운 경험과 도전을 찾아 주어진 시간을 더욱 의미 있게 만들 수 있습니다.

실제 수명을 늘리는 ADHD 약물 치료

앞서 ADHD 약물 치료가 시간 감각에 영향을 주어 주관적인 삶의 길이를 늘려 주는 효과에 대해 살펴보았습니다. 그런데 ADHD 약물 치료는 그뿐 아니라 실제 수명에도 긍정적인 영향을 끼칩니다. 스웨덴 카롤린스카 의과대학의 연구에 따르면, ADHD 약물 치료는 ADHD인의 사망 위험을 감소시킵니다.

카롤린스카 의과대학 역학 및 생물통계학과 연구팀은 다양한 연령대의 ADHD인 약 15만 명을 분석했습니다. 이들이 ADHD를 진단받은 평균 연령은 17.4세였으며, 그중 절반은 3개월 안에 ADHD 약물 치료를 시작했습니다. 연구 결과, 약물 치료 그룹은 연령대와 관계없이 모든 원인에 의한 사망 위험과 외인사unnatural-cause mortality(의가 아닌 상해, 자살, 불의의 중독 등으로 인한 사망) 위험이 대조군에 비해 상당히 낮았습니다.

연구팀은 ADHD 치료제가 충동성과 주의력 조절 어려움 등의 증상을 개선해 치명적인 사건과 사고에 휘말릴 위험을 감소시키기 때문이라고 분석했습니다. 미국 뉴욕 주립 정신질환 연구소의 프랜시스 레빈 박사는 이 연구 결과를 두고 ADHD 약물 치료가 ADHD 증상을 개선하는 것뿐만 아니라 사망 위험을 줄이는 데도 효과적임을 보여 주는 증거가 된다고 말했습니다. 그는 또한 많은 성인 ADHD인이 아직 진단받지 못했거나 진단 후에도 약물 치료를 하지 않는 점을 지적하면서 ADHD 약물 치료의 중요성을 강조했습니다.

ADHD 약물 치료는 ADHD 증상인 충동성과 주의력 조절 어려움 그리고 다양한 공존 질환 등을 개선시킴으로써 사망 위험을 감소시킵니다. 구체적으로 어떤 점에서 사망 위험을 줄여 주는지 관련된 몇 가지 범주를 살펴보겠습니다.

각종 중독 상태 감소

ADHD인은 즉각적인 만족을 추구하는 경향으로 인해 약물 중독, 알코올 중독, 도박 중독 등 여러 중독에 빠지기 쉽습니다. 이 같은 중독은 건강을 해치고, 심하면 사망으로 이어집니다. 삶이 피폐해지기 쉬우며, 끊으려는 결심에도 충동성 때문에 결심이 무색해지는 일이 잦습니다. ADHD 약물 치료는 이런 충동성을 조절하면서 주의력을 상승시켜서 중독에 대한 유혹을 이겨 내는 데 도움이 됩니다.

교통사고, 안전사고 등 각종 사고 위험 감소

ADHD인의 경우 운전 또는 위험성이 높은 현장에서 부주의와 과잉 행동 등으로 다양한 사고가 발생할 확률이 높습니다. 따라서 약물 치료를 통해 주의력이 올라가고 충동성이 감소하면, 규칙을 위반할 가능성이 줄어 사고 위험이 감소합니다. 운전 중 과속, 신호 위반, 보복 운전 등의 행동을 줄여 주며, 안전사고가 발생할 수 있는 환경에서는 안전 수

칙을 준수하거나 작업 중 부주의한 모습이 개선되어 사고율이 감소합니다.

우울증 유병률 감소 및 자살 시도 감소

ADHD인들은 다양한 공존 질환을 겪는데, 그중 가장 흔한 질병이 우울증입니다. 우울증은 자살 위험을 높이는 주요 요인 중 하나입니다. ADHD 약물 치료를 진행함으로써 우울 증상을 낮출 수 있으며, 자살 위험을 감소시킬 수 있습니다. 또한 우울로 인해 저하된 인지기능을 개선해 생산성을 높이면 자존감 상승으로 이어질 수 있습니다. 이런 사례들을 종합해 보면 ADHD 약물 치료는 증상 완화를 넘어 사고 위험을 줄이고, 수명을 연장하는 데 일조한다는 걸 알 수 있습니다. 더욱이 ADHD 약물 치료는 이 같은 양상 외에도 여러 방식으로 심신의 건강을 증진시키며, 궁극적으로 삶의 질을 향상시킬 수 있습니다.

심혈관 및 전반적인 건강 증진

ADHD인은 중독 문제 외에도 흡연, 음주, 불규칙한 식습관 및 수면 습관, 운동 부족 등 건강하지 않은 생활을 할 확률이 높습니다. 그러나 잘 살펴보면 이는 ADHD인의 의도나 의지와 관계없이 ADHD 증상인 충동성, 주의력 조절 어려움, 저하된 실행 기능 등이 복합적으로 작용한 모습일 수 있습니다. ADHD 약물 치료는 ADHD인으로 하여금 의지대로 살게 도와주기 때문에 건강한 생활 습관 유지와 심혈관 질환 예방에 도움이 됩니다.

비만과 당뇨 예방

ADHD인의 성향인 충동성과 자기절제의 어려움으로 인해 ADHD인의 경우 비만과 당뇨병 발생률이 높습니다. 특히 야식이나 배달 음식을 자주 찾는 등의 충동적인 식습관과 운동 부족은 비만으로 이어지며, 과자나 음료 섭취로 인한 과다한 당 섭취와 당 중독 현상은 당뇨병으로 연결됩니다. ADHD 약물 치료는 식습관과 수면 습관을 개선하고 운동 습관을 만드는 데 도움을 주기 때문에 비만과 당뇨병 예방에 도움이 됩니다.

전반적인 정신건강 증진

ADHD인은 우울증, 양극성 장애, 불안장애 등 여러 정신 질환을 동시에 가지고 있을 확률이 높습니다. 각종 정신건강 질환은 우리와 주변인의 삶에 부정적인 영향을 줍니다. ADHD 약물 치료는 이러한 공존 질환을 치료하는 데 필수적입니다. 생각처럼 빠르게 치료되지 않더라도 꾸준히 치료를 진행하면 ADHD인의 정신건강을 증진시킬 뿐 아니라, 주변 사람들의 삶의 만족도까지 향상시킬 수 있습니다.

지금까지 ADHD 약물 치료가 사망 위험을 직 · 간접적으로 감소시키는 다양한 사례를 살펴보았습니다. 더 많은 요인이 서로 복합적으로 작용해 ADHD 약물 치료가 우리 삶을 개선하는 데 도움을 줄 것이라 생각합니다. 살펴본 것처럼 약물 치료는 중요하지만, 그것만으로 모든 문제가 해결되지는 않습니다. 약물 치료와 더불어 건강한 생활 습관을 만들고 지속하는 노력이 있어야 합니다. 이 두 가지의 조화를 통해 웰빙well-being을 실천할 수 있습니다.

- ADHD 약물 치료는 반드시 정신건강의학 전문의와의 정기적인 상담을 통해 신중하게 진행되어야 합니다. 지백이 1권의 '약효 평가' 부분에서는 약물 치

료 진행 과정에 대한 정보와 예시를 보여 주며 개인별 맞춤 치료의 중요성을 강조합니다. 참고한다면 큰 도움이 될 겁니다.

- 실제로 ADHD 커뮤니티를 살펴보면, 약물 치료로 인한 부작용 때문에 자신의 수명이 단축될까 봐 걱정하는 분이 많습니다. 하지만 국내 ADHD 최고 전문가 중 한 분인 반건호 교수님에 따르면, 약물 치료 초기에 나타나는 부작용은 대부분 시간이 지나면서 완화되거나 사라진다고 합니다. 물론 환청, 환각 등 조절이 어려운 부작용이 나타나면 약물 치료를 중단해야 할 수도 있습니다. 그러나 식욕 부진, 변비, 수면 장애 등의 부작용은 추가적인 약물로 조절하면서 약물 치료를 지속할 수 있습니다. 즉, 조절 가능한 부작용이 무서워서 약물 치료를 망설이는 것은 '구더기 무서워 장 못 담그는' 상황입니다. 눈앞의 사소한 것에 매몰되어 중요한 본질을 놓치지 않도록 주의해야 합니다. 작은 것에 필요 이상으로 크게 반응하는 것도 ADHD인의 성향 중 하나라는 사실을 기억하세요.
- ADHD 약물 치료가 모든 사람에게 똑같이 효과적으로 작용하는 건 아닙니다. 또한 조절이 어려운 부작용이 생기면 약물 치료를 진행하지 못할 수도 있습니다. 하지만 약물 치료를 진행하지 못한다고 해서 너무 낙담하거나 좌절하지 마세요. 약물 치료를 못 한다고 세상이 끝나지는 않습니다. 약물 치료 외에도 인지행동치료, 심리상담, 운동요법 등 다양한 비약물 치료가 있습니다. 할 수 있는 영역에서 최선을 다하고 긍정적인 마음을 장착하는 것이 무엇보다 중요합니다.

ADHD 치료는 나의 시간을 더 풍요롭고
의미 있게 만들어 준다.

07
듣고 싶은 것만 듣는 나

집에서 글을 쓰고 있는데, 화장실 청소를 하던 아내가 빨래를 부탁했습니다. 얼른 빨래를 돌리려는데 예전에 아내가 물 온도 30도로 빨래를 돌리라고 했던 기억이 떠올라 그대로 설정했습니다.

그런데 아내는 찬물로 빨래하라고 했는데 왜 말을 안 들었냐며 짜증을 냈습니다. 저는 분명히 30도로 하라고 말하지 않았냐고 되물었고, 아내는 지금은 찬물로 하라고 했다며 다시 한번 강조했습니다. 곰곰이 생각해 보니 아내가 빨래를 부탁하며 뭔가 더 말했던 것 같기도 한데, 저는 빨래를 돌리라는 말만 들었던 겁니다. 저는 '빨래 돌려'라는 말밖에 못 들었고, 지금 와서 다시 돌려도 소용없으며, 일부러 안 들은 게 아니라 정말 못 들은 거라고 해명했습니다. 아내는 짜증을 냈지만, 제가 ADHD인 것과 약물 치료 중이라는 사실을 알고 있기에 결국 이해하고 넘어갔습니다.

생각해 보면 어린 시절 이런 경험이 부지기수였습니다. 부모님이나 선생님의 심부름을 할 때면 늘 뭔가 중요한 걸 빼먹곤 했습니다. '왜 못

듣냐?', '정신을 어디 두고 다니냐?'라는 잔소리를 들을 때마다 자존감이 깎여 나갔습니다. 하지만 지금 생각해 보면, 그건 자존감 깎일 일이 아니었습니다. 100m를 15초에 뛰는 사람에게 12초 안에 뛰라고 하는 것과 마찬가지니까요. 불가능한 걸 요구하고 질책하는 건 부당한 일입니다.

ADHD는 널리 알리고 조기에 진단받아야 합니다. 스스로 ADHD에 대한 이해를 높이는 것은 물론이고, 주변 사람들도 ADHD에 대한 이해를 갖춰야 합니다. 그렇게 하더라도 여전히 많은 어려움이 있겠지만, 적어도 불필요한 오해와 상처는 줄일 수 있을 것입니다. 아내는 약사이기 때문에 ADHD에 대한 이해도가 높고 약물 치료에 대해서도 잘 알지만, 때로는 감정적으로 힘들어합니다. 특히 저녁 시간에는 감성적인 면이 더 두드러져 순간적으로 감정이 격해지기도 합니다. 이는 인간으로서 자연스러운 모습입니다.

이처럼 ADHD에 대해 잘 아는 사람이라도 ADHD인과 함께 생활하는 것은 쉽지 않습니다. ADHD인들은 이 점을 명심하고, 우리가 ADHD로 태어나고 싶어 태어난 것이 아닌 것처럼 함께 사는 사람들도 우리를 선택한 것이 아님을 이해해야 합니다. 따라서 늘 감사하는 마음으로 서로 배려하며 사는 것이 중요합니다.

- ADHD인이라고 해서 항상 남에게 민폐를 끼치거나 부정적인 영향을 준다고 생각하지 마세요. 모든 사람은 장점과 단점을 동시에 가지고 있으며, ADHD인들도 각자 다른 성향을 가지고 있습니다.
- ADHD의 특징 또한 상황에 따라 장점이 될 수도 단점이 될 수도 있습니다. 예를 들어, 유쾌하고 유머러스한 성격은 평소에는 주변을 즐겁게 하지만, 숙

연한 분위기에서는 눈치 없는 행동으로 비칠 수 있습니다.

- ADHD인은 대부분 순수하게 타인을 돕고자 하는 마음이 강합니다. 주변 사람들도 이러한 진심을 알아줄 것입니다. 우리가 타인에게 감사하는 마음을 가질수록 더욱더 선한 의도로 행동하게 되고, 타인 또한 우리의 진심을 알기에 불편함을 감수하고 배려해 줄 것입니다. 이러한 선순환을 기억하며 서로 이해하고 존중하는 관계를 만들어 나가는 것이 중요합니다.

나는 나의 ADHD 특성을 이해하고,
이를 통해 더 나은 소통을 할 수 있다.

균형잡힌 식사
규칙적인 수면
삶의 지혜는
늘 진부하다
말하기 전에
생각 했나요?
고민은
짧게
행동은
빠르게
머리는
여유롭게
몸은
바쁘게

일어난 일은 이미 지나간 일이야
혹시 지금 일희일비 아닐까요?
완벽한 준비? 완벽한 상황? '완벽'은 허상이야
할 마음은 일단 시작하면 생긴다

2장. 대인관계 개선의 실마리

01
따돌림의 상처는 뇌에 새겨진다

며칠 전, 12년 동안 따돌림에 시달리던 한 젊은 여성이 세상을 떠났다는 안타까운 소식을 접했습니다. 학교 폭력 또는 따돌림 피해자들이 겪은 경험은 남은 삶 전반에 걸쳐 사회성과 자존감 등에 지속적으로 악영향을 끼칩니다.

따돌림은 피해자의 마음(=뇌)에 깊은 상처를 남깁니다. 자존감이 낮고 사회성이 또래보다 부족한 아이를 주변에서 따듯하게 배려해 주고 사회성 기술을 연습하도록 도와준다면 충분히 또래와 어울릴 수 있습니다. 그러나 뇌에 각인된 괴로운 상처는 아이를 더 고립시키고 사회성 기능을 더 떨어뜨립니다. 장기간 따돌림에 시달린 피해자는 극심한 두려움과 공포를 느끼게 되며, 이는 뇌 속에 공포 회로를 만듭니다. 공포 회로의 중심축인 편도체는 학습 능력이 있어서 이 같은 일을 두 번 다시 경험하지 않고자 비슷한 상황에서 더 민감하게 반응합니다. 결국 피해자는 두려움을 유발할 만한 상황을 경계하며 회피하게 됩니다. 따라서 일반인보다 방어적이고, 사회적 관계 형성에 어려움을 겪을 가능성이 커집니다.

지백이 대화방과 ADHD 커뮤니티를 보면 이와 관련된 고민을 자주 볼 수 있습니다. 저 역시 누군가가 선의로 건네는 농담이나 조언에 세상이 나를 공격하는 듯한 기분이 들어 과하게 반응했다가 분위기를 망친 경험이 있습니다.

> "초등학교 때 반 친구들 앞에서 뺨을 맞았던 적이 있어요. 그 친구는 '내가 널 좋아해서 잘해 준 줄 알아? 동정해서 그런 거야'라고 말했는데, 그 말이 뺨을 맞은 것보다 더 저를 아프게 했어요. 그 이후로는 누군가가 저를 좋아한다고 말해도 진심으로 받아들여지지 않고, 뭔가 꿍꿍이가 있지 않을까 하는 생각이 들어요. 20년이 지난 지금도 힘든 일이 생기면, 그때의 기억이 생생하게 떠올라요. 몇 년 전에 우연히 가해자와 마주쳤다가 그 아이가 좋은 직업을 가진 걸 알게 되었는데, 억울한 마음이 들더라고요. 나는 그 일 때문에 우울증에 시달리고 상담 치료를 받으며 힘들게 살고 있는데, 가해자는 아무렇지 않게 잘 살고 있다는 생각에 화가 났어요."
>
> **– ADHD 지피지기 백전불태 대화방에 올라온 글**

따돌림 피해자가 겪는 고통과 상처를 주변 사람이 이해하기는 매우 어려운 일입니다. 어린 시절에 저는 남들과 다른 행동 때문에 놀림과 무시를 당하며 뒷담화의 대상이 되곤 했습니다. 저는 제가 왜 따돌림당하는지 이해하지 못했고, 사람들 앞에 나서는 것이 두려웠습니다. 그러면서 한편으로는 남들에게 자신감 없는 위축된 모습을 보이는 것이 더 싫어서 오버하는 행동을 했고, 그럴 때마다 계속 실수하곤 했습니다.

부모님과 어른들은 "자신감을 가져라"라고 조언했지만, 그럴수록 더 주목받고 괴롭힘당힐 뿐이었습니다. 그러다 보니 그런 조언이 점점 공허하게 들렸습니다. 결국 고등학교 1학년 때 학교 폭력 사건의 피해자가 되었고, 누구와도 친하게 지내지 못할 것 같은 생각에 자퇴를 결심하게되었습니다. 주변 사람들은 "다른 아이들과 잘 지내도록 노력해봐"라고 말했지만, 이미 상처받은 저에게 그런 식의 조언은 또 다른 부담이 되었습니다. 가해자 무리뿐 아니라 다른 아이들도 저를 멀리했고, 먼저 다가가려는 시도는 번번이 상처로 돌아왔습니다. 주변의 조언이 저를 생각해서 하는 말이라는 것을 모르는 건 아니지만, 따돌림이 당사자의 삶에 얼마나 큰 영향을 미치는지, 그 고통이 얼마나 오랫동안 지속되는지 안다면 좀 더 신중하게 조언하지 않았을까 하는 아쉬움이 남습니다.

결국 따돌림은 한 사람의 인생을 놓고 볼 때 지울 수 없는 상처를 남깁니다. 예방이 최선이지만, 만약 따돌림이 발생한다면 피해자가 더는 상처받지 않도록 적극적으로 개입해야 하며, 전적으로 지지해야 합니다. 지금 생각해 보면 당시 저에게 필요했던 조언은 "네가 주변 친구들의 행동을 이해하지 못하더라도, 일단은 다른 아이들이 하는 대로 따라 해 보자"였을지도 모릅니다. ADHD 아동은 인간관계의 예의나 집단 내 규칙을 지키는 걸 번거로워하며 귀찮게 여기는 경향이 있습니다. 순간적인 충동에 따라 자신의 감정대로 행동하기도 합니다. 하지만 ADHD 아동은 이런 행동을 '개인의 성향'이라고 포장하며 정당화하기 쉽습니다. '나는 원래 남들과 다르니까'라는 생각으로 자신의 행동을 합리화하는 것이지요. 하지만 사회성을 배우고 익혀야 하는 시기이기 때문에 이러한 행동은 교육의 관점에서도 옳지 않습니다. 더욱이 이로 인해 또래를 사귀는 과정에서 어려움을 겪게 되기 때문입니다.

사회성이란 단순히 다른 사람들과 잘 어울리는 능력만을 의미하지는 않습니다. 사회성은 주어진 상황과 맥락에 맞춰 자신의 욕구를 적절한 방법으로 표현하고, 때로는 욕구를 참는 능력까지 포함하는 복합적인 개념입니다. 갓 태어난 아기는 배가 고프면 울고, 대소변이 마려우면 바로 해결해 버립니다. 그러나 점점 자라면서 대소변 욕구를 참고 화장실에 가는 법을 배웁니다(이것이 인간으로서 처음으로 배우는 사회성입니다). 그다음에는 정해진 시간에 식사하는 법을 익히고, 어린이집에 다니면서 친구의 장난감을 뺏지 않고 참는 법을 배웁니다.

이렇게 나이가 들어 갈수록 우리는 내면의 욕구를 즉시 멋대로 해결하지 않고, 그 욕구를 제어하며 사회적으로 용인되는 방식으로 해결하는 방법을 배우고 실천합니다. 이것이 사회성을 기르는 과정입니다. 그러나 ADHD인들은 충동성으로 인해 이러한 사회성 발달에 어려움을 겪곤 합니다. 갑자기 대화 주제를 바꾸거나, 다른 사람의 말을 끊고 자기가 하고 싶은 말을 하거나, 감정을 조절하지 못하고 주변을 불편하게 하는 등의 모습은 ADHD 성향과 관련이 있으며, 이러한 면으로 인해 대인관계에 부정적인 영향을 줍니다.

물론, 다른 사람들처럼 행동하라는 조언이 자신의 개성을 무시하고 평균처럼 행동하라는 말로 느껴질 수도 있습니다. 그러나 또래보다 독특한 면모를 지니고 있는 ADHD 아동은 이미 주목받고 있기 때문에 겉으로 드러나는 행동만이라도 평범하게 하려는 노력이 필요합니다.

이는 ADHD 아동의 개성을 말살하라는 것이 아닙니다. 내가 속한 사회에서 다른 사람들과 조화롭게 살아가기 위한 최소한의 노력입니다. ADHD 아동은 다른 아이들과 비교해 제각기 독특한 개성과 강점을 가지고 있습니다. 하지만 집단 내에서 따돌림을 경험하게 되면, 사회성 발달에 어려움을 겪게 되어 자신의 긍정적인 면을 발휘하지 못할 수 있습니다. ADHD 아동이 건전한 사회인으로 당당하게 살기 위해서는

ADHD 성향에 대한 주변의 이해와 지지가 필수적입니다.

나는 다른 사람들과 조화롭게 어울리며
사회성을 키울 수 있는 사람이다.

따돌림으로 이어질 수 있는 ADHD 아동의 행동 예시

ADHD 아동의 독특한 면은 강점이 되기도 하지만, 때로는 그러한 특성으로 인해 또래 관계를 형성하는 데 어려움을 겪을 수 있습니다. ADHD 아동이 학창 시절에 주변 아이들로부터 따돌림받거나 무시당하는 계기가 될 만한 행동에는 어떤 것들이 있었는지, 저의 오랜 기억과 지백이 대화방에 올라온 이야기들을 되짚어 보았습니다.

참을 수 없는 배뇨감

학교나 학원 등의 수업 시간에 화장실을 자주 가곤 했습니다. 물론 대부분 학생이 수업 중에 화장실에 가는 경험이 있겠지만, 저는 고등학생 때까지도 수업 시간마다 화장실에 갔던 것 같습니다. 보통의 학생이라면 소변을 참았다가 쉬는 시간에 가지만, 저는 약간의 배뇨감도 참지 못하고 자리에서 일어났습니다. 이러한 행동은 주변 사람들에게 '이상한 아이'라는 인식을 심어 주었습니다.

가만히 있지 못하는 몸

만약 수업 내용에 조금이라도 집중했다면, 약간의 배뇨감으로 화장실에 가는 일은 없었을 겁니다. 그러나 저는 수업 시간에 집중했던 기억이 거의 없습니다. 저는 인지하지 못했지만, 수업 시간에 가만히 있지 못하고 목, 어깨, 허리를 움직이며 스트레칭을 자주 했다고 합니다. 이런 행동은 다른 아이들의 수업을 방해하고, '산만한 아이'라는 낙인이 찍히게끔 했습니다.

수업 시간 방해꾼

수업 시간에 커터 칼로 지우개를 잘게 잘라서 놀곤 했습니다. 그렇게 조각난 지우개를 필통에 던져 넣는 놀이를 하면서 교실 바닥에 떨어뜨려 주변을 어지럽히고 친구들을 불편하게 했습니다. 이러한 행동은 '수업 태도가 불량한 아이'라는 오해를 사게 했습니다.

쉬는 시간 소란 메이커

쉬는 시간에 교실 뒤에서 친구와 축구나 농구를 하면서 다른 아이들을 불편하게 했습니다. ADHD 아동은 흔히 자신의 행동이 다른 사람에게 어떤 영향을 미치는지 인지하지 못합니다. 이러한 모습은 '타인을 배려하지 않는 아이'라는 이미지를 심어 주었습니다.

급식소 레이싱

점심시간이 다가오면 수업을 마치는 종이 치기 몇 분 전부터 급식소로 뛰어갈 준비를 했습니다. 다리를 책상 밖으로 빼고 있다가 종이 치면 곧바로 슬리퍼를 신고 육상 선수처럼 급식소로 뛰어 내려갔습니다. 한 번은 계단을 내려가다가 발을 접질려 발목 인대가 늘어나는 바람에 한

달 동안 깁스를 하고 다녔습니다. 이러한 행동은 주변 사람들에게 '위험한 행동을 하는 아이'라는 인식을 주었습니다.

지나친 질문과 엉뚱한 대답

수업 중 선생님에게 수업과 관계없는 질문을 쏟아 내곤 했습니다. 또한 선생님의 질문에는 맥락과 관계없는 엉뚱한 대답을 하곤 했지요. 이러한 모습은 ADHD 아동에게서 쉽게 볼 수 있는 모습이지만, 다른 아이들에겐 '관심을 끌고 싶어 하는 아이'로 보이게 했습니다.

청개구리 심보

초등학생 시절, 누군가 무언가 제안하면 반대로 행동하고 싶은 충동적인 마음이 들곤 했습니다. 운동장에서 같이 놀고 싶은 마음이 있지만, 누군가가 먼저 놀자고 권유하면 갑자기 장난을 치고 싶은 청개구리 심보가 발동해 거절하고 반대로 행동했습니다. 이러한 충동적인 모습은 친구들을 당황하게 만들었습니다.

무례한 모습

내 필통에 없는 필기구가 필요할 때면, 옆자리에 앉은 짝꿍의 필기구를 허락 없이 빌려 쓰곤 했습니다. 사용 후에 뒤늦게 빌린 것에 대해 양해를 구하곤 했지만, 짝꿍이 내 물건을 빌려 갈 때는 "그냥 가져가서 쓰고 넣어두면 돼"라고 말하며 내 방식을 강요했습니다.

숙제 벼락치기

숙제를 깜빡했다가 등교 후에 기억나면, 급하게 친구에게 숙제를 보여 달라고 조르곤 했습니다. 미리 숙제를 해 온 친구의 기분을 살피지 않고 자신의 급한 상황만 내세우며 도움을 요청하면서 친구들에게 부담을 주었습니다.

필기를 보여 달라는 부탁

수업 시간에 집중하지 못하고 시간을 어영부영 흘려보내다가, 선생님이 수업에서 강조한 내용이 시험에 나온다고 하면 필기를 잘하는 친구에게 필기 내용을 보여 달라고 부탁했습니다. 한두 번이 아니라 여러 번 부탁했지만, 민폐를 끼치면서 어렵게 얻어 낸 필기 내용을 시험 날까지 공부하지 않은 적이 많았습니다.

준비물 잊어버리기

미술 등 다양한 과목에서 준비물 챙기는 걸 자주 깜빡했습니다. 학교에 와서 준비물이 있었다는 걸 떠올리면 부랴부랴 어머니에게 전화했고, 그러면 어머니가 준비물이 필요한 수업 전까지 학교로 가져다주었습니다. 이런 일이 자주 생기자 선생님이 저의 버릇을 고치겠다며, 부모님에게 연락하지 말고 직접 집에 다녀오라고 한 적도 있습니다. 집이 멀다 보니 집에서 준비물을 챙겨 학교에 도착했을 땐 이미 하교 시간이었지요.

과도한 의성어

만화책을 굉장히 좋아했던 저는 만화책에 나오는 의성어(쾅, 펑, 슉슉, 졸졸, 뚜시뚜시, 끼이익 등)를 친구들과 놀 때 입으로 표현하곤 했습니다. 저는 재미있다고 생각했지만, 다른 아이들에게는 유치하고 이상하게 보였을 수 있습니다. 이러한 행동은 따돌림의 원인이 되곤 합니다.

무리에 대한 거부감

여자아이들은 삼삼오오 몰려다니며 함께 어울리는 걸 중요하게 생각합니다. 하지만 저는 그러한 분위기에 쉽게 적용하지 못하고 친구들의 권유를 뿌리치곤 했습니다. 이로 인해 외톨이로 지내게 되었고, 일진 무리에게 찍혀 괴롭힘의 표적이 되기도 했습니다.

눈치 없는 언행

직설적으로 소통하는 남자아이와 달리 여자아이들은 서로 눈치로 소통하는 경우가 많습니다. 그런데 저는 미묘한 사회적 신호를 읽는 게 어려워서 눈치 없는 말로 상대방의 감정을 상하게 하는 경우가 많았습니다. 알게 모르게 저랑 대화하려는 친구들이 없어졌고, 결국 혼자서 지내게 되었습니다.

독특한 모습

학교 다닐 때 편하고 시원하다는 이유로 밀짚모자를 쓰고 다녔습니다. 남들에게 웃기다, 독특하다 등 여러 말을 들었지만 신경 쓰지 않았더니 '루피'라는 별명이 붙었습니다. 이러한 면모는 나를 잘 모르는 아이들에게도 소문이 나서 놀림거리가 되기 쉬웠습니다.

이러한 행동이 모든 ADHD 아동에게 나타나는 것은 아닙니다. 같은 행동을 하더라도 따돌림으로 이어지는 경우가 있고, 그렇지 않은 경우도 있습니다. 또한 앞서 열거한 각각의 행동은 평범한 아이들도 한두 번은 경험해 봤을 법한 것들입니다. 그러나 한 아이가 이러한 행동을 거의 다 하거나 자주 반복한다면 다른 아이들에게 '독특한 아이'로 주목받게 됩니다. 따라서 상황과 개인적인 차이에 따라 결과는 다를 수 있지만, ADHD를 진단받은 아이들은 따돌림을 경험하게 될 가능성이 더 크다는 점을 인지해야 합니다.

이러한 인식은 부모와 교사가 아이의 도움 요청에 더 민감하게 반응하고, 아이의 사회성을 길러 주기 위해 노력을 기울이는 데 중요한 역할을 합니다. ADHD 아동은 스스로 자신의 행동을 인지하고 조절하는 데 어려움을 겪기 때문에 주변의 도움이 꼭 필요합니다. ADHD 아동이 자신의 행동을 인지하고, 사회적인 방식으로 행동하는 걸 배우는 일은 굉장히 어렵습니다. 그러나 불가능한 일은 아닙니다. ADHD 아동 자신의 노력과 주변의 적절한 교육, 그리고 상냥한 지지를 통해 사회성을 발달시킬 수 있습니다.

02
과거의 상처를 넘어서는 솔직한 소통

성인 ADHD인은 집중력 부족이나 충동성 외에도 과거의 상처로 인해 솔직한 소통에 어려움을 겪는 경우가 많습니다. 성인 ADHD인이 ADHD 아동과 다른 점 중 하나는 학령기와 청소년기를 거치면서 ADHD 증상으로 인해 대인관계에서 크고 작은 좋지 않은 사건(따돌림, 무시당함, 지적당함 등)을 이미 경험했다는 겁니다. 이러한 경험에 대한 기억은 성인이 되어도 잘 잊히지 않습니다. 오히려 성인이 된 후에도 개인의 생각과 행동에 계속 영향을 미치기도 합니다.

그 결과, 성인 ADHD인 중 일부는 눈치 없는 사람으로 보이는 것을 피하거나 과거의 상처를 다시 경험하지 않고 싶은 마음에, 하고 싶은 말이 있어도 참거나 상대방이 원하는 주제에 관해서만 이야기하는 등 극단적인 모습을 보이기도 합니다. 흔히 생각하는 성인 ADHD의 전형적인 모습과 반대되는 모습이다 보니 딱히 문제가 있는 것처럼 보이지 않을 수도 있습니다. 그러나 ADHD 전문가들은 이러한 극단적인 행동이 ADHD의 특징인 '양극단 성향'의 하나이며, 건강한 사회화의 결과라고 보기 어렵다고 말합니다.

만나는 모든 사람에게 이 같은 태도를 보이는 ADHD인은 드물겠지만, 상대에 따라 다른 모습을 보이는 상황은 흔합니다. 특히 과거 이성에게 상처받은 경험이 있는 ADHD인이라면, 소개팅 자리에서 말을 아끼거나 상대방의 비위를 맞추려는 경향이 있습니다. (때로는 과거 연애에서 이별의 원인이 되었던 자신의 단점을 솔직하게 털어놓기도 합니다. 이는 상대방에게 미리 양해를 구하고 자신의 단점으로 인해 또다시 상처받는 것을 피하려는 방어기제로 볼 수 있습니다. 하지만 지나친 솔직함은 상대방에게 부담을 주거나, 관계를 시작하기도 전에 불안감을 조성할 수 있습니다.) 만약 친구나 동료들에게는 여과 없이 말하는 등 소통 방식에 차이가 심하다면, 이성을 대할 때의 모습은 오래 지속되기 어렵습니다. 관계가 깊어질수록 진솔한 대화를 피하는 일이 어렵기 때문에 결국 초반에 보여 준 모습과 다른 평소의 모습이 드러나면서 관계가 틀어지기 쉽습니다. 특히 ADHD인은 지루함을 잘 참지 못하고 감정이 얼굴에 드러나기 때문에 솔직하지 못한 대화는 서로를 힘들게 할 수 있습니다.

대화는 탁구와 같습니다. 서로 탁구공을 주고받듯 즐겁게 소통해야 합니다. 한쪽만 일방적으로 받아 주는 탁구는 재미없는 훈련이 되어 버립니다. 솔직한 소통은 상대방과 진정한 관계를 만들고, 자신을 더 사랑하고 성장하는 길입니다. 과거의 상처로 힘들더라도 용기를 내어 자신의 목소리를 내 보세요. 자신의 진짜 모습을 보여 주며 상대방과 진정으로 소통할 때, 비로소 건강한 관계를 만들어 갈 수 있습니다. ADHD 증상으로 소통에 어려움이 있다면, 이에 대해 상대방과 논의해 보는 것도 좋습니다. (자신의 ADHD 진단을 바로 알리라는 건 아닙니다.) 진솔한 소통 과정을 통해 얻는 행복은 무엇과도 비교할 수 없을 겁니다.

- 자신의 솔직한 모습을 보여 주고, 상대방과 진정한 소통을 해야 나와 맞지 않는 사람을 빨리 알아차릴 수 있습니다. 그래야 서로 불필요한 시간 낭비를 줄일 수 있습니다.
- 나에 대한 호불호는 상대방의 취향이기 때문에 주눅들 필요가 없습니다. 세상엔 다양하고 많은 사람이 있으며, 나와 진심으로 교감할 수 있는 사람이 반드시 있습니다. 물론, 상대방을 향한 기본적인 배려심과 이해심은 갖춰야겠지요.

나는 과거의 상처를 극복하고
진솔한 나를 표현하는 사람이다.

03

상대의 마음을 여는 열쇠: 먼저 듣고 공감하기

직설적인 화법: 솔직함과 배려 사이의 균형

지백이 대화방의 ADHD인들은 직설적인 화법이 대인관계에 어려움을 준다는 걸 알지만, 여전히 이런 화법을 자신의 개성으로 여기며 다음과 같은 표현을 사용하는 데 거리낌이 없는 사람이 많습니다.

"나는 돌려서 말하는 걸 못 하는 성격이야"

이는 ADHD의 충동성으로 인해 말하고 싶은 욕구를 참지 못하는 것으로, 머릿속에 떠오르는 생각을 여과없이 입으로 내뱉는 경향과 관련이 있습니다. 참으려 하면 마음 속 불편함이 점점 커지기 때문에 말로 해야만 그 불편함이 해소됩니다. 때론 상대방의 감정이나 상황을 고려하지 못한 채 말하기도 합니다.

"나는 솔직하고 직설적으로 말하는 스타일이야"

ADHD인은 감정 기복이 심하고 감정 조절에 어려움을 겪을 수 있다 보니 긍정적 감정 외에 실망, 분노, 슬픔 등 부정적 감정도 여과 없이 말로 표현하곤 합니다. 또한 상대방의 목소리, 표정, 몸짓 등 비언어적 신호를 놓치기 쉽습니다. 이러한 직설적인 표현으로 인해 상대방에게 당혹감을 주고 감정을 상하게 할 수 있습니다.

"나는 할 말은 다 하는 성격이야"

ADHD인의 대다수는 과거 자신의 언행에 대해 부정적인 피드백을 받았던 경험이 있습니다. 이로 인해 지적이라고 보기에 애매한 의견을 들을 때 이를 자신에 대한 공격으로 여겨 자기방어 기제로 이어질 수 있습니다. 상대방의 의견을 반박하거나 자신을 방어하기 위해 할 수 있는 모든 말을 다 하는 등 자신의 의견을 강하게 주장하는 경향이 있습니다.

물론 개인의 성격이나 살아온 환경 등 ADHD 성향 외에 다양한 요인이 대화 방식에 영향을 줍니다. 그러나 많은 ADHD인이 이러한 직설적인 화법으로 인해 일상에서 어려움을 겪는다는 점에 주목할 필요가 있습니다. 이는 단순히 개성으로 볼 수 없으며, 사회생활과 대인관계를 어렵게 하는 요인 중 하나가 됩니다. 심할 경우 주변 사람들을 불편하게 만들어 사회적으로 고립될 수 있습니다.

공감하는 대화

우리는 친구, 애인, 배우자 그리고 부모와 자식 등 다양한 관계를 맺고 살면서 상대방의 '고민'을 듣게 되곤 합니다. 이 상황에서 ADHD인들이 쉽게 하는 실수가 있습니다. 고민하는 상대방에게 곧바로 해결책을 제안하거나, 자신의 관점에서 조언하고 싶은 충동을 느낍니다. 심지어 자신의 조언을 상대방이 즉시 수용하고 실행하기를 기대하기도 합니다. 하지만 이러한 접근은 상대방에게 공감받지 못한다는 느낌을 주며, 상대방과 관계를 위태롭게 만들 수도 있습니다.

내가 보기에 상대방의 고민이 좀처럼 이해되지 않고 비논리적으로 보이더라도, 섣불리 지적하거나 조언하지 않는 것이 중요합니다. 모든 일에는 순서가 있습니다. 상대방이 자신의 감정과 이야기를 충분히 표현하고 정리할 시간을 먼저 주어야 합니다. 그런데 저는 이를 알면서도 종종 ADHD 성향으로 인해 참지 못하고 해답과 조언부터 했던 경험이 있습니다. 이런 식의 섣부른 조언은 오히려 상대방과 갈등을 일으키게 하고, 관계에 악영향을 줄 수 있습니다.

고민하는 상대방에게 직설적으로 조언하고 싶은 충동이 든다면, 잠시 멈추어 스스로 질문해 보세요. '나는 매 순간 그렇게 완벽하고 이성적인 사람인가?' 이런 사람은 세상에 없습니다. 우리는 모두 때때로 감정에 휘둘려 실수를 저지릅니다. 평소의 모습과 다르게 합리적인 판단을 하지 못할 때가 있습니다. ADHD인들은 때로 누군가의 특정한 순간의 모습을 과도하게 일반화해 그 사람 자체로 기억하는 경향이 있습니다. 그러나 늘 이성적이거나 항상 바보 같은 사람은 없습니다. 상대방도 우리처럼 감정적인 존재입니다. 이것을 기억해야 합니다.

누군가 곤란한 상황에 처해 있거나 화가 나서 평정심을 잃었다면, 섣부른 조언을 하기보다 그들의 마음을 진정시키는 것이 우선입니다. 상대방의 이야기를 차분하게 들으면서 그들의 감정에 공감해야 합니다. 대부분의 경우, 사실 조언이 꼭 필요하지는 않습니다.

저 역시 ADHD인이기에 상대방의 이야기를 듣다 보면 관련된 여러 생각이 떠오릅니다. 그리고 이를 즉시 입 밖으로 내보내고 싶은 충동에 휩싸입니다. 하지만 이 충동을 조절하지 못하면 대화가 엉뚱한 방향으로 흘러가면서 고민을 말하는 상대방은 무시받는 기분이 들 수 있습니다. 그래서 저는 스스로 다음과 같은 규칙을 만들었습니다. (예측 가능한 상황에 대한 대책 세우기.)

'상대방이 조언을 구하지 않는 이상, 먼저 조언하지 않는다.'

상대방이 이야기를 끝내고 진정한 후에 조언을 건네도 늦지 않습니다. 아무리 좋은 조언이라도 듣는 사람의 마음 문이 닫혀 있다면 그 마음을 비집고 제대로 전달되지 않습니다. 먼저 진심으로 상대방의 마음을 이해하고 공감하는 것이 중요합니다. 상대방의 이야기가 믿기 어렵거나 비논리적으로 느껴지더라도 섣불리 판단하고 비난하지 마세요. 이해할 수 없는 부분이 있더라도 상대방에게는 그것이 진실일 수 있습니다. 설령 이야기 자체가 사실이 아니더라도 그들이 느끼는 감정은 진실입니다. 따라서 이야기의 내용보다 실재하는 그 감정에 집중하고 공감해야 합니다. 공감은 상대방의 의견에 동의하는 것과 다릅니다. 상대방의 말에 동의하지 않아도 그들의 감정을 이해하고 공감할 수 있습니다. 이러한 공감은 상대방과 관계를 더 깊게 만들어 주고 소통을 원활하게 해 줍니다.

이 세상에 완벽한 사람은 없습니다. 우리가 그렇듯 상대방도 감정에 휘둘리고 실수를 합니다. 그러니 상대방의 말을 적극적으로 경청하면서, 감정을 이해하려는 자세가 먼저입니다. 자신도 모르게 상대방의 말을 끊고 조언부터 하는 모습은 저도 종종 범하는 실수입니다. 그럴 때는 자신의 모습을 인지한 순간, 상대방에게 사과하고 경청을 이어 가면 됩니다.

자신의 소통 방식을 인지하면서 개선하려는 노력을 꾸준히 해 나가는 자세가 중요합니다. 누군가가 당신에게 고민을 말한다는 것은 당신의 조언이 필요하기 때문일 겁니다. ADHD인의 장점은 직관적인 이해를 통해 색다른 관점으로 남들이 놓치기 쉬운 것을 파악할 수 있다는 것입니다. 이러한 장점에 공감하는 자세를 곁들이고 말하는 방식만 개선한다면, 주변 사람들과의 관계가 더 건강한 방향으로 발전할 겁니다.

ADHD 부모와 ADHD 자녀 간 소통: 인내하며 기다리기

특히 ADHD 부모와 ADHD 자녀 사이의 소통에서 이를 꼭 기억하면 좋겠습니다. 꾸준한 공감과 지지가 당장은 큰 도움이 되지 않는 것처럼 보여도, 장기적으로 아이와 관계를 돈독하게 만들며 아이가 어려움을 극복해 가는 데 큰 응원이 됩니다. 당장은 자녀가 미덥지 않아도 큰 틀 안에서 보면 아이는 결국 자신만의 비전을 찾아 성장할 것입니다. 그렇게 믿으세요. 아이가 심신이 건강하고 행복한 성인으로 자라길 바란다면, 적어도 부모와 자녀의 관계가 나빠지는 건 피해야 합니다. 아이는 존경이라는 꿈을 먹고 자라는 나무입니다. 아이는 가장 많은 시간을 함께 보내는 어른에게 가장 큰 영향을 받는 만큼 부모의 따뜻한 공감과 지지는 아이가 자라는 데 긍정적인 밑거름이 됩니다.

나는 상대방의 감정에 공감하고
이해할 수 있는 능력을 가지고 있다.

04

ADHD인의 소통과 관계: 서로 달라도 괜찮아

지백이 대화방에는 ADHD 자녀를 둔 부모님 수백 명과 미혼 성인 ADHD인 수백 명이 함께 활동하고 있습니다. 그러다 보니 결혼과 육아에 관한 이야기가 나올 때면 두 집단의 의견이 팽팽하게 맞서는 경우가 종종 있습니다. ADHD는 유전적 요인이 작용하는 질환이라는 점에서 성인 ADHD인들은 자신과 같은 어려움을 겪을 아이를 낳는 것에 두려움을 가지고 있습니다. 그래서 출산 계획이 없다고 말하는 분들도 있습니다. 반면, ADHD 자녀를 둔 ADHD 부모들은 ADHD 자녀를 키우는 일이 고된 것은 맞지만 그만큼 큰 행복과 보람을 느낀다고 말합니다. 두 집단의 대화는 평행선을 달리곤 합니다. 다른 주제에서는 열린 마음으로 서로의 의견을 존중하는데, 유독 결혼과 육아에 관해서는 각자의 입장을 쉽게 양보하지 못합니다. 이러한 상황에서 제가 대화방 방장으로서 했던 이야기를 공유하고자 합니다.

저는 해외여행을 한 번도 안 가 봤습니다. 스키장도 마찬가지입니다. 이제 몇 살 더 먹으면 마흔이 되는데도 말입니다. 어린 시절, 부모님의 사업이 계속 실패하면서 경제적으로 어려움을 겪었습니다. 거기에 조부모님이 성실함과 거리가 멀어서 부모님도 어려운 형편에서 자라느라 여가 생활을 배운 게 없었고 즐긴 적이 없으셨습니다. 그런 분위기에서 자라다 보니 여행이나 취미를 즐기는 데 드는 비용을 생각하면 그 돈으로 할 수 있는 다른 것부터 생각났습니다.

이러한 상황은 저의 여행관, 취미관에 깊은 영향을 주었습니다. 해외여행은 물론이고, 비교적 저렴한 국내 여행조차 딱히 가 보고 싶다는 생각이 들지 않았습니다. 부모님은 제가 어릴 때 많이 돌아다녔다고 하셨지만 기억에 남는 가족 여행이 없습니다. 20대에 들어서며 스스로 여행을 다녀 볼 나이가 되었지만, 여행에 대한 갈망은 좀처럼 생기지 않았습니다.

물론 저도 여행의 매력과 장점을 잘 알고 있습니다. 여행 과정을 담은 사진과 영상은 훗날 나의 스트레스를 줄여 주는 좋은 도구가 되고, 새로운 환경에서 접하는 경험과 자극은 창의력을 향상시킵니다. 여행이 단순히 재밌고 즐거운 경험이라는 걸 넘어, 신경생리학적인 관점에서도 여러 이득이 있다는 것을 잘 알고 있습니다. 그러나 어린 시절의 경험이 족쇄처럼 작용하는 탓인지, 누군가가 여행을 권해도 늘 소극적으로 반응했습니다. 아내와 결혼하기 전에 함께 떠났던 국내 여행 두 번이 전부였지요.

아내가 자녀들과 함께 떠나는 해외여행에 관해 이야기를 꺼낼 때면, 아이들만큼은 나와 다른 삶을 살길 바라는 마음에 긍정적으로 검토하려고 합니다. 하지만 아내는 여전히 제가 소극적으로 보이나 봅니다. 제가 한 번이라도 해외여행을 다녀온다면, 또 가고 싶은 마음에 새로운 계획을 세우거나 다음 여행지를 고민하게 될지도 모르겠습니다. '해외여행을 한 번도 안 가 본 사람은 있어도 한 번만 가 본 사람은 없다'라는 말처럼 저도 언젠가는 해외여행을 떠나게 될 날이 오리라 믿습니다. 다만, 언제가 될지는 아직 모르겠습니다.

해외여행이 많은 사람에게 즐거움을 주듯, 아이를 키우는 것 또한 인간에게 보편적인 행복과 의미를 줍니다. 인류가 존속하는 한 출산과 양육은 부정할 수 없는 중요한 가치입니다. 하지만 현실은 녹록지 않습니다. 경제적 어려움, 불안정한 미래 그리고 치열한 경쟁 속에서 청년 세대는 결혼을 망설이고 있습니다. 결혼하더라도 자녀를 갖는 데 많은 각오가 필요한 상황이지요. 이러한 현실적인 어려움을 이전 세대에게 이해시키기란 굉장히 어렵습니다. 같은 시대를 살아가지만, 각자의 경험과 가치관이 너무나도 다르기 때문입니다. 6·25 전쟁과 새마을 운동을 경험한 부모님 세대의 눈에 지금 세상이 살기 좋아 보이는 것도 같은 이치입니다. 같은 시간과 장소를 살아가지만 각자 사는 세상이 다르다 보니 음식 취향, 육아 방식, 정치 성향 등 다양한 주제에서 가치관의 차이로 갈등이 생기곤 합니다. 이렇게 서로를 이해하지 못할 때, 어떻게 대화하면 좋을까요?

예를 들어, 해외여행을 주제로 대화가 시작되면 저는 대개 입을 다물고 있습니다. 과거에 여행에 대한 나의 생각을 아무리 논리적으로 설명해도 상대방이 공감하지 못했던 경험 때문입니다. 조용히 듣다가 해외여행 경험이 있는지 질문을 받으면, "어렸을 적부터 여유가 없어서 해외여행을 해 본 적이 없고, 앞으로도 계획이 없어"라고 솔직하게 대답합니다. 그러면 대부분은 해외여행의 장점을 열거하거나 저렴한 여행지를 추천하는 등의 반응을 보입니다.

"해외여행이 얼마나 좋은데! 장점이 뭐냐 하면…."
"해외여행에 돈 많이 안 들어. 일본부터 가 보는 건 어때?"

"해외여행은 젊을 때 가야 해. 그게 진짜 재미거든. 나이 들어서 가면…."

이런 말들이 너무나 익숙합니다. 아마 앞으로도 제가 해외여행을 다녀오지 않는 이상 계속 듣게 될 것입니다. 때로는 이런 말을 들을 때마다 '나는 해외여행 말고 다른 데서 내 삶의 행복을 찾을 거야. 앞으로도 해외여행을 할 일이 절대 없어'라고 반박하고 싶은 충동을 느낍니다. 그렇다고 해외여행의 단점을 줄줄 말하고, 해외여행 도중 사건 · 사고를 겪은 사람들의 이야기를 언급하며 방어적인 태도를 보인다면 어떻게 될까요? 저는 지금 결혼이나 출산에 대한 저의 의견을 말하는 게 아닙니다. 단지, 나와 다른 가치관을 가진 사람이나 집단을 마주했을 때, 어떻게 하면 무난하게 지낼 수 있을지에 관해 이야기하고 싶은 겁니다.

지백이 대화방이나 다른 ADHD 커뮤니티를 보면 회사, 학교, 가정 등 다양한 곳에서 크고 작은 논쟁에 휘말리는 ADHD인이 많습니다. 본인의 의도와 상관없이 곤란한 상황에 처하게 되었다고 말합니다. 우리는 살면서 다양한 생각을 가진 사람들을 만납니다. 사람은 모두 자신의 경험과 가치관을 바탕으로 세상을 바라봅니다. 이는 ADHD 진단 유무와 관계없이 모든 사람이 그렇습니다. 그러다 보니 내가 경험하지 못한 것의 장점을 이야기하며 부단히 권하는 사람 때문에 괴로울 수 있습니다. 하지만 상대방의 마음은 진심으로 나를 위하는 것일 수도 있습니다. 따라서 내가 너무 괴로워서 견디지 못할 상황이 아니라면, 상대방의 말에 반박하며 방어적인 태도를 보일 필요가 없습니다. '나는 이렇게 생각하는데 이 사람은 이렇게 생각하는구나' 하며 서로의 입장을 인정하는 것이 중요합니다. 이러한 태도는 상황을 원만하게 이끌고, 나 자신에게도 도움이 됩니다. 제 경험에 따르면 다음과 같은 멘트가 상황을 무난하게 마무리하는 데 도움이 되었습니다.

> "저도 나중에 어떤 계기로 인해 마음이 바뀔 수 있겠습니다만, 지금은 상황이 그렇네요. 언젠가 기회가 오면 좋겠습니다."

이렇게 말하면 불편한 상황을 부드럽게 마무리할 수 있고, '쟤는 독특하고 고집이 세다'와 같은 부정적인 이미지를 심어 주는 것을 막을 수도 있습니다. 주변 사람들에게 좋은 이미지를 쌓는 것보다 좋지 않은 이미지 쌓는 걸 피하는 게 더 중요하니까요.

ADHD인은 "너는 왜 A를 안 해? 내가 A를 해 보니까 좋더라. A를 하는 게 왜 좋은지 설명해 줄게"라고 말하는 사람을 마주할 때, A를 하지 않는 이유와 상황과 근거 등을 하나씩 따져 가며 (자신도 모르는 사이) 흥분하기 쉽습니다. 따라서 자신을 쉽게 '방어적인 자세'로 만드는 대화 주제가 있다면, 이를 무난하게 넘기는 적당한 멘트를 준비해 두는 것이 좋습니다. 그러면 같은 실수를 반복하지 않을 수 있습니다.

하지만 ADHD인은 이러한 상황과 반대로, 자신이 상대방에게 특정 행동을 강요하는 경우도 많습니다. 상대방이 어떤 성향을 가지고 있는지, 어떻게 자라 왔는지 고려하지 않고 자신의 경험에 비추어 좋았던 것을 끈질기게 권하는 경향이 있습니다. 이런 경우, 대부분은 개인적인 이익을 위해서가 아니라, 정말 상대방을 위하는 순수한 마음에서 설득을 시작합니다. 때때로 ADHD인의 이러한 순수한 마음은 ADHD인 자신의 끈질긴 태도에 대한 면죄부를 주는 것처럼 느껴지기도 합니다. 그러나 상대방은 이 같은 무리한 권유에 불쾌감을 느끼거나 선을 넘었다고 생각할 수도 있습니다. 순수한 마음은 양날의 검과 같아서, 자칫 잘못하면 상대방에게 부담을 줍니다. 이러한 모습은 친구나 동료 사이의 대화뿐 아니라 부모와 자식 관계에서도 흔히 나타납니다. 그리고 갈등의 시작점이 되기도 합니다.

내가 경험해 보고 좋았던 것의 장점을 말하며 권했을 때 상대방이 방어적인 태도를 보이고 내 의견에 동의하지 않을 수도 있습니다. 그럴 때는 상대방의 생각을 그 자리에서 억지로 바꾸려고 하지 마세요. '지금 당장 내가 말하는 대로 하도록 설득해야 해'라는 조급한 마음이 들 수도 있겠지만, 그럴수록 상대방은 더 마음의 문을 닫습니다. 저는 이럴 때 스스로 말합니다. '상대방의 마음을 지금 당장 바꿀 수 있다고 생각하는 건 교만이다. 기다릴 자신이 없으니까 빨리 해결하고 싶을 뿐이다. 내 존재와 영향력을 당장 확인하고 싶은 욕구를 충족시키려는 건 아닌지 생각해 보자.'

이런 식의 조급함은 특히 부모가 자녀를 설득하는 상황에서 더 강하게 나타납니다. 저도 부모이기에 이런 상황에서 마음을 지키는 게 매우 어렵다는 걸 잘 압니다. 그러면 안 되는 걸 알면서도 저도 모르게 목소리에 감정이 실리고 흥분합니다. 그러나 아이가 어릴 때 통했던 방법이 아이가 성장하면서 더는 효과가 없을 수 있습니다. 잘못하면 오히려 아이와 관계가 틀어질 수도 있습니다.

친구, 동료, 자녀, 어떤 관계에서든 상대방이 특정한 것에 대해 마음을 닫게 하고 싶지 않다면 기다려 주어야 합니다. '지금은 상황이 마땅치 않나 봐. 그럴 만한 이유가 있겠지. 때가 되면 알아서 잘하겠지' 하고 넘어가세요. 그러면 적어도 서로에게 상처를 주거나 감정 상하는 일 없이 관계를 유지할 수 있습니다. 다음에 다시 이야기할 기회는 얼마든지 있습니다. 사실, 상대를 기다려 주는 것보다 더 나은 방법은 없습니다. 인내심을 갖고 기다리는 것이 핵심입니다.

우리는 정치인이 아닙니다. '내가 어떤 삶을 살아왔는지, 어떤 생각을 하는지, 어떤 사람인지' 자신의 생각을 일방적으로 주장하는 것은 대화의 목적이 아닙니다. 대부분 대화는 인간관계를 지속하기 위한 중요한 수단입니다. 서로 소통하고 공감하며 즐거움을 느끼고 스트레스를 낮추는 도구입니다. 그렇기에 대화를 통해서 나의 평판이 깎이고 걱정거리가 늘어난다면, 이는 대화의 본질에서 벗어난 본말전도입니다. 나에게 양보할 수 없는 중요한 가치관이 있듯이 남들에게도 그러한 부분이 있습니다. 서로의 가치관을 존중하고 이해하는 것은 매우 중요합니다. 가치관이 다르더라도 열린 마음으로 서로 대한다면 충분히 좋은 관계를 유지할 수 있습니다. 그리고 그 과정에서 나 자신도 성장합니다.

나는 상대방의 생각과 감정을 존중하며,
나의 의견을 강요하지 않는다.

05

대인관계 개선의 기초공사, 기억력 향상

깜빡하는 ADHD인의 일상

여름철, 밖에서 글을 쓸 때는 냉방 때문에 긴팔 겉옷을 꼭 챙겨 다니는데, 이 옷을 깜빡 잊고 나와 감기에 걸리는 일이 종종 있습니다. 나갈 준비를 하며 약을 먹거나 물과 이어폰을 챙기는 등 여러 가지를 확인하지만, 매일 챙기는 물건과 달리 가끔씩 챙겨야 하는 물건은 쉽게 잊어버리곤 합니다. 예를 들어, 짐을 챙기면서 '셔츠를 꼭 챙겨야지! 거실에서 물이랑 셔츠를 가져와야겠다' 라고 생각하고 거실로 갔지만, 갑자기 다른 생각에 빠져 물만 챙겨 온 경험은 저뿐만이 아닐 겁니다.

ADHD인들은 이런 제 이야기에 깊이 공감합니다. 누구나 한 번쯤 겪을 수 있는 일이지만, ADHD 환자들에게는 이러한 일이 훨씬 더 빈번하게 일어납니다. 문제는 이러한 건망증이 단순히 불편함에 그치지 않고, 대인관계에도 부정적인 영향을 미칠 수 있다는 점입니다. 중요한 약속에 늦지 않으려고 서둘러 나가다가도 집 열쇠나 스마트폰을 찾느라 결국 지각하게 되는 모습, 회사에서 중요한 물건을 빠뜨리거나 보고서 내용을 착각해 주변 사람들을 실망시키는 일은 ADHD인들에게 익숙한 상황입니다.

왜 유독 ADHD인들에게 이런 일이 자주 생기는 걸까요? 그 이유는 바로 '작업 기억력'과 깊은 관련이 있습니다.

ADHD와 작업 기억력의 관계

작업 기억력은 단기적으로 정보를 저장하고 처리하는 능력을 말하며, 특히 계획을 세우고 실행하는 과정에서 중요한 역할을 합니다. 아침에 겉옷을 챙기겠다고 생각했지만 금세 잊어버린 일, 물과 셔츠를 챙기려고 거실로 갔다가 물만 들고 온 경험, 스마트폰이나 열쇠를 어디에 두었는지 잊어버린 일 등은 모두 작업 기억력이 잠시 정보를 유지하지 못한 탓일 수 있습니다.

특히, ADHD인들은 작업 기억력이 낮은 경향이 있습니다. 작업 기억력은 뇌의 전두엽에서 담당하는데, ADHD인들은 전두엽의 기능 저하로 인해 정보를 단기간에 처리하거나 계획을 세우는 데 어려움을 겪곤 합니다. 또한, ADHD인들은 외부 자극에 민감하게 반응하고 충동적인 행동을 보이기 쉬워 주의력이 쉽게 분산되며, 이로 인해 정보를 유지하기가 어렵습니다. 이 외에도 수면 장애나 스트레스에 대한 취약성 등 다양한 요인들이 복합적으로 작용해 작업 기억력 저하에 영향을 미칩니다.

작업 기억력을 향상시킬 수 있을까?

작업 기억력은 유전적 요인과 환경적 요인 모두의 영향을 받습니다. 여러 연구(쌍둥이 연구, 유전자 연구, 가족력 연구 등)에 따르면, 선천적 요인이 큰 비중을 차지한다는 주장이 있습니다. 특히, 단기간 훈련만으로 작업 기억력의 용량을 늘리는 것은 어렵다고 알려져 있습니다.

그러나 ADHD인이라고 해서 너무 낙담할 필요는 없습니다. 과학적 근거를 바탕으로 작업 기억력 향상에 도움이 되는 몇 가지 방법이 있습니다.

첫째, 약물 치료는 ADHD 환자의 주의력과 충동성을 조절하여 작업 기억력 향상에 기여할 수 있습니다. 특히, 전두엽에서 도파민과 노르에피네프린 같은 신경 전달 물질의 활동을 조절해 주의 집중력을 높이고 정보 처리 능력을 개선하는 데 효과적입니다.

둘째, 마음챙김 훈련은 현재의 순간에 집중하며 판단 없이 자신의 내면을 관찰하는 훈련으로, 꾸준히 실천하면 주의력이 향상되어 작업 기억력에도 긍정적인 영향을 미칩니다. 또한, 스트레스를 줄여 작업 기억력 저하를 예방하는 데도 도움이 됩니다.

약물 치료와 마음챙김 훈련은 작업 기억력을 향상시키는 데 매우 중요한 역할을 하지만, 이 외에도 다양한 방법을 통해 작업 기억력을 더욱 효율적으로 활용하고 개선할 수 있습니다. 다음 내용을 통해 구체적인 방법들을 알아보겠습니다.

ADHD인의 작업 기억력은 활용이 우선

ADHD 환자의 경우, 작업 기억 용량을 늘리기보다는 주어진 용량을 효율적으로 활용하고 특정 작업에 대한 숙련도를 높이는 것이 작업 기억력 향상에 더 효과적입니다. 숙련도를 높이려면 자신이 공부하거나 일하는 분야에 대한 배경지식을 쌓고 반복적으로 연습하는 꾸준한 노력이 필요합니다. 물론 이 과정은 개인의 능력과 분야에 따라 다르게 접근해야 할 것입니다.

주어진 작업 기억 용량을 효율적으로 활용하기 위해 작업 기억력 훈련은 큰 도움이 됩니다. 작업 기억력 훈련이 선천적 한계를 완전히 극복할 수는 없지만, 작업 기억을 효과적으로 사용하고 특정 작업 수행 능력을 향상시키는 데는 상당한 효과를 기대할 수 있습니다.

상황에 따라 달라지는 기억력 향상 전략

중요한 약속에 늦지 않으려고 서둘러 집을 나서는 순간, 늘 손에 들고 다니던 스마트폰이 갑자기 사라진 경험, 한 번쯤 겪어보셨을 것입니다. 많은 ADHD인들은 이런 상황에서 "스마트폰을 어디에 뒀는지 자꾸 까먹어요"라고 말합니다. 그러나 이 표현은 정확하지 않습니다. '까먹었다'는 이미 알고 있던 정보를 잊어버렸다는 의미인데, 스마트폰을 잠시 내려둔 위치는 처음부터 기억조차 하지 못했을 가능성이 크기 때문입니다.

예를 들어, 영어 단어 시험에서 이미 외운 단어를 잊어버린 경우라면 '까먹었다'고 표현할 수 있습니다. 그러나 정신없이 준비하는 도중 무심코 내려놓은 스마트폰의 위치는 애초에 기억 자체가 형성되지 않았을 가능성이 높아 '기억나지 않는다'라는 표현이 더 적절합니다. 이러한 표현을 구분하는 것이 왜 중요할까요?

그 이유는 상황에 따른 대처 전략이 다르기 때문입니다. 저 역시 외출 준비로 정신이 없을 때 스마트폰을 내려놓으면, 그 위치를 기억하기 위해 의식적인 노력을 기울입니다. 예를 들어, 부엌 조리대에 스마트폰을 내려놓는 순간, "저녁 메뉴는 스마트폰이다"라고 혼잣말을 하거나, 도마 위에 있는 스마트폰을 칼로 요리하는 장면을 상상합니다. 이러한 의식적인 기억 형성 과정을 습관화하면, 물건을 잃어버리거나 찾느라 시간을 허비하는 상황을 줄일 수 있습니다.

창의적이고 상상력이 풍부한 ADHD인이라면 이러한 '상상하기' 전략을 통해 특정 정보를 더 쉽게 기억할 수 있습니다. 또한, 부정적인 감정과 연관된 정보는 더 오래 기억되는 경향이 있기 때문에, 이를 활용하면 기억을 오래 유지하는 데 도움이 될 수 있습니다. ADHD인들의 감정 기복은 단점으로 여겨지곤 하지만, 기억력 향상에서는 오히려 강점이 될 수 있습니다.

물론 기억력을 향상시키는 방법은 이 외에도 다양합니다. 하지만 ADHD인들은 방대한 정보 속에서 길을 잃고 시간을 낭비하기 쉽기 때문에, 효과적인 학습 방법을 선택하는 것이 중요합니다. ADHD 증상 개선을 위해 '지백이 1권'처럼 학습 범위를 좁혀주는 도서가 도움이 되었듯, 이 글에서도 명확한 방향 제시를 통해 기억력 향상에 도움이 될 수 있기를 바랍니다

『기억연구소: 효과적인 기억 사용법』

『기억연구소: 효과적인 기억 사용법』이라는 책은 작업 기억력뿐 아니라 전반적인 기억력을 향상시키는 데 유용한 정보를 담고 있습니다. 특히 ADHD로 인해 기억에 어려움을 겪는 사람들에게 실질적인 도움을 줄 수 있는 내용이 체계적으로 정리되어 있습니다.

이 책에서는 기억의 종류, 주의력의 역할, 기억 강화 및 인출 방법 등 기억력 향상의 기초가 되는 지식을 알려줍니다. 이를 통해 독자들은 자신의 기억 기능을 이해하고 개선하는 데 필요한 발판을 마련할 수 있습니다. 또한, ADHD인들이 어려움을 느끼는 사람 이름과 숫자 기억 등과 관련된 구체적인 기억 기술도 소개하고 있어 반가움을 더합니다. 각 장에 마련된 연습 문제를 통해 배운 내용을 즉시 적용해 볼 수 있다는 점도 큰 장점입니다. 특히, 작업 기억력 향상을 위한 인지 전략과 유사한 기억 기술을 다루고 있어 주의력 조절에 어려움을 겪는 ADHD인들의 기억력 개선에 많은 도움이 될 것입니다.

긍정적인 선순환 구조 형성

약물 치료, 마음챙김 훈련, 기억 기술 훈련 등을 꾸준히 병행하면 기억력이 향상되어 대인관계에도 긍정적인 영향을 줄 수 있으며, 다음과 같은 변화를 기대할 수 있습니다.

- 자신감 향상: 기억력이 향상되면 자신감과 자존감이 높아지고, 이를 통해 대인관계에서 긍정적인 상호작용을 이끌어낼 수 있습니다.
- 불안감 감소: ADHD인들은 작업 기억력 부족으로 약속을 잊거나 실수를 걱정하는 경우가 많습니다. 기억력 향상은 이러한 불안감을 줄여 스트레스를 완화하며, 더 나아가 기억력 저하로 인한 악순환의 고리를 끊을 수 있습니다.
- 대화에 적극적인 태도: 기억력이 향상되면 상대방의 대화 내용이나 이름, 관심사 등을 더 잘 기억할 수 있게 되어 대화에 적극적으로 참여하게 됩니다. 이로 인해 원만한 관계 형성이 가능해집니다.

- 관계 확장: 기억력이 향상되면 새로운 사람을 만나거나 모임에 참여하는 데 대한 두려움을 줄여줍니다. 이를 통해 사회적 관계를 확장하고 성장할 수 있는 기회를 얻을 수 있습니다.

기억력 향상은 단순히 정보를 잘 기억하는 것을 넘어, 자신감을 키우고 불안감을 줄여 대인관계를 개선하는 데도 중요한 역할을 합니다. 약물 치료와 마음챙김 훈련 외에도 『기억연구소: 효과적인 기억 사용법』에서 소개한 다양한 기억 기술을 습관화하면, 실수를 줄이고 주변의 신뢰를 얻는 데 큰 도움이 될 것입니다.

이러한 노력을 통해 성장하면, 새로운 관계를 형성하며 긍정적인 변화를 경험할 수 있습니다. 새로운 만남을 주저하지 않고 관계를 확장해 나가면 더욱 성장할 수 있는 기회를 얻게 되고, 이는 긍정적인 선순환으로 이어질 것입니다. 이러한 성장과 관계의 긴밀한 연결을 경험하며 더욱 발전하기를 진심으로 응원합니다.

06

언어 너머의 언어 파악하기 ①: 눈치의 중요성

메라비언 법칙: ADHD인에게 소통은 왜 어려울까?

메라비언 법칙, 7:38:55의 비밀

'메라비언 법칙'은 커뮤니케이션 분야에서 널리 알려진 이론입니다. 의사소통에 관심 있는 분이라면 한 번쯤 들어봤을 것입니다. 이 법칙은 UCLA 명예교수이자 심리학자인 앨버트 메라비언이 1981년 출간한 책에서 연구 결과와 함께 소개되었습니다.

메라비언은 의사소통에 작용하는 요소들의 실제 비중을 밝히는 연구를 진행했는데, 대화를 나누는 요소를 언어적 요소와 비언어적 요소로 나누어 분석했습니다. 우리는 대화할 때 주로 언어적 요소(전달하는 말)에 신경을 쓰지만, 놀랍게도 이 연구에 따르면 언어적 요소는 소통에서 7%만 차지합니다. 나머지 93%는 비언어적 요소, 즉 음성(38%)과 시각적 요소(55%)가 차지합니다. 이 7:38:55 비율이 바로 메라비언 법칙입니다.

언어적 요소가 7%에 불과하다고 해서 중요하지 않다는 것은 아닙니다. 하지만 비언어적 요소가 소통에 훨씬 더 큰 영향을 미친다는 사실을 기억해야 합니다. 예를 들어, 연인 사이에서 '믿는다'라고 말하면서도 상대방의 행동을 계속 확인하려 한다면, 상대방은 신뢰받지 못한다고 느낄 것입니다. 비언어적 표현이 언어적 표현과 일치하지 않으면, 말에 담긴 진심은 제대로 전달되지 않습니다.

비언어적 표현, 눈치의 중요성

만약 상대방이 언어적 표현과 비언어적 표현을 다르게 사용한다면, 본심은 비언어적 표현에 있다고 볼 수 있습니다. 따라서 많은 사람이 대화할 때 상대방의 말뿐 아니라 표정, 몸짓, 목소리 톤 등을 종합적으로 관찰하며 상대방의 의중을 파악합니다. 우리나라에서는 이러한 능력을 '눈치'라고 표현합니다. 상대방의 비언어적 표현을 잘 읽어 내고, 상황에 맞는 비언어적 표현을 사용하는 능력은 원활한 소통을 위해 매우 중요합니다.

ADHD인의 소통의 어려움

ADHD인들은 비언어적 표현을 파악하는 데 어려움을 겪는 경우가 많습니다. 누군가와 소통할 때 시선이 상대방을 향하지 않고 분산되거나 주의력이 주변으로 이탈되는 경향이 있습니다. 대화 중 갑자기 머릿속에 상관없는 생각이 떠오르면 대화에 집중하지 못하고 딴생각에 마음이 머물기도 합니다. 그리고 뜬금없는 주제에 관해 말하기 시작하면서 상대방의 말을 끊거나 끼어들어 상대방의 말을 끝까지 듣지 못하곤 합니다. 이런 식으로 주의 조절에 어려움을 겪는 ADHD인은 상대방의 비언어적 표현을 잘 읽어 내지 못하거나, 진심을 오해할 수 있습니다.

ADHD인이 '눈치가 없다'고 지적받는 것은 단순히 소통하려는 의지가 부족하기 때문이 아닙니다. 선천적인 뇌 기능의 차이로 인해 비언어적인 표현을 파악하고 적절하게 반응하는 데 어려움을 겪기 때문입니다. 하지만 꾸준한 노력과 연습을 통해 이러한 어려움을 극복하고 눈치를 향상시킬 수 있습니다.

개인적인 경험: 언어적 표현에 대한 집착

저 역시 대화 상대의 비언어적 표현을 놓치고 오해하는 경우가 많았습니다. 그래서 성인이 된 후에는 비언어적 표현보다는 명확한 언어적 표현에 집착하는 경향을 보였습니다. 특히 아내와 대화할 때 아내의 말에 담긴 의미보다 텍스트 자체에 집중했고, 아내의 비언어적 표현을 놓쳐 부부 싸움으로 이어지기도 했습니다.

돌이켜보면, 상대방의 비언어적 표현을 읽어 내는 노력보다 언어적 표현에 매달리는 것이 더 편했던 것 같습니다. 비언어적 표현은 대화 중에 끊임없이 주의를 기울여야 하기 때문에 주의력이 약한 저에게는 매우 번거롭고 귀찮은 일이었습니다. 하지만 이러한 회피적인 태도는 결국 소통의 어려움과 갈등으로 이어졌습니다. 저는 이러한 문제점을 깨닫고, ADHD 성향에서 비롯된 저의 의사소통 방식을 개선하기 위해 노력했습니다. 쉽지 않은 과정이었지만 아내와 함께 노력한 결과 소통 방식이 많이 개선되었고, 관계도 더 돈독해졌습니다.

이제 눈치를 키우는 구체적인 방법과 의사소통 실패 시 대처 방안을 알아보겠습니다.

눈치 탑재하기

상대방이 보내는 비언어적 표현을 잘 읽는 방법, 즉 눈치를 키우는 방법은 자꾸 눈치를 보려고 노력하는 방법뿐입니다. 하지만 눈치는 단기간에 키울 수 있는 능력이 아니므로, 꾸준히 노력하고 연습해야 합니다. 먼저 자신이 어떤 상황에서 눈치가 부족한지 파악하고, 대화 상대의 표정과 몸짓과 목소리 톤 등 비언어적 표현에 의식적으로 주의를 기울이는 연습을 해야 합니다. 상대방의 비언어적 표현이 이해되지 않을 때는 적극적으로 질문하고 확인하는 것도 중요합니다. 또한 주변 사람들에게 피드백을 요청해 자신의 눈치를 객관적으로 평가하고 개선해 나가는 것도 좋은 방법입니다. 영화나 드라마 속 인물의 감정을 추측하거나, 친구와 함께 상황극을 해 보는 것도 눈치를 키우는 데 도움이 됩니다.

상대방의 메시지를 잘 이해하지 못한 것 같을 때

ADHD인들은 종종 상대방의 말을 제대로 이해하지 못하거나, 듣더라도 핵심을 놓치는 경우가 있습니다. 특히 상대방이 돌려 말하거나 비꼬는 표현을 사용할 때나 언어적 표현과 비언어적 표현이 일치하지 않을 때 더 혼란스러움을 느낍니다.

저는 어릴 때 학습지 선생님이 집에 올 때마다 도망 다녔습니다. 그리고 매주 해야 하는 학습지를 풀기 싫어서 온갖 핑계를 대면서 하지 않았지요. 그럴 때면 어머니는 "하기 싫으면 하지 마"라고 말했습니다. 아버지의 심부름이나 학교 선생님의 수행평가 과제를 미루다가 같은 말을 들은 적도 많았습니다. 저는 이 말을 듣고 정말 안 해도 된다고 생각해 심부름도 과제도 하지 않았습니다. 그래서 많이 혼났지요.

이처럼 '하기 싫으면 하지 마', '난 괜찮아', '그렇게 하고 싶으면 그래도 돼' 같은 표현은 상황에 따라 다양한 의미로 해석될 수 있습니다. 따라서 이러한 표현을 들었을 때는 상대방의 진심을 확인하기 위해 구체적으로 질문하는 게 중요합니다. 예를 들어, "정말 학습지 안 해도 돼요? 언제까지 안 해도 돼요?"와 같이 질문할 수 있습니다.

또한 ADHD인은 작업 기억력이 좋지 않은 경향이 있어서, 상대방의 말에 많은 정보가 담겨 있을 때 모든 정보를 한 번에 이해하지 못할 수 있습니다. 그럴 때는 자신이 이해한 부분을 바탕으로 다시 질문하는 것이 좋습니다. 예를 들어, "그러니까 제가 이해한 바로는 ~라는 말씀인 것 같은데 맞는가요? 혹시 제가 놓친 부분이 있나요?"와 같이 질문함으로써 상대방이 말하고자 하는 정보를 놓치지 않아야 합니다. 당장의 불편한 상황을 모면하기 위해 상대방의 말을 넘겨짚거나 회피하지 마세요. 이는 오히려 나중에 더 큰 오해와 갈등을 불러올 수 있습니다. 솔직하게 질문하고 상대방의 진심을 확인하는 것이 건강한 관계를 유지하는 데 도움이 됩니다.

많은 ADHD인이 다음과 같은 경험을 이야기합니다. 상대방이 섭섭한 마음을 표현하지 않고 넘어갔다가, 나중에 비슷한 상황이 발생했을 때 예전 일까지 꺼내며 섭섭함을 토로하는 경우입니다. 그럴 때면 '그때는 괜찮다고 했으면서 왜 이제 와서 그러는 거지?'라고 생각하며 억울해합니다. 하지만 상대방은 그때 솔직하게 이야기하지 못한 것을 후회하고 있을 수 있습니다. 따라서 상대방이 불편한 기색을 보이거나 당신의 말을 제대로 이해하지 못하는 것 같다면, 망설이지 말고 솔직하게 질문하고 대화를 시도하세요. 당장은 불편할 수 있시반, 상기적으로 볼 때 훨씬 더 이득이 됩니다.

ADHD인 상대방이 내 말을 잘 이해한 것 같지 않을 때

ADHD인과 대화할 때는 상대방이 당신의 말을 제대로 이해하고 있는지 확인하는 것이 중요합니다. ADHD인들은 대화에 계속 주의를 기울이는 것이 어렵기 때문에 내용을 놓치는 경우가 많습니다.

이럴 때는 상대방이 이해한 내용을 다시 한번 확인하고, 필요하다면 좀 더 쉽고 간결한 표현으로 다시 설명해 주는 것이 좋습니다. 예를 들어, "내 말은 ~라는 뜻이야. 이해했어?", "내가 좀 더 쉽게 설명해 줄까?"와 같이 말할 수 있습니다. 또한 비언어적인 표현을 활용해 상대방이 이해했는지 확인하는 것도 좋은 방법입니다. 상대방의 표정이나 몸짓을 살펴보고, 이해하지 못하는 것 같으면 다시 설명하거나 다른 표현을 사용해 보세요.

ADHD인과 대화할 때는 불편한 마음을 쌓아 두지 말고 그때그때 해결하는 것이 중요합니다. 특히 앞으로 계속 유지해야 하는 관계라면 더욱더 그렇습니다. 혼자 끙끙 앓기보다는 솔직하게 대화하고 오해를 푸는 것이 매우 중요합니다.

ADHD인 상대방이 스스로 무슨 말을 하는지 잘 모르는 것 같을 때

ADHD인들은 때때로 자신의 생각이나 감정을 정확하게 표현하는 데 어려움을 겪습니다. 횡설수설하거나 맥락에 맞지 않는 말을 하는 ADHD인에게 감정적으로 윽박지르거나 부정적으로 지적하면 상대방은 더 당황하면서 말이 꼬일 수 있습니다.

이럴 때는 상대방의 말을 침착하게 경청하고, 그들이 말하고자 하는 바를 파악하려고 노력해야 합니다. 상대방의 말을 요약하거나 질문을 통해 명확하게 이해하려는 모습을 보여 주세요. 가령, "그러니까 네 말은 ~라는 거지?", "좀 더 자세히 설명해 줄 수 있을까?"와 같이 질문할 수 있습니다. 또한 상대방의 감정에 공감하고 지지하는 태도를 보여주는 것도 중요합니다. "지금 네 마음은 나도 충분히 이해해. 하지만 좀 더 차분하게 이야기해 보자"와 같이 상대방의 감정을 인정하고 긍정적인 방향으로 대화를 이끌어 나가야 합니다.

이러한 과정을 통해 상대방은 자신의 감정과 말하고자 하는 의도, 정보에 대해 다시 한번 생각하고 더 명확하게 메시지를 전달하게 됩니다. 처음에는 답답하게 느껴질 수 있지만, 이러한 노력은 결국 서로의 오해를 줄이고 효과적인 소통을 가능하게 해 시간과 에너지를 절약하는 데 큰 도움이 됩니다.

나는 상대방의 비언어적 표현을 파악하고,
감정과 의도를 파악한다.

07

언어 너머의 언어 파악하기 ②: 눈치 탑재하기

자녀들과 키즈 카페에 갔다가 우연히 고등학생 시절 존경하던 국어 선생님을 만났습니다. 아이들의 신발과 옷을 부랴부랴 벗기면서 생각했습니다.

'세상에, 이런 우연이! 20년이 지났는데 얼굴이 정말 그대로시네. 진짜 반가운데 인사를 드려도 될까? 그런데 선생님 성함이 뭐였더라? 선생님은 담임을 하신 적도 없는데 나를 기억하실까? 담임을 해도 수십 년 동안 매일 새로운 학생을 보셨을 테니 학생을 하나하나 기억하기 어려울 것 같은데. 나라면 절대 기억하지 못할 거야. 괜히 말 걸었다가 뻘쭘한 상황이 되면 어떻게 하지? 인사를 드려야 하나 말아야 하나 모르겠네. 사람들은 보통 이런 경우에 어떻게 할까? 이것도 인연이라면 인연인네 일단 인사드려 보자. 만약 나를 기억하지 못하시면 어떻게 설명해야 하지? 기억을떠올릴 만한 정보가 뭐가 있을까? 무슨 이야기를 어떤 순서로 해야 하지? 에라, 모르겠다. 일단 가서 인사부터 하고 보자!'

온갖 생각이 머릿속에 가득했습니다. 결국 용기를 내어 인사를 드렸지만, 순간적으로 너무 많은 생각이 스쳐 지나가면서 충동적으로 행동했던 것 같습니다. 많은 ADHD인이 저와 비슷한 경험을 합니다. 오랜만에 반가운 사람을 만나면 어떻게 인사해야 할지, 무슨 말을 해야 할지 고민하느라 머릿속이 복잡해집니다. 하지만 이러한 고민은 대부분 '나' 중심적인 생각입니다. 눈치가 부족하면 상대방의 입장에서 생각하는 것을 놓치기 쉽습니다.

어떤 사람들은 우리나라에서만 눈치를 중요하게 여긴다고 주장합니다. 하지만 메라비언 법칙에서도 알 수 있듯이, 비언어적 요소는 동서고금을 막론하고 소통에서 매우 중요합니다. 특히 상대방의 표정, 몸짓, 목소리 톤 등을 통해 상대방의 감정과 의도를 파악하는 능력인 '눈치'는 원활한 소통을 위한 필수 요소입니다. 이것이 부족하면 세계 어디에서든 곤란함을 겪기 쉽습니다.

표정 읽기, 눈치의 시작

눈치를 키우는 방법 중 하나는 상대방의 표정을 살피는 습관을 들이는 겁니다. 상대방의 표정은 말보다 더 많은 정보를 담고 있으며, 상대방의 감정과 의도를 알 수 있는 중요한 단서입니다. 연구에 따르면 얼굴 표정은 문화와 언어, 나라와 상관없이 보편적인 감정 표현의 수단입니다. 따라서 전 세계 어디든지 상대방의 표정에서 감정을 예측하지 않고 대화를 시작한다면, 상대방은 당신을 눈치 없는 사람이라고 생각할 수 있습니다.

하지만 ADHD인들은 주의력 조절에 어려움을 겪다 보니, 대화를 시작하기 전에 상대방의 표정을 놓치는 경우가 많습니다. 일반적으로 사람들은 비언어적 표현을 자연스럽게 이해하고 사용하기 때문에

ADHD인들도 당연히 그럴 것이라고 기대합니다. 그러나 ADHD인들은 뇌신경학적 원인에서 기인하는 인지기능 차이로 인해, 비언어적 표현을 파악하고 적절하게 반응하는 것이 어려울 수 있습니다. 이는 선천적인 어려움입니다.

눈치 부족으로 인한 오해와 갈등

이러한 어려움으로 인해 ADHD인들은 종종 의사소통에 실패하고 오해를 불러일으키기도 합니다. 예를 들면 다음과 같은 경우입니다.

- 슬퍼하는 친구에게 갑자기 돈을 빌려 달라고 하기
- 낙담한 상사에게 업무 관련 질문 쏟아 내기
- 감정적으로 힘들어하는 아내에게 논리적인 해결책 제시하기 등

이처럼 상대방의 감정 상태를 고려하지 않고 자기 할 말만 하는 경우가 있습니다. 이러한 행동은 상대방에게 불편함을 주고 관계를 악화시킬 수 있습니다. 상대방은 당장 불만을 표현하지 않더라도 속으로 불편한 감정을 쌓아 두었다가 나중에 폭발하거나, 당사자가 없는 자리에서 뒷담화 주제로 삼을 수 있습니다. ADHD 성향으로 이와 같은 상황을 겪었다면 대화를 시작하기에 앞서 '이 말을 꼭 지금 전달해야 하는가?'라고 스스로 질문해 보세요. 상대방의 표정을 먼저 살피고 말해도 괜찮은 상황인지 가늠해 보는 습관을 들이는 것이 중요합니다.

ADHD인은 자신의 솔직한 감정을 여과 없이 표현하는 경향이 있어서, 본의 아니게 상대방에게 상처를 주기도 합니다. 또한 상대방이 즉각적으로 불편한 기색을 드러내지 않으면, 자신의 눈치 없는 행동을 인지하지 못하는 경우가 많습니다. 이런 실수는 자신만의 생각에 빠져 상대방의 비언어적 표현을 놓치는 데서 발생합니다. 이로 인해 직장에서 낮은 평가를 받거나 친한 친구가 절교를 선언하는 등의 상황에 직면하면, 그 이유를 알지 못해 억울해하고 답답해하며 주변에 하소연합니다.

하지만 안타깝게도, 억울함의 진실을 알고 있는 사람들도 굳이 ADHD인에게 이를 알려 주지 않는 경우가 많습니다. ADHD인이 자신의 문제점을 받아들이지 못하거나, 듣기 불편한 이야기를 꺼내는 것이 부담스럽기 때문입니다. 이러한 상황은 ADHD인들이 사회생활을 하며 어려움을 겪고 고립감을 느끼는 원인이 되기도 합니다.

나는 상대방의 표정을 읽고, 감정을 이해하며 소통한다.

ADHD인의 눈치 있는 소통 방법

ADHD인은 일반인에 비해 상대방의 표정을 놓치는 경향이 있지만, ADHD인이라고 해서 상대방의 표정을 전혀 보지 않는 것은 아닙니다. 따라서 중요한 대화는 가능한 한 만나서 하는 것이 좋습니다. 상대방의 표정과 반응을 살피면서 대화의 주제와 방향을 조절할 수 있기 때문입니다.

소통 방식에 따른 눈치 활용

만약 대면 대화가 어렵다면 전화 통화를 고려해 보세요. 목소리 톤과 속도 등을 통해 상대방의 감정을 어느 정도 파악할 수 있습니다. 하지만 SNS나 메시지로 대화할 때는 상대방의 비언어적 표현을 알 수 없어 오해가 생기기 쉽습니다. 이럴 때는 좀 더 자세하고 명확하게 표현하고, 상대방이 제대로 이해했는지 중간중간 확인하는 것이 좋습니다.

메시지 소통은 더 신중하게

메시지 대화는 상대방의 반응을 즉각적으로 확인할 수 없습니다. 이 때문에 많은 ADHD인이 의식의 흐름대로 여과없이 하고 싶은 말을 몽땅 쏟아내곤 합니다. 하지만 이렇게 했다가는 훗날 오해로 인해 관계가 틀어질 수 있으며, '아, 이렇게 다 말하지 말 걸' 하는 후회로 이어질 수 있습니다. '한 번 뱉은 말은 주워 담을 수 없다'라는 말처럼 기록으로 남는 메시지 대화에서는 특히 더 신중해야 합니다.

대화 중 시선 처리하기

ADHD인들은 종종 다른 사람의 감정을 읽는 데 어려움을 느낍니다. 그 이유 중 하나는 '시선 처리'에 있습니다. '스캔패스scanpath'[2] 연구에 따르면, ADHD인들은 대화 중 시선이 상대방의 눈, 코, 입 등 이목구비에 집중되지 않고 주변으로 분산되는 경향을 보입니다. 반면, 일반인들은 대화 상대의 이목구비를 중심으로 시선을 유지하며, 이를 통해 상대

2) 스캔패스: 사람의 시선 끝을 레이저 점으로 표현해 시선이 머무는 곳을 가시적으로 표현하는 기술을 말합니다.

방의 표정 변화를 실시간으로 파악하고 감정을 읽어 냅니다.

ADHD인들의 분산된 시선은 주변 환경에 대한 높은 민감성과 주의력 분산 성향에서 비롯됩니다. 대화 중에도 주변의 작은 움직임이나 소리에 쉽게 주의를 빼앗겨 상대방의 표정 변화를 놓치기 쉽습니다. 이는 상대방의 감정을 제대로 파악하지 못해 오해를 불러일으키거나, 대화의 흐름을 놓쳐 원활한 소통을 방해하는 요인이 됩니다.

하지만 ADHD인이라고 해서 상대방의 표정을 전혀 보지 않는 것은 아닙니다. 다만, 주의력을 유지하고 시선을 집중하는 데 어려움을 겪을 뿐입니다. 따라서 대화 중에 의식적으로 상대방의 표정에 집중해야 합니다. 상대방의 눈을 응시하거나, 표정 변화에 대해 질문하는 등 적극적으로 시도해야 합니다. 하양이 책에 나오는 마음챙김 대화를 평소 꾸준히 연습하는 것도 큰 도움이 됩니다.

시선이 분산되는 것에는 뇌신경학적 차이 등 다양한 요인이 복합적으로 작용하기 때문에 시선 처리 문제만으로 모두 설명할 수는 없습니다. 그러나 시선 처리 습관을 개선하는 것은 ADHD인들의 대인관계에 긍정적인 영향을 줍니다.

08

다양한 역할 속에서 균형을 잡는 핵심 열쇠: 눈치

ADHD인이라면 누구나 한 번쯤 '눈치 없다'라는 말을 들어본 경험이 있을 것입니다. 어떻게 하면 눈치 있는 사람이 될 수 있을까요? 이는 많은 ADHD 커뮤니티에서 끊임없이 논의되는 주제입니다. 눈치의 진정한 의미와 ADHD와의 관계를 깊이 있게 살펴보기 전에 먼저 사전적 정의부터 확인해 보겠습니다.

> **눈치**
> [명사]
> 1. 일의 정황이나 남의 마음 따위를 상황으로부터 미루어 알아내는 힘
> 2. 속으로 생각하는 바가 겉으로 드러나는 어떤 태도

(출처: 고려대한국어대사전)

우리는 흔히 '눈치'를 말할 때면 분위기를 파악하는 센스 정도로 생각합니다. 그러나 눈치는 실제로 더 넓은 의미를 지닙니다. 눈치는 단순히 상대방의 기분과 의도를 파악하는 것은 물론, 자신이 처한 다양한 상황과 관계(가정, 학교, 직장, 동호회 등) 속에 숨어 있는 맥락을 파악하며, 각각의 입장과 역할(부모, 학생, 직원, 사장, 회장, 회원 등)에 따라 시기적절하게 행동하는 능력입니다. 즉, 눈치는 사람과 맥락을 읽는 힘을 말합니다. 각각의 목적지로 향하는 여러 갈래의 길이 존재할 때, 우리는 나침반을 이용해 올바른 방향을 찾아냅니다. 이처럼 눈치는 복잡한 사회생활 속에서 원만하게 관계를 유지하고 소통할 수 있도록 도와주는 기능을 합니다.

ADHD, 눈치의 걸림돌

ADHD인들이 눈치가 없다는 지적을 받는 데는 대화나 소통 능력의 부족을 넘어 다양한 역할 속에서 균형을 잡고 상황에 맞는 행동을 하는 데 어려움을 겪는 것도 한몫합니다. 그리고 이러한 모습은 ADHD의 핵심 증상과 관련이 깊습니다.

주의력 조절의 어려움

ADHD인은 주의력이 부족한 게 아니라 조절하는 것을 어려워합니다. 한 가지 일에 집중하지 못하고 쉽게 주의가 분산되는 것뿐 아니라, 현재 수행 중인 일에만 몰입하고 다른 일을 쉽게 잊어버리기도 합니다. 현재 자신이 수행 중인 역할에만 몰두한 나머지, 다른 중요한 역할을 간과합니다. 직장에서는 누구보다 열심히 일하는 워커홀릭이지만 가족에게 무심하고 가정에 소홀한 사람, 취미 생활에 너무 빠져서 공부를 등한시하는 학생 등을 예로 들 수 있습니다.

메타인지 부족과 시간 관리의 어려움

ADHD인들은 자신이 어떤 일을 하는 데 얼마나 시간이 걸리는지 예상하는 것을 어려워합니다. 이로 인해 여러 역할을 동시에 수행해야 할 때 우선순위를 정하고 시간을 효율적으로 분배하는 데 어려움을 겪습니다. 그러다가 결국 특정 역할에 치우치게 됩니다.

충동적인 성향

ADHD인의 충동적인 성향은 재미와 자극을 추구하는 경향이 있습니다. 그래서 여러 역할을 균형 있게 수행해야 하는 상황에서 미리 세운 계획을 따르지 않고 순간적인 만족감을 좇기 쉽습니다. 예를 들면, 시험공부처럼 장기적인 목표를 위한 역할 수행보다 가족의 외식, 친구들 모임 등 즐거운 시간이 기대되는 역할을 선택합니다.

감정 조절 어려움

감정을 조절하는 데 어려움을 느끼는 ADHD인은 작은 일에도 쉽게 좌절하거나 쉽게 고양되는 등 감정 기복이 심한 편입니다. 한 가지 역할에서 좌절하거나 흥분하면 그 감정이 다른 역할에도 영향을 미치게 됩니다. 이로 인해 쉽게 의기소침해지거나 무기력해지는 등 삶이 전체적으로 침체될 수 있습니다.

ADHD, 눈치가 느린 것일 뿐

ADHD인들은 '전체'를 보는 힘, 즉 숲을 보는 능력이 부족해 부분에 집착하는 경향이 있습니다. 이러한 특성 때문에 종종 눈치가 없다는 오해를 받지만, 사실 ADHD인들은 눈치가 없는 것이 아니라 눈치가 '느린' 것입니다. 그래서 뒤늦게 상황을 깨닫고 후회하는 경우가 많습니다. 따라서 ADHD인들에게 필요한 것은 상황을 빠르게 파악하는 힘, 곧 눈치를 기르는 것입니다.

눈치 키우기, 숨겨진 맥락을 보는 연습

앞서 말했듯이 눈치는 단순히 상대방의 기분을 맞추는 것이 아니라, 숨겨진 맥락을 알아차리는 힘입니다. 이 눈치를 키우기 위해선 어떻게 해야 할까요? 하루를 보내면서 반복적으로 '지금 상황에서 놓치고 있는 것은 없는지', '지금 해야 할 일은 무엇인지' 스스로 끊임없이 질문하며 숨겨진 맥락을 파악하는 습관을 들여야 합니다.

사람은 누구나 다양한 상황과 역할 속에서 살아갑니다. 그리고 그 역할들을 동시에 수행해야 합니다. 저를 예로 들면, 대략 일곱 가지 역할을 합니다.

- 가정: 자녀가 있는 아버지, 배우자가 있는 남편, 부모님의 아들
- 학업: 육아 휴학 중인 학생
- 경제 활동: 지백이 2권을 집필 중인 작가
- 대인관계: 누군가의 친구
- ADHD 지백이 커뮤니티: 운영자

이 중에 어느 하나 중요하지 않은 것이 없으며, 직장, 동아리, 동호회, 동창회 등 사회생활을 시작하면 더 다양한 역할을 맡게 될 것입니다.

매 순간 주어진 상황과 역할을 꼼꼼히 따져 보고, 각 역할의 중요성과 우선순위를 명확히 파악해 적절하게 선택해야 합니다. 눈앞의 상황에만 급급하다 보면 놓치는 역할이 생길 수 있으며, 이는 돌이킬 수 없는 결과로 이어질 수 있습니다.

저녁 시간, 작가에서 아빠로 변신하기

잠들기 전에 설거지와 세탁을 하는 것은 하루를 마무리하는 저의 루틴입니다. 하지만 밤이 되면 피로가 몰려오고, 온종일 집중했던 일을 계속하고 싶은 마음이 듭니다. 저녁 식사 후 글을 쓰고 있었다면, 잠들기 전까지 글쓰기를 이어 가느라 집안일을 다음 날로 미루는 경우가 종종 있습니다. 물론 글쓰기는 생산적인 활동이지만, 저녁에는 '작가'의 역할을 내려놓고 '아버지'의 역할에 집중해야 한다는 것을 잊어서는 안 됩니다. 아무리 피곤하더라도 가족을 위해 집안일을 하는 것은 당연한 책임이니까요. 따라서 할 일을 미루고 싶을 때면 이러한 맥락을 떠올리고 끊임없이 되새깁니다. 그러면 일을 시작하는 데 동기 부여가 되고 수행하는 과정에서도 덜 지칩니다.

많은 ADHD인이 저와 비슷한 경험을 합니다. 한 가지 역할에 몰두하다 보면 다른 역할을 잊어버리고, 그 역할과 관련된 사람들에게 소홀해지기 쉽습니다. 이는 ADHD의 주의력 부족, 시간 관리 어려움 등과 관련이 있습니다. 하지만 우리는 다양한 역할을 수행하며 살아가는 사회적 존재입니다. 한 가지 역할에만 몰두하면 다른 역할과 관련된 사람들에게 피해를 줄 수 있으며, 결국에는 이기적인 사람으로 여겨집니다.

눈치 부족이 부르는 나비 효과

ADHD 진단을 성인이 되어서, 특히 대학교에 입학한 후에 받는 경우가 많습니다. 고등학교 때까지 부모님의 밀착 관리 속에서 생활하다가 자유로운 대학 생활에 적응하지 못하고 어려움을 겪는 것이죠. 지백이 대화방에는 대학생이 많다 보니 과제 미루기, 지각과 결석, 심지어 시험에 불참한 이야기가 흔하게 올라옵니다.

이렇게 대학 생활에서 어려움을 겪는 원인이 단순한 역량 부족 때문일까요? 꼭 그렇지만은 않습니다. ADHD인들의 '눈치 부족'이 영향을 미치는 경우가 많습니다. 고등학교 때까지 '수험생'이라는 역할에 익숙했던 ADHD인들은 대학생이라는 새로운 역할에 적응하는 데 어려움을 겪습니다. 자신이 여전히 수험생이라고 생각하며 대학 생활에 필요한 책임감과 자율성을 망각하는 것이죠. 이는 학업에 대한 동기 부족으로 이어져 과제, 출석, 시험 등을 소홀히 하게 만들고, 졸업 후 취업 준비에도 어려움을 겪게 합니다.

눈치 있는 대학생은 대학이 사회에 나가기 전의 마지막 준비 단계라는 걸 인지합니다. 이러한 인식은 과제와 시험공부에 대한 동기 부여를 높여 줍니다. 대학생에게 요구되는 출석, 과제, 시험공부 등은 단순한 의무가 아니라, 미래의 자신을 위한 투자이며 성장하기 위한 디딤돌입니다. 따라서 눈치가 있다면 이런 활동을 당연하게 생각하며 성실하게 수행합니다. 만약 수업에 자주 빠지거나 과제를 미루는 ADHD 대학생이 있다면, '지금 내가 학생으로서 해야 할 일은 무엇인가?'라는 질문을 끊임없이 던지며 자신의 역할과 책임을 되새겨야 합니다. 이는 학업에 대한 동기 부여를 높이고, 능동적인 대학 생활을 해 나가는 데 도움을 줄 것입니다.

대학 생활은 단순히 학업만을 의미하지 않습니다. 대학은 동기, 선후배, 교수 등 다양한 사람과의 관계를 통해 폭넓은 인맥을 형성하고, 전공 관련 활동뿐 아니라 동아리, 봉사 활동 등 다양한 경험을 통해 자신의 잠재력을 발견하고 발전시키는 소중한 기회입니다. 때로는 전공과 무관해 보이는 동아리 활동이 뜻밖의 진로를 열어 주기도 합니다. 대학 시절의 다양한 도전과 경험은 훗날 성공의 밑거름이 되기도 합니다. 하지만 '대인관계', '스펙 관리', '높은 학점', '연애', '경제 활동' 등 모든 것을 완벽하게 해낼 수는 없습니다. 누구에게나 하루는 24시간으로 제한되어 있기 때문입니다. 따라서 자신의 비전을 기준으로 삼아 우선순위를 정하고, 선택과 집중을 통해 후회 없는 대학 생활을 설계해야 합니다.

> 나는 다양한 역할 속에서 나의 우선순위를 정하고,
> 균형 있는 삶을 사는 사람이다.

선택과 집중 그리고 눈치

대학 시절, 저는 '높은 학점'이라는 목표에 모든 것을 걸었습니다. 꿈을 이루기 위해서는 단순히 높은 학점이 아니라 '깊은 인상을 주는 높은 학점'이 필요하다고 판단했기 때문입니다. 한 학기에 초과 학점을 듣는 것은 기본이고, 전공과목을 6~7개씩 수강하며 숨 가쁘게 달렸습니다. 주변에서 "너무 힘들지 않냐"라는 염려와 함께 걱정 어린 시선을 보냈지만, 저는 흔들리지 않았습니다.

만약 높은 학점 외에 다른 역할에도 똑같이 시간과 에너지를 쏟았다면, 물리적으로 불가능했을 것입니다. 하지만 저는 목표를 향해 가는 과정에서 '학생'이라는 역할에 집중하는 것이 당연하다고 생각했습니다. 힘들 때마다 "이 모든 노력은 미래를 위한 투자다"라고 되뇌며 스스로 다독였습니다. 시험 기간에도 눈치를 발휘했습니다. 흥미로운 과목에만 몰두하고 싶은 유혹을 뿌리치고, 모든 과목을 균형 있게 공부하기 위해 끊임없이 스스로 질문했습니다. '놓치고 있는 부분은 없는가?', '가장 시급하게 보완해야 할 부분은 무엇인가?' 이러한 질문들을 통해 전체 상황을 파악하고 부족한 부분을 채워 나갔습니다.

'생각하기 나름, 하기 나름'의 힘

'필요하다면 하는 것이 당연하다'라는 생각은 힘들 때마다 큰 힘이 되었습니다. 전체 상황을 반복해서 확인하고 부족한 부분을 채워 나가는 과정은 익숙해질수록 자신감과 동기 부여로 이어졌습니다. 이 경험을 통해 '뭐든지 생각하기 나름이고, 하기 나름이다'라는 깨달음을 얻었습니다. 눈치는 단순히 상황을 파악하는 능력을 넘어, 자신의 역할에 대한 책임감과 목표를 향해 끈기를 유지하는 데도 중요한 역할을 합니다.

주변에서 흔히 볼 수 있는 눈치 빠른 사람들을 떠올려 보세요. 그들은 시기와 장소에 따른 자신의 역할을 잘 알고, 그에 걸맞은 행동을 적절하게 합니다. 또한 자신이 해야 하는 일에 필요한 노력과 인내를 기꺼이 감수합니다. ADHD인들도 눈치를 통해 자신의 잠재력을 최대한 발휘할 수 있습니다. 끊임없이 자신에게 질문하고, 상황을 객관적으로 파악하며, 목표를 향해 꾸준히 노력하는 자세를 유지하는 것이 중요합니다. 우리 ADHD인들도 눈치를 키우는 노력을 꾸준히 한다면, 주어진 상황의 숨겨진 맥락을 파악하고 주변의 기대에 부응하며 더 발전할 수 있을 것입니다.

융통성이 부족하다는 평가를 받는다면?

눈치와 융통성은 긴밀하게 연결되어 있습니다. 상황에 따라 역할의 우선순위를 조절하고 유연하게 대처하는 능력이 바로 눈치의 핵심입니다. 자녀가 아플 때는 부모로서, 시험을 앞두고 있을 때는 학생으로서, 친구가 어려움에 처했을 때는 친구로서 다양한 상황에 맞춰 자신의 역할을 조절해야 합니다. 하지만 ADHD인들은 새로운 정보나 상황 변화에 적응하는 데 어려움을 겪기 때문에 융통성 부족이라는 평가를 받기도 합니다. 특정 역할에 사로잡혀 고정된 사고방식을 갖기 쉬우며, 변화에 유연하게 대처하지 못하고, 예상치 못한 상황에 과도하게 당황하며 경직된 모습을 보이는 경우가 많습니다. 가령, 예상하지 못한 상황이 발생해도 계획을 수정하지 않거나, 이미 효용가치가 없는 계획을 고수하는 모습을 보이기도 합니다. ADHD인들이 융통성을 키우기 위해서는 다음 세 가지 전략을 기억해야 합니다.

마음챙김

현재 상황과 감정을 판단 없이 있는 그대로 받아들이는 연습을 통해 상황 인식 능력을 향상시키세요. 마음챙김 명상이나 호흡 운동을 꾸준히 하면 예상치 못한 상황에서도 충동적인 반응을 줄이고 차분하게 대처할 수 있습니다.

객관적인 시각 확보

주변 사람들에게 자신의 행동에 대한 솔직한 피드백을 요청하고, 같은 상황에 대한 주변 사람들과 나의 인식에 차이가 있는지 확인해 보세요. 이렇게 제3자의 시각으로 자신의 상황을 바라보는 연습을 하면 자신의 생각과 행동을 객관적으로 볼 수 있을 뿐 아니라 스스로 개선할 수 있습니다.

유연한 계획

해야 할 일에 소요되는 예상 시간보다 넉넉하게 시간을 계획하세요. 그래야 예상치 못한 상황에 대비할 수 있고, 계획을 수정하더라도 마음이 덜 불편해집니다. 일과를 빡빡하게 계획하면 계획을 수정해야 할 때 쉽게 조급해지고 불안해집니다.

나는 유연하게 생각하고 행동한다.

09
ADHD인이 눈치 없다는 소리를 듣는 상황

지백이 대화방에서는 '눈치 없다'라는 말을 들어 속상하다는 고민을 자주 접합니다. 어떤 상황에서 이런 지적을 받는지, ADHD인의 다양한 경험을 살펴보며 정리해 봤습니다. 자신도 모르게 반복하는 실수를 이렇게 문장으로 명확히 표현하고 숙지하는 것만으로도 문제를 개선하는 데 많은 도움이 됩니다.

- 현재 상황에 집중하기가 어렵고 주의가 자주 흐트러진다. 대화의 전체 흐름을 놓치는 경우가 많아서 딴소리를 하게 된다.
- 집중하려고 해도 나도 모르게 엉뚱한 생각이 떠오른다. 생각이 꼬리에 꼬리를 물다 보면, 대화 주제가 엉뚱한 방향으로 흘러가곤 한다.
- 상대방의 말을 듣다가 관련된 생각이 머릿속에 '팟' 하고 떠오르면 참지 못한다. 남의 말을 끝까지 듣지 않고 상대방의 말을 끊는다. 떠오르는 생각을 불쑥 말하거나 질문한다. (호기심과 충동성의 합

작품)

- 대화 주제를 벗어났다는 것을 알아차려도 말을 멈추지 못한다. 당장 말하지 않으면 마음이 불편하고 몸이 근질거려 말을 해야 속이 시원해진다.
- 상대방의 말에 귀를 기울이지 못하고 상대방이 말하는 동안 내가 하고 싶은 말을 생각한다. 대화의 흐름을 자연스럽게 이어 가지 못하고 일반적인 대화만 한다.
- 침묵이 불편하고 어색해서 끊임없이 말을 해야 마음이 편하다.
- 상대방의 표정을 보면서 감정을 읽고 그에 맞추어 대화를 조절하는 것이 매우 어렵다. 시선을 상대방에게 고정하지 못하거나 주변에 정신이 팔려서 대화에 집중하지 못하는 경우가 많다.
- 상대방이 곤란해할 수 있는 질문은 하지 않아야 하는데, 호기심 때문에 생각 없이 질문하곤 한다.
- 상대방의 고민에 공감하고 위로하기보다는 해결책부터 제시하는 경향이 있다. (고민을 듣는 순간 머릿속에 해결책부터 떠오르다 보니 바로 말해야 속이 시원함)
- 상대방이 조언을 요청하는 경우, 나의 조언을 따르지 않으면 감정적으로 반응한다. 때로는 상대방과 관계에서 선을 넘고 뒤늦게 후회한다. (조언한 것으로 내 역할은 끝났으며, 상대방의 선택을 존중해야 함)
- 대화를 나누다가 흐름이 바뀌면 융통성 있게 대처해야 하는데 그러지 못한다. 이미 지나간 주제에 관해 다시 이야기한다.
- 나를 상대방에게 투영해 나의 경험을 기준으로 상대방을 판단하고 예측한다. (그러나 ADHD인은 소수이다 보니 내 판단과 예측이 일반적으로 적용되지 않을 때가 많음)
- 원래 하던 방식대로 할 수 없는 상황에서 새로운 시도를 하기보다

는 거부하고 불평한다. 이전 방식대로 하지 못하는 것에 불만을 갖고 투덜거린다. (예: 단골 식당이 문을 닫아 새로운 식당에 가야 하는 상황, 늘 기차로 가던 곳을 표를 구하지 못해 버스로 가야 하는 상황 등)

- 칭찬과 인정을 받고 싶은 마음이 커서 주제를 벗어난 지식을 자랑하듯 말할 때가 있다. (아주 조금이라도 관련이 있다면 알고 있는 지식을 일단 말하고 봄)
- 정확한 근거가 없는 내 생각을 사실처럼 말하거나, 근거가 있더라도 출처를 기억하지 못해 (당시에는 옳은 정보였으나 이제는) 틀리게 된 정보를 사실로 믿고 전달한다. (이런 일이 반복되면 신뢰를 잃음)
- 이미 끝난 이야기를 다시 꺼내거나, 아직 다루기 이른 문제 및 주제에 대해 성급하게 말하고 해결하려 한다. (일의 진행 순서나 우선순위를 쉽게 잊음)
- 오지랖이 넓어 남의 일에 관심이 많다. 자신과 관련 없는 연예인이나 타인의 이야기를 하는 데 열중한다. (현재 대화하는 주제를 벗어남)
- 자신에게 재미있으면 다른 사람들도 재미있어하리라 생각한다. 상대방의 반응, 상대방과의 관계 또는 친밀도, 상황, 분위기 등 파악하지 않고 웃을 것 같으면 말하고 본다.
- 과거의 부정적인 평가로 자존감이 낮아진 경우, 상대방의 선한 의도가 담긴 조언이나 가벼운 농담에도 과민하게 반응하고 방어적인 태도를 취한다. (주변 분위기를 싸하게 만듦)
- 상대방이 자신의 말에 공감하거나 동의하지 않으면, 그렇게 할 때까지 끊임없이 설득하는 경향이 있다. 표현만 다를 뿐 계속 같은 말을 한다.
- 굳이 말하지 않아도 되는 자신의 약점이나 비밀을 쉽게 상대방에게 말한다. 상대방은 그 사실을 알고 당황해한다. (때때로 상대방을

부담스럽게 함)

- 실패한 경험이 많은 경우, 상대방의 고민에 비관적으로 접근한다. 또는 타인의 공로를 인정하지 못하고 대수롭지 않게 여기거나 깎아내린다.
- 대화할 때 감정 조절이 잘 안된다. 사소한 것에도 과도하게 걱정하거나 쉽게 흥분하는 등 감정적인 대화를 하면서 상대방을 불편하게 만든다.
- 공공장소에서 너무 큰 소리로 말해 상대방을 불편하게 한다. 상대방이 조용히 얘기하고 싶어 하는 내용을 큰 소리로 떠든다.
- 우회적으로 돌려서 해야 할 말을 직설적으로 말해 상대방에게 상처를 주기도 한다. (정작 자신은 이런 모습을 솔직하고 당당한 성격이라고 생각함)
- 상사나 동료 등 타인이 자신을 간접적으로 비판하면 눈치채지 못한다. 나중에 속뜻을 알게 되면, 그렇게 표현한 상대방을 비난한다. "왜 직접적으로 콕 집어서 말해 주지 않았죠?"
- 생각하기에 불합리하거나 불리하다 싶으면 조금의 불편함을 참지 못하고 지시에 항의한다. 그 지시를 따를 수 없는 수만 가지 합리적 이유를 말한다. (다른 사람들은 상황을 이해하고 지시를 따름)
- 잘못을 쉽게 인정하지 않고, 일하지 못한 것에 대해 변명하거나 핑계를 대는 경향이 있다. (스스로 그럴 만한 사유가 있다고 생각함)
- 관심 있는 얘기를 할 때는 한껏 들떠서 대화하지만, 관심 없는 이야기를 할 때는 심드렁한 태도를 보인다.
- 말할 때 표정 관리가 되지 않고 감정이 그대로 드러나 주변 사람을 난처하게 한다. (본인은 이 사실을 인지하지 못하는 경우가 많음)
- 상대방의 질문 의도를 정확하게 파악하지 못하고, 자신의 생각을

늘어놓거나 엉뚱한 답변을 한다. 질문의 핵심에서 벗어난 말을 장황하게 하거나, 서론이 너무 길어서 상대방을 답답하게 한다. (질문에 대답하기보다 자신이 중요하다고 생각하는 것을 말함)

질문 "작년에 수능 등급이 2/4/5/2/5였습니다. ADHD인에게는 어떤 공부 방식이 적절할까요? 독학이나 과외는 어떨까요?"

답변 "수능보다는 편입이 더 확률이 높습니다. 어디를 가고 싶은가요? 이과인가요? 문과인가요?"

- ADHD인들에게 위 항목 중 몇 개에 해당하는지 물어보면, 보통 15~25개 정도라고 대답합니다. 모든 항목에 해당한다는 분들도 있지만, 10개 이하로 답하는 ADHD인도 있습니다. 특히 조용한 ADHD 유형에 해당한다면 말수가 적어서 눈치 없는 사람으로 안 보일 수도 있지만, 상황에 맞는 적절한 반응을 하지 못해 부정적인 평가를 받을 수 있습니다. 속을 모르는 음흉한 사람처럼 보이거나 책임을 회피하려고 하는 것처럼 보일 수도 있는데, 이는 눈치 없는 사람처럼 보이는 것보다 더 치명적입니다. 사실은 아무 생각이 없는 것뿐인데 말이죠.
- 눈치 없는 사람은 보통 자신이 눈치 없는 사람이라는 걸 모릅니다. 저 역시 제가 하는 행동을 남이 직접적으로 지적하기 전에는 몰랐습니다. 따라서 스스로 자신을 판단하는 것보다 오래 알고 지내거나 자신을 잘 아는 사람(배우자, 연애 상대, 룸메이트, 직장 동료, 친구 등)에게 솔직한 의견을 구하는 게 더 정확할 수 있습니다. 어쩌면 생각하는 것보다 더 많은 항목에 해당할 수 있습니다.
- ADHD를 진단받지 않은 일반인이라도 일부 항목에 해당할 수 있습니다. 그

러나 ADHD인과 일반인의 차이는 이러한 경험 유무가 아니라 빈도와 강도에 있습니다. ADHD인은 이러한 행동을 더 자주 그리고 더 심하게 경험함으로써 가정, 학교, 직장 등 여러 사회적 활동에 악영향을 미치곤 합니다.

나는 꾸준히 노력해 소통 능력을 향상시키고
원만한 대인관계를 유지할 수 있는 사람이다.

10
첫인상을 넘어서 진정한 관계까지

ADHD, 0.1초의 승부사

초두 효과

초두 효과primacy effect는 먼저 제시된 정보가 나중에 제시된 정보보다 더 크게 작용하는 현상을 말합니다.

A: 활발하고 유쾌하면서 상냥한데, 실수가 좀 잦고 충동적이야.

B: 실수가 좀 흔하고 충동적인데, 활발하고 유쾌하면서 상냥해.

같은 정보를 순서만 바꿨을 뿐인데, A의 표현이 더 긍정적으로 보입니다. 이처럼 첫인상은 가장 먼저 알게 되는 정보이기에 초두 효과로 크게 작용합니다. 첫인상이 긍정적이라면, 이후에 보이는 모습도 긍정적으로 보이기 쉽습니다. 따라서 첫 만남에서 긍정적으로 보이는 게 중요합니다.

후광 효과

후광 효과halo effect는 한 가지 특성이 다른 특성에 대한 평가에 영향을 주는 현상입니다. 컴퓨터 문서 작성 능력이 탁월한 사람이 있다면, 컴퓨터와 관련된 기타 작업도 잘할 것이라 기대하게 되는 것과 같습니다. 첫인상이 좋은 사람에게는 성격이나 능력도 좋을 것이라 기대하게 됩니다. 이처럼 첫인상이 좋으면 상대방과 긍정적인 관계로 이어질 수 있습니다.

첫인상이 중요하다는 건 누구나 알고 있습니다. 그렇다면 첫인상이 결정되는 데는 시간이 얼마나 걸릴까요? 저는 5초 정도 걸릴 것으로 생각했습니다. 그런데 프린스턴 대학교 재닌 윌리스의 연구에 따르면 인간의 뇌는 0.1초 만에 상대방에 대한 호감과 신뢰를 판단한다고 합니다. 이처럼 찰나의 순간에 첫인상이 결정된다면, 오히려 ADHD인에게는 유리할 수도 있습니다.

ADHD인들은 단기 집중력이 뛰어난 것이 강점이기 때문에 첫 만남에서 좋은 인상을 남기는 경우가 많습니다. 지백이 1권 북미팅과 ADHD 학부모 및 성인 ADHD인을 대상으로 가졌던 여러 모임에서 만난 많은 ADHD인이 자신감 넘치는 태도로 자신을 소개하고, 대화에 적극적으로 참여했습니다. 이러한 모습은 상대방에게 매력적으로 보입니다.

ADHD인들의 넘치는 에너지와 열정은 활기찬 분위기를 만들고, 창의적인 사고 과정은 대화 소재를 풍부하고 흥미롭게 만듭니다. 상대방은 지루하지 않고, 신선한 느낌을 받을 수 있습니다. 같은 주제에 대해 의견을 나누더라도 새로운 관점으로 바라보고 접근하기 때문에 깊은 인상을 남길 수 있습니다. 또한 틀에 박히지 않은 유연한 생각으로 처음 만나는 다양한 사람과 새로운 상황에 빠르게 적응합니다. 때로는 상대방의 고민을 직관적으로 이해하고 새로운 방식으로 해결하는 모습을 보여 주기도 합니다. 그리고 ADHD인은 특유의 통찰력으로 첫 만남에서 상대방의 관심사를 빠르게 파악해 관련된 대화를 이어갑니다. 무엇보다도 가장 인상 깊은 것은 가식 없는 솔직한 성격입니다. 많은 ADHD인이 자신의 생각을 꾸미지 않고 드러냅니다. 이러한 모습은 초면임에도 신뢰를 주어 더 빠르게 친해지도록 도움을 줍니다.

성공적인 관계의 주춧돌

하지만 회사나 아르바이트 장소처럼 이익을 추구하는 집단에서는 과도한 열정이 오히려 독이 될 수 있습니다. 너무 힘을 주기보다는 적당히 힘을 빼고 기본에 충실해야 합니다. '어떻게 하면 잘 보일 수 있을까?'를 고민하기보다는 '어떻게 하면 실수 없이 무난한 사람으로 보일 수 있을까?'를 고민해야 합니다.

단정하고 깔끔한 옷차림, 밝은 미소와 함께 상대방의 이름과 직함을 기억하는 것, 업무에 대한 지시나 설명 등 상대방의 말을 경청하는 모습, 질문하기를 개의치 않는 적극적인 태도, 그리고 누군가를 도울 준비가 되어 있는 모습 등은 긍정적인 첫인상을 주는 데 필수적입니다. 또한 주의력 조절이 어려운 ADHD인일수록 메모와 녹음을 활용하는 등 상대방의 말을 기억하기 위해 노력하는 모습을 보여 줘야 합니다.

첫인상은 찰나의 순간에 결정되지만, 그 영향력은 오래 지속됩니다. ADHD 성향을 강점으로 이용해 긍정적인 첫인상을 만드는 것은 새로운 출발을 위한 중요한 주춧돌이 됩니다.

진정한 관계는 꾸준함에서 시작한다

ADHD 성향이 첫 만남에서 매력적으로 작용할 수 있지만, 지속적인 관계를 유지하는 과정에서는 어려움을 줄 수도 있습니다. 정말 많은 ADHD인이 학교, 회사, 학교, 동아리 등 다양한 장소에서 이와 관련해 겪는 고민을 이야기합니다. 고민을 살펴보면 첫인상은 좋았지만, 반복되는 실수나 눈치 없는 행동으로 인해 점점 상황이 어려워지는 각양각색의 모습을 확인할 수 있습니다.

긍정적인 첫인상을 유지하고 발전시키려면, 어려운 상황을 초래할 수 있는 ADHD 성향을 잘 조절해야 합니다. '지금 여기'에 집중하고, 충동적으로 행동하지 않도록 노력하며, 맥락에 맞는 적절한 언행을 하도록 꾸준히 노력해야 합니다. 이러한 노력은 어디서든 건강한 관계를 만들어 가는 데 큰 도움이 됩니다. (이에 대한 자세한 내용은 지백이 1권과 2권, 그리고 초록이와 하양이 등 ADHD인을 대상으로 집필된 책을 우선으로 참고해 주세요.)

물론 첫인상을 좋게 만들지 못했다고 해서 실망할 필요는 없습니다. 앞으로 어떻게 행동하는지에 따라 얼마든지 인상을 바꿀 수 있습니다. 긍정적인 변화를 위해 꾸준히 노력하겠다는 각오만 있다면, 지금보다 더 좋은 관계를 맺을 수 있습니다.

빈도 효과

자주 접하는 정보일수록 기억에 더 깊숙이 남는 현상을 말합니다. 첫인상이 부정적이었다고 해도 좋은 모습을 꾸준히 보여 준다면 주변의 인식을 바꿀 수 있다는 걸 의미합니다. 이미 첫인상이 결정된 집단에 있다고 해서 망했다고 생각해 하고 싶은 대로 해서는 안 됩니다. 첫인상이 중요한 것은 맞지만, 전부는 아닙니다. 지속적으로 이전과 다른 진실한 모습을 보여 준다면, 이미 형성된 관계도 얼마든지 바꿀 수 있습니다. 나에 대한 인식을 바꾸기 시작하기에 가장 좋은 때는 '바로 지금'입니다.

중요한 만남을 앞두고 점검할 체크리스트

소개팅, 중요한 발표, 면접 등 중요하고 긴장되는 순간을 앞두고 제가 확인하는 체크리스트입니다. 모두 다섯 가지인데, 실전에 들어가기 직전 마지막으로 되돌아보며 점검하는 일종의 루틴입니다. 가볍게 참고하세요. 물론 따라 해도 좋습니다.

눈 크게 뜨기

심리학 연구에 따르면, 큰 눈은 동서고금을 막론하고 상대방에게 호감을 줍니다. 타고난 눈이 크지 않더라도 의식적으로 크게 뜨는 훈련을 해 보세요. 그렇게 하지 않았을 때보다 긍정적으로 보이는 걸 확인할 수 있을 것입니다. 졸린 눈보다는 크게 뜬 눈이 더 자신감 있어 보이고, 상대방에게 집중하고 있다는 인식을 줍니다.

입가의 미소

입가에 은은하게 머금은 미소는 상대방에게 편안함과 호감 가는 인상을 줍니다. 평소 (하루에 5분이라도) 거울을 보며 자연스러운 미소를 연습해 보세요. 그리고 중요한 순간이 오면 부드러운 미소와 함께 시작하세요.

턱 당기기, 어깨 펴기

스마트폰과 컴퓨터 사용으로 굽은 어깨와 거북목을 흔하게 볼 수 있습니다. 그렇다 보니 바른 자세는 더 돋보이지요. 굽은 어깨와 거북목은 자신감 없고 피곤한 인상을 줍니다. 중요한 만남 직전에 어깨를 펴고 턱을 살짝 당겨 보세요. 평소 거울을 보며 자연스러운 자세를 연습하는 것이 정말 중요합니다. 꾸준한 스트레칭은 굽은 어깨와 거북목을 개선하는 데 도움이 됩니다. 이렇게 의도적으로 자신감 있는 모습을 만드는 과정에서 실제로 자신감이 향상됩니다.

바른 걸음

팔八자걸음은 자신감 없고 게을러 보일 수 있습니다. 바르게 걸으려면 발끝을 11자로 만들고 허리를 곧게 펴야 합니다. 평소 이를 의식하며 바르게 걷되, 중요한 자리에 나가기 전에 한 번 더 자신의 걸음걸이를 확인하세요.

거울을 보며 꾸준히 연습해 자연스럽게 체화하는 과정이 중요합니다. 실전에서 갑작스럽게 의식하면 오히려 부자연스러워 보입니다. 중요한 순간 전에 다섯 가지 체크리스트를 떠올릴 수 있도록, 단어나 문장 또는 이미지로 만들어 암기해 보세요. 실전에서 점검하는 데 도움이 됩니다. 저는 머리에서 발로 내려오는 순서대로 암기했습니다. "눈, 입, 턱, 어깨, 발!"

첫인상에 대한 에피소드

응급의학과 실습 기간에 교수님에게 들었던 이야기입니다.

> "나 때는 응급의학과에 들어오겠다는 친구가 많았거든. 그래서 서로 경쟁했단 말이야. 인턴을 할 때 중요한 게 뭔지 아나? 평가야. 여러 과를 돌 때마다 좋은 평가를 받는 꿀팁을 알려 줄게. 보통 한두 달씩 각 과에서 일하잖아. 그때 처음이 가장 중요해. 처음 사흘 동안 이미지가 결정돼. 그 이후엔 아무리 열심히 해도 이미 정해진 이미지가 잘 안 바뀐다. 그때는 무조건 열심히 해야 해. 잘 몰라도 적극적으로 달려들어. 첫날에 딱 들어가면 간호사랑 직원들이 너를 지켜보거든. 그러면 자기들끼리 '새로 온 인턴 어때요?' 이러면서 서로 너에 대해 말한다고. 교수님들도 '걔 어떠냐?'라는 식으로 물어봐. 솔직히 1년 내내 그렇게 하라고 하면 못 하지. 나는 새로운 과 시작하는 첫날에 가장 단정하고 깔끔하게 하고 갔어. 그 전날 이발하고 세탁소에 맡긴 근무복 찾아오고 그랬어."

교수님의 말씀을 듣고 제가 두 번째로 입학했던 고등학교 시절이 생각났습니다. 이전 고등학교에서 학교 폭력과 따돌림으로 자퇴한 것은 제가 공부를 못해 주변 아이들에게 무시당했기 때문이라는 말을 부모님에게서 귀에 딱지가 생기도록 들었습니다. 부모님의 반복된 잔소리를 귓등으로 듣는 저였지만, 이전에 경험한 일을 다시 반복하고 싶지는 않았습니다. 아무리 생각해 봐도 부모님의 조언이 틀린 말이 아니었기에 1학년 1학기 중간고사 기간이 발표된 뒤 처음으로 시험공부를 열심히 해 보기로 결심했습니다.

수업 시간에는 가만히 앉아서 칠판을 보고 있었지만, 머릿속은 늘 다른 생각을 하느라 바빴습니다. 머리에 남는 게 없었던 저는 매번 같은 반 친구들에게 필기를 보여 달라며 염치없이 부탁하곤 했습니다. 그래도 포기하지 않고 나름대로 계획을 세워 공부했습니다. ADHD인답게 시험공부는 계획대로 되지 않았지만, 새로운 고등학교에서 치른 1학년 1학기 중간고사 시험은 제 인생에서 처음으로 벼락치기에 성공한 시험이었습니다.

그 결과 전교에서 5등을 했는데, 이전에 없던 가장 좋은 성적이었습니다. 부모님은 "거 봐라, 너도 하면 된다고 했지? 지금까지 들인 학원비가 이제야 빛을 발하는구나"라며 기뻐하셨지요. 선생님과 학생들 모두 1년을 꿇고 재입학한 학생의 학습 실력이 어떤지 궁금해했는데, 입학 후 보이는 저의 모습으로는 이 학생이 공부를 잘하는지 못하는지 판단하기가 애매했습니다. 그러던 중 첫 시험에서 좋은 성적을 받자, 다들 이전의 제 모호한 행동에는 그럴만한 이유가 있었겠거니 생각했습니다. 하지만 제가 당시 전교 5등을 할 수 있었던 건 학구열이 높지 않은 지극히 평범한 시골 학교에 같은 학년이 100명보다 적었기 때문입니다. 국어, 영어, 수학, 사회, 과학 등 주요 과목만 보았던 중간고사와 달리 전 과목이 시험 범위인 기말고사부터는 성적이 쭉쭉 떨어졌습니다. 중간중간 있었던 모의고사는 내신에 들어가지 않는다는 이유로 시험을 잘 못 보더라도 괜찮다고 합리화하며 열심히 하지 않았습니다.

하지만 신기하게도 첫 중간고사 성적으로 형성된 이미지는 고등학교를 졸업할 때까지 거의 그대로 이어졌습니다. 저는 늘 수업에 집중하지 못해 내용을 따라가지 못했고, 딴짓을 하곤 했습니다. 그런 모습을 본 선생님은 "다 안다고 자만하면 안 된다"라고 잔소리하시곤 했습니다. 또한 주변 친구들에게 모르는 것을 알려 달라고 하거나 필기를 보여 달라고 부탁하면 "다 알면서 모르는 척하네"라고 반응했습니다. 이 모든 오해는 고3 수능 성적이 나오면서 모두 풀렸습니다.

나는 긍정적인 첫인상으로
사람들에게 좋은 에너지를 전달하는 사람이다..

11
도발에 약한 ADHD인을 위한 현실적인 대처

ADHD인은 일상에서 예상하지 못한 상황이나 갈등이 생길 때, 일반인보다 더 큰 좌절감을 느끼고 더 높은 수준의 스트레스를 경험합니다. 특히 '진상'이라 불리는 사람을 만나면, ADHD인은 상대방의 도발에 쉽게 휘말려 상황이 더 악화될 수 있습니다. 최근 일본인 여성 유튜버가 한국에서 겪은 사건을 통해 ADHD인들이 이 같은 곤란한 상황에서 어떻게 현명하게 대처하고 스스로 보호할 수 있는지 살펴보겠습니다.

우연히 보게 된 기사 동영상에는 젊은 일본인 여성 유튜버가 공원에서 영상을 제작하던 중 55세 탈북 남성에게 심한 욕설과 비난을 듣는 장면이 담겨 있었습니다. 그 남성은 "일본 사람을 다 죽이고 싶다", "너희 나라로 돌아가라", "돌멩이로 찍는다", "니×, 시×× 일본 호×새×야" 등 입에도 담기 힘든 말을 마구 퍼부었습니다. 이 유튜버는 자신이 '한국을 좋아하는 일본인'이라고 말했지만, 남성은 멈추지 않고 더 심한 욕을 할 뿐이었습니다. 결국 유튜버는 눈물을 흘리며 촬영을 중단했습니다. 기사에 따르면, 이 유튜버는 한국 문화를 좋아하고 많은 한국인 구독자에게 사랑받는 평범한 사람이었습니다. 어쩌면 가해 남성은 단지 공격 대상을 찾고 있었을 뿐이고, 유튜버는 운이 나빴던 것일지도 모릅니다.

우리는 살면서 이와 같은 일을 가끔 경험합니다. 직접 겪지 않더라도 매스컴을 통해 '진상'이라 불리는 사람들의 이해할 수 없는 불손한 행동을 보곤 합니다. ADHD 커뮤니티에도 상대방의 무례한 행동 때문에 피해를 겪은 고충이 많이 올라옵니다. 내용을 보면 많은 ADHD인이 상대방에게 감정적으로 대응해 직장을 그만두거나 소송까지 가는 등 곤란한 상황에 쉽게 처한다는 것을 알 수 있습니다. 이런 사건들을 자세히 살펴보면 분명 ADHD인이 피해자입니다. 그렇지만 안타깝게도, 그 사건으로 인해 더 큰 손해를 보는 것 또한 ADHD인입니다. '다른 사람들은 비슷한 상황에서 잘 대처하는 것 같은데, 왜 나만 이렇게 힘들까?' 하는 생각이 들어 괴로운 ADHD인이 있다면, 이 글을 통해서 도움을 얻길 바랍니다.

먼저, 앞서 언급한 일본인 유튜버 사건을 다시 살펴보겠습니다. 욕설을 퍼붓는 남성의 행동은 자신의 부정적인 감정을 상대방에게 투사하는 전형적인 모습입니다. 그는 유튜버가 감정적으로 반응하기를 은연중에 기대하며 무례한 행동을 시작했고, 그렇게 반응하자 계속해서 그런 행동을 이어 갔습니다. 남성은 상대방이 예상대로 반응하는 모습에서 만족감을 느끼고 이런 패턴을 반복하는 겁니다. 중요한 점은 남성의 이런 행동은 계획적인 의도라기보다는 만족감을 얻는 무의식적인 습관일 가능성이 크다는 것입니다. 이 남성은 유튜버뿐 아니라 다른 사람들에게도 비슷한 방식으로 행동하는 걸 반복했을 것입니다. 이런 과정에서 그 남성이 경제적인 이득을 얻는 건 아무것도 없지만, 자신이 의도하는 대로 상황을 통제하고 예상대로 흘러가는 것을 확인하며 무의식적으로 만족감을 얻는 것이지요.

우리는 살면서 이런 '진상'들을 마주칠 때가 있습니다. 그런데 ADHD인은 특히 그들의 의도대로 반응할 확률이 굉장히 높습니다. (의도적으로 무례하게 행동하는 '진상'은 이 사건처럼 초면인 사람일 수도 있고, 같은 직장 또는 학교 등에서 함께 생활하고 있는 사람일 수도 있습니다.)

- 충동성: ADHD인은 상대방의 도발에 충동적으로 과잉 반응하기 쉽습니다.
- 감정 조절 어려움: ADHD인은 곧바로 분노를 조절하는 게 어려울 수 있어, 무례한 행동에 더 감정적으로 반응하게 됩니다.
- 눈치 파악 어려움: ADHD인은 상대방의 표정 및 몸짓 등 비언어적 신호를 빠르게 파악하지 못하는 경향이 있기 때문에 상대방의 의도를 오해할 수 있습니다. 그 잘못된 해석을 바탕으로 충동적으로 반응한다면 상황은 더 악화됩니다.

이처럼 상대방의 도발에 순간적으로 충동적인 감정에 휩싸여 즉각적으로 반응한다면 더 큰 피해를 볼 수 있습니다. 스마트폰이 파손되는 등의 물질적 피해는 물론, 심각한 경우에는 돌이킬 수 없는 부상을 입을 수도 있습니다. 이로 인해 병원, 경찰서를 오가며 겪는 스트레스는 상상 이상으로 우리를 괴롭힙니다. 결국 그로 인해 많은 시간과 감정 에너지를 소모하게 되고, 정작 중요한 일에 집중하기 어려워집니다.

특히 ADHD인은 온전한 상태에서도 주의력과 집중력이 넉넉하지 않기 때문에, 이런 상황은 더 치명적일 수 있습니다. 이로 인해 우리가 받게 되는 피해의 범위는 눈에 보이는 것보다 훨씬 넓을 겁니다. 따라서 진상을 만날 때는 그들의 부정적인 에너지에 영향받지 않도록 현명하게 대처해야 합니다.

상대방의 도발에 현명하게 대처하는 전략

의도 파악

상대방이 의도적으로 나를 불편하게 만드는 것인지 파악합니다. 이는 목소리, 톤, 표정, 태도, 말투 등을 통해 쉽게 알 수 있습니다. 상대방은 보통 자신의 행동에 사람들이 어떻게 반응할지 예상하고 행동하기 때문에 그 의도를 파악하는 것이 어렵지 않습니다.

심호흡

당황하지 않고 침착할 수 있도록 심호흡하며 감정을 가라앉힙니다. ADHD인은 충동적인 성향이 있기 때문에, 잠시 멈추어 심호흡하는 것만으로도 감정적으로 대응하지 않는 데 큰 도움이 됩니다.

상황 판단 및 도움 요청

혼자 해결할 수 있는 상황인지 빠르게 판단합니다. 만약 상대방으로부터 위협을 느끼는 등 혼자 해결하기 어렵다면, 주변에 도움 요청하기를 주저하지 마세요. 도움이 필요할 땐 동료, 가족, 친구, 지나가는 사람 등 누구에게나 도움을 요청할 수 있어야 합니다.

대처 전략 실행

혼자 해결할 수 있다고 판단되면 미리 준비해 둔 대처 전략을 실행합니다. 상대방이 예상하는 감정적인 반응 대신, 정반대의 행동으로 대처하는 것이 효과적입니다.

친절 대응 전략

상대방이 불친절한 모습으로 무례하게 다가온다면, 친절하게 대응하는 것이 효과적인 방법입니다. 상대방은 당신에게 불쾌감을 줘서 그에 상응하는 반응을 기대할 겁니다. 그러나 당신이 친절하게 반응한다면, 예상하지 못한 반응에 당황해하며 만족감을 얻지 못하게 됩니다. 그러면 상대는 다른 타깃을 찾아 자리를 떠날 수도 있습니다. 이는 당신의 감정 에너지를 소모하지 않으면서 상황도 악화시키지 않습니다. 오히려 상황을 진정시키는 데 도움이 됩니다. 무례한 상대방에게 친절한 태도를 유지하는 것은 쉽지 않습니다. 하지만 이는 결코 비굴한 모습이 아닙니다. 오히려 상황을 주도적으로 이끌어가는 현명하고 품격 있는 대처 방식입니다.

그러나 이 전략이 항상 효과적인 것은 아닙니다. 자신의 예상대로 상황이 흘러가지 않을 때 상대방이 더 공격적으로 나오거나 위협을 가할 수도 있습니다. 이럴 때는 즉시 자리를 피하거나 주변에 도움을 요청하세요. 모든 상황에서 친절하게 대응해야 한다는 강박을 가지지 마세요. 안전을 최우선으로 둬야 합니다. 상황에 맞게 유연하게 대처하세요.

앞서 설명한 대처 전략을 실제 사건에 적용해 보면 다음과 같습니다.

남성	어디서 왔어?
유튜버	저는 일본에서 왔어요.
남성	일본 사람을 다 죽이고 싶다!
유튜버	저 일본인이지만 한국을 정말 좋아해요.
남성	너희 나라로 돌아가라! 돌멩이로 찍는다!
유튜버	평소에 일본이라는 나라를 많이 싫어하시나 봐요.

남성 니×, 시×× 일본 호×새×야!

유튜버 (정말 미안한 표정을 지으며) 옛날에 저희 조상이 대한민국에 했던 행동에 대해 매우 유감이에요. 제가 대신 사과드릴께요. 만족스럽지 않겠지만 화 푸세요. 저희가 여기에 있는 것이 불편하신 것 같으니 저희가 자리를 옮길게요. 본의 아니게 기분 상하게 해서 죄송합니다. 언짢아진 기분이 풀리길 바랍니다. (짐을 싸 자리를 피한다.)

미리 준비하고 연습하면 극복할 수 있다

예측 불가능한 상황에서 당황하지 않고 현명하게 대처하기 위해서는 다양한 시나리오를 미리 상상하고 구체적인 대처 전략을 세워 두는 것이 중요합니다. 이 전략은 특히 ADHD인이 충동적인 행동을 예방하고 감정을 조절하는 데 큰 도움이 됩니다.

이 글에서는 친절한 대응을 중심으로 설명했지만, 상황에 따라 단호하게 대처할 수도 있고 상황을 회피할 수도 있습니다. 중요한 것은 원칙입니다. 바로 '상대방이 기대하는 반응과 정반대로 행동하는 것'입니다.

특히 과거에 어려움을 겪었던 상황에 대해 먼저 대비해 두세요. 시험에서 기출문제가 중요한 것과 같은 맥락입니다. 과거의 경험을 바탕으로 구체적인 대안을 마련하고 반복적으로 연습해야 합니다. 많은 ADHD인이 똑 같은 상황에서 반복적으로 힘s들어합니다. 그렇기 때문에 미리 준비하고 연습해야 합니다. 그래야 같은 실수를 반복하지 않습니다.

공격적인 사람을 만나는 건 누구에게나 불쾌하고 불편한 경험입니다. ADHD인에게는 특히 더 큰 어려움으로 다가옵니다. 하지만 이런 상황과 나의 성향을 잘 이해하고 미리 대비한다면 충분히 극복할 수 있습니다. 자신의 ADHD 성향을 잘 파악하고 상황에 대한 대처 전략을 꾸준히 연습한다면, 같은 일로 좌절하거나 상처받는 일은 점점 줄어들 것입니다.

이 챕터의 조언은 온라인에서 발생하는 상황에도 적용할 수 있습니다. 인터넷 커뮤니티에서 누군가의 도발적인 의견에 반응할 때, 유튜브나 SNS 등에서 누군가의 악플에 대응할 때 등 다양한 상황이 있습니다. 오히려 온라인에서 오프라인보다 더 다양한 상황을 자주 접하게 됩니다.

나는 예상치 못한 상황에서도 침착하게 대처하고,
나 자신을 보호한다.

12

뒷담화의 표적이 되기 쉬운 ADHD인

어떤 집단에서든 뒷담화는 흔히 일어납니다. 단순한 흥밋거리 외에도 스트레스 해소나 소속감을 느끼는 수단으로 뒷담화를 하기도 하지만, 대부분 누군가를 깎아내리는 부정적인 내용을 담고 있기에 결코 바람직하다고 볼 수 없습니다. 당사자가 이 사실을 알게 된다면 깊은 상처를 받을 뿐 아니라, 뒷담화에 참여한 사람들도 자기 자신에게 부정적인 영향을 줍니다.

특히 ADHD인은 충동성, 주의력 조절 어려움, 감정 조절 어려움, 눈치 파악 어려움 등의 이유로 뒷담화의 표적이 되기 쉽습니다. 때로는 자신도 모르게 뒷담화에 휩쓸려 주도적인 역할을 하게 되는 경우도 있습니다. 그랬다가 나중에 당사자가 알게 된다면 큰 곤란에 빠지게 됩니다. 지백이 대화방에는 뒷담화로 인해 억울한 경험을 하고, 잘못된 대처로 더 큰 어려움에 직면한 ADHD인들의 이야기가 많습니다.

ADHD인들이 뒷담화에 흔들리지 않고 중심을 지키는 방법을 알려드리고 싶지만, 뒷담화가 발생하는 원인과 상황, 가해자의 성격 등이 모두 다르기 때문에 정답은 없습니다. 하지만 비슷한 어려움을 겪는 ADHD인들에게 조금이나마 도움이 되고자 제가 겪었던 뒷담화 피해 경험을 공유하고, ADHD인의 성향을 고려한 현실적인 대처 방안을 몇 가지 제시해 보겠습니다.

입시를 마치고 어렵게 들어간 학교에서 겪었던 일입니다. 처음에는 친절하게 다가와 좋은 관계를 유지하는 듯했던 지인이 뒤에서는 저에 대한 험담을 꾸준히 하고 있었습니다. 당시에는 전혀 눈치채지 못했지만, 시간이 지나 같은 집단 사람들의 이야기를 듣고 나서야 그 사실을 알게 되었습니다. 그는 저에게 마음이 상했다며 저를 음흉한 사람으로 말하고 다녔지만, 저는 그렇게 느낄 만한 행동을 조금도 한 적이 없었습니다. 다른 사람들에게 하듯이 평범하게 지냈다고 생각했기에 그의 마음을 이해할 수가 없었습니다. 그 이후에도 그는 제 속마음을 왜곡하고 과장해 부정적인 이야기를 퍼뜨리고 다녔습니다.

서로 잘 모르던 새 학기가 시작된 직후부터 그가 뒷담화를 시작했기 때문에, 한참 뒤 그의 행동을 알게 되었을 때는 이미 저에 대한 부정적인 평판이 널리 퍼져 있었습니다. 억울하고 답답한 마음에 공부에도 집중하지 못했고, 결국 괴로운 시간을 보내며 무너져 내렸습니다. 제가 무너진 이후에 그는 또 다른 친구를 타깃으로 삼아 같은 행동을 반복했습니다. 그제야 사람들은 그의 진짜 모습을 알게 되었고, 저에 대한 소문이 거짓이었다는 걸 알게 되었습니다. 하지만 저는 이미 돌이킬 수 없는 상처를 입은 후였습니다.

돌이켜 보면, 그 지인의 행동은 어쩌면 자기 내면의 만족감을 얻기 위한 수단이었을지도 모른다는 생각이 듭니다. 그의 동기가 무엇이었든, 저는 당시 그의 행동에 현명하게 대처하지 못했습니다. 지금 생각해도 아쉬움이 많이 남는 경험입니다. 제가 했던 실수는 비슷한 상황에 처한 다른 ADHD인들도 쉽게 범할 수 있는 것들입니다. 따라서 비슷한 곤경에 빠지는 ADHD인들에게 도움이 될 만한, ADHD 성향을 고려한 현실적인 대처 전략을 살펴보고자 합니다.

충동적 대응 자제

상황: 지인이 저에 대해 뒷담화하고 다닌다는 걸 알았을 때, 매우 당황스럽고 억울했습니다. 준비 없이 곧바로 그를 찾아가 둘만 있는 자리에서 대화를 시도했지만, 그는 뒷담화 사실을 부인하며 오히려 적반하장으로 저를 비난했습니다. 그의 뻔뻔한 태도에 어이가 없던 저는 침착하지 못하고 감정적으로 대응하고 말았습니다.

전략: ADHD인은 충동성이 강하기 때문에, 당장 따지러 가고 싶은 마음이 앞서면 일단 멈추는 게 어려울 수 있습니다. 하지만 침착하게 상황을 파악해야 한다는 사실을 떠올려야 합니다. 감정적으로 대응하지 않으려면, 평소 심호흡과 마음챙김 명상을 통해 감정을 가라앉히는 연습을 해야 합니다. 우리의 목적은 이 상황을 해결하는 것이므로 내키지 않더라도 상대방의 말을 경청하면서 차분하게 오해를 풀어야 합니다.

도움 요청

상황: 혼자 해결하기 어려운 상황이라 판단되어 믿을 만한 친구에게 도움을 구했습니다. 친구는 객관적인 시각으로 상황을 바라보고 실질적인 조언을 해 주었습니다.

전략: 아무에게나 충동적으로 고민을 털어놓으면 오해가 더 퍼질 수 있습니다. 비밀을 지켜 주고 조언해 줄 수 있는 믿음직스러운 사람으로 신중하게 선택해야 합니다. 또한 ADHD인은 섣부르게 판

단할 가능성이 높기 때문에, 만에 하나 오해하지 않도록 친구의 의견을 참고해 객관적으로 판단해야 합니다.

구체적인 증거 확보

상황: 친구의 도움으로 가해자가 뒷담화를 주도했다는 증거와 증인을 확보할 수 있었습니다. 더는 발뺌할 수 없게 되자 가해자는 마치 예상이라도 한 것처럼 태도가 돌변했고, 미리 준비한 듯한 변명을 늘어놓았습니다.

전략: 아무 준비 없이 따지러 가기보다는 상대방이 뒷담화했다는 사실과 상대방이 퍼뜨린 소문을 반박할 수 있는 사실에 대한 구체적인 증거를 먼저 확보해야 합니다.

대화 장소와 시간 선택

상황: 상대방의 변명과 무책임한 태도에 답답함을 느껴 저도 모르게 언성이 높아지고 감정적으로 대응했습니다. 문제를 빨리 해결하고 싶은 조급한 마음에 말이 제대로 나오지 않았고, 대화는 점점 평행선을 달렸습니다.

전략: 감정을 조절하는 게 어렵다면 충분한 시간을 두고 대화하는 것이 필요합니다. 반성할 기미가 보이지 않는다면 둘이 만나 대화하는 것보다 다른 사람들과 함께 있는 장소에서 차분하게 따지는 것도 좋습니다. 그러면 적어도 그 상황을 지켜보는 사람들의 오해는 풀리게 됩니다. (단, 공개적인 장소에서 감정적으로 대응한다면 역효과가 날 수 있으니 신중하게 판단하세요.)

단호한 대처

상황: 그는 자신의 오해를 사실로 믿고 고집을 꺾지 않았습니다. 안타깝게도 저는 합리적인 설득이 불가능하다는 것을 너무 늦게 깨달았습니다. 좀 더 빨리 알았더라면 불필요한 감정 소모를 줄일 수 있었을 겁니다. 결국 저는 소모적인 논쟁을 멈추고 뒷담화를 그만하도록 요청했습니다. 앞으로 상대방이 없는 자리에서 서로에 대한 언급을 절대 하지 않기로 약속하고, 이를 주변 사람들에게 알렸습니다.

전략: 상황에 따라 상대방과의 관계가 단절되는 것도 고려해야 합니다. 상대방에게 자신의 불편한 감정을 분명히 밝히고, 앞으로 뒷담화를 그만하도록 매우 구체적으로 요구하세요. 흥분하거나 감정적으로 대응하지 않고, 침착하고 단호하게 입장을 전하는 것이 중요합니다.

뒷담화하는 상대방에게 다음과 같이 분명하게 입장을 전할 수 있습니다.

"꺼벙 씨, 제가 없는 곳에서 제 얘기를 하고 다니는 것을 알게 되었어요. 꺼벙 씨가 하는 뒷담화를 들은 사람이 여럿 있고, 일일이 확인했습니다. 솔직히 왜 그러는지 이해되지 않고 기분이 안 좋네요. 앞으로는 상대방이 없는 장소에서 서로를 언급하는 일이 일절 없었으면 좋겠습니다."

나열한 방법 외에도 뒷담화에 대처하는 방법으로 많은 사람이 '그냥 무시하기'를 권하기도 합니다. 뒷담화에 휘둘리지 않고 자기 할 일에 집중하면서 가해자가 스스로 멈추기를 기대하는 것입니다. 하지만 이 방법은 뒷담화의 내용이 사실과 다를 경우 오해가 풀리지 않고 부정적인 평판이 지속될 수 있다는 단점이 있습니다. 또한 자존감이 높고 주의력과 집중력 조절이 뛰어난 사람에게는 효과적일 수 있지만, ADHD인들은 뒷담화에 더 민감하게 반응하고 집중력이 흐트러지기 쉬워 이 전략을 따르는 게 어려울 수 있습니다. 따라서 이 전략은 시도해 볼 만하지만 실천이 어렵다는 판단이 든다면, 이를 고집하지 말고 다른 대처 방법을 선택하는 것이 좋습니다.

제 경험은 새로운 생활이 시작되는 환경이었지만, 지백이 대화방의 고민을 들어 보면 졸업을 앞둔 시점, 학교, 직장 등 다양한 상황에서 발생합니다. 어떤 상황이더라도 뒷담화의 당사자는 상처를 받게 됩니다. 특히 ADHD인들은 특성상 뒷담화에 더 취약할 수 있습니다.

따라서 뒷담화에 휘둘리지 않으려면 자신의 ADHD 성향을 이해하고, 평소에 언행을 신중하게 하는 것이 무엇보다 중요합니다. 그러나 아무리 조심해도 뒷담화를 완전히 피할 수는 없습니다. 만약 뒷담화에 휘둘린다면, 당황하지 말고 상황에 맞는 대처 전략을 선택해야 합니다. 혼자 해결하기 어렵다면 주변 사람들에게 도움 요청하는 것을 꼭 기억하세요.

> 나는 감정적인 대응을 자제하고, 차분하게 문제를 해결한다.

13

시절 인연과 새로운 인연 사이에서 균형 찾기

ADHD인은 일반인보다 대인관계를 더 어려워합니다. 그래서 친구나 선후배 등 연락하는 관계가 적은 경우가 많고, 새로운 인연 만드는 걸 두려워하며 주저하기도 합니다. 상황이 이렇다 보니, 기존의 관계에 지나치게 의존하며 상대방에게 휘둘리는 경우가 적지 않습니다. 관계의 상태에 따라 기분과 감정이 롤러코스터를 타고, 일상생활마저 흔들립니다. 그러나 이러한 모습은 우리가 일상에서 가장 중요하게 생각하는 본업에 집중하는 데 큰 방해가 됩니다.

우리는 지난 관계의 무의미함과 덧없음에 관해 말하는 사람들을 종종 만나게 됩니다. 특히 육아와 경제 활동으로 바쁜 일상을 보내는 사람일수록 그런 말을 자주 합니다. 저는 이렇게 말하는 사람들의 마음에 공감합니다. 그러나 모든 경험에는 의미가 있다고 생각합니다.

'시절 인연'이라는 말이 있습니다. 이는 불교 용어로 '모든 인연에는 만남과 헤어짐의 시기가 있다'라는 의미를 담고 있습니다. 저 역시 과거 소중하고 즐거웠던 추억 때문에 멀어져 가는 사람을 억지로 붙잡으려고 애쓴 적이 많습니다. 하지만 그 과정은 너무나 힘들었습니다. 과거에 내가 무슨 잘못을 한 건지 고민하며 지난날을 되돌아볼수록 자존감이 더 낮아지기만 했습니다.

하지만 생각해 봅시다. 시간이 흐를수록 나와 상대방은 모두 변하기 마련입니다. 사람은 주변과 끊임없이 상호 작용하며 변화하고 성장하기 때문입니다. 각자 다른 환경에서 살다 보면 시간이 흐를수록 과거의 모습과 점점 멀어집니다. 이는 매우 자연스러운 이치입니다. 그렇기에 과거의 경험은 지금의 나를 만든 소중한 밑거름이 되며, 결코 헛된 것이라 단정할 수 없습니다. 사실 모든 인연은 시절 인연과 같습니다. 사람은 누구나 죽음을 맞이하고, 부모와 자녀, 친구 사이에는 이별의 순간이 찾아옵니다. 학교, 취업, 결혼, 육아 등 다양한 이유로 서로 멀어질 수도 있습니다.

그러므로 지금 이 순간 함께하는 사람과의 시간을 소중히 여겨야 합니다. 나의 주의를 지금 이 순간에 온전하게 잡아 두고 즐겨야 합니다. 동시에 새로운 사람과 만남, 새로운 관계에 대한 가능성을 언제나 열어 두어야 합니다. 특정 관계에 지나치게 매몰되어 삶의 균형을 잃지 않도록 주의해야 합니다. '관계를 소중하게 여기는 마음'은 중요합니다. 그러나 '나를 온전하게 지키는 마음' 또한 그에 못지않게 중요합니다. 관계에 지나치게 얽매여 자기 자신을 잃지 마세요.

지백이 대화방에서 이와 비슷한 고민을 접할 때마다 저는 다음과 같이 대답합니다.

Let it be. (자연스럽게 흘러가도록 두세요.)

Let it go. (내버려 두세요.)

사람 사이의 관계는 끊임없이 변화하며 예측할 수 없습니다. 지금 이 순간의 인연을 소중하게 여깁시다. 그러면서 새로운 인연에 가능성을 열어 두는 유연한 자세도 갖춰야 합니다.

나는 과거의 상처에 얽매이지 않고, 현재의 관계에 집중한다.

잘 했어
거 봐
할 수 있잖아
내가 바꿀 수
있는 것만
생각하자
그것도 많아
아름다운
계획보다
단 한번의
실천이 더
중요해
과거도 미래도
아닌 '지금 여기서'
내가 할 수 있는
최선의 선택을
하는거야

너는 이미 그 자체로 충분히 대단한 사람이야
왜 지금 그 일을 하는지 진짜 목적을 잊지 마
거의 다했으니 쉬겠다고? 마무리하고 쉬어
혹시 일일 계획표는 썼나요?

3장. 내면의 힘 기르기

01

호연지기와 부동심 ①: ADHD인의 지향점

노력과 결과의 간극을 채우는 호연지기와 부동심

지백이 채팅방을 보면 '꾸준히 노력한 것에 비해 결과가 좋지 않다'라고 말하는 ADHD인이 많습니다. 그리고 저 역시 비슷한 경험을 했습니다. ADHD 진단 전 수능을 준비하는 과정에서 열심히 노력한 만큼 수능 성적이 나오지 않았습니다. 그러나 돌이켜 보면, 책상 앞에 앉아 있는 시간은 많았지만 실력을 쌓는 데 실질적으로 필요한 공부에 집중한 시간이 매우 적었습니다. 딴 생각이나 딴짓을 하면서 많은 시간을 낭비했습니다. 본말전도인 행위(게임, SNS처럼 명백하게 벗어난 행위는 아니더라도, 계획을 세우고 수정하거나 공부 방법 따위를 고민하는 등 얼핏 보기엔 공부와 관련된 것처럼 보이는 일)에 과몰입했습니다. 또한 과거와 비교해 많이 노력한 건 사실이지만, 같은 시험을 준비하는 경쟁자 집단을 놓고 본다면 노력이라 보기 어려웠습니다.

저와 비슷한 경험을 이야기하는 ADHD인의 경우, 노력이 부족해서

가 아니라 노력의 방향이 잘못되었을 가능성이 큽니다. 저는 평소 지백이 대화방에서 "노력은 절대로 결과를 배신하지 않는다"라며 응원합니다. 제가 강조하는 '노력'은 단순히 시간을 투자하는 것이 아니라, 목표 달성에 실질적으로 도움이 되는 '효율적인 노력'을 의미합니다. 하지만 현실은 냉정해서 노력한다고 결과가 항상 좋지만은 않습니다. 노력의 방향이 잘못되었거나, 예상치 못한 변수가 생기거나, 개인의 체력이나 재능이 부족할 수도 있습니다. 그러나 반복되는 실패는 단순히 외부 요인만으로 설명하기 어렵습니다.

특히 ADHD인들은 스트레스 상황에서 불안, 우울 등 정신적인 어려움을 겪기 쉬워 중요한 순간에 제 실력을 발휘하지 못하는 경우가 많습니다. 작은 자극에도 민감하게 반응해 예상치 못한 상황에서 과도하게 당황하거나 공격적인 모습을 보이기도 합니다. 가령 당황하는 정도를 1부터 10까지 숫자로 표현한다면, 일반인은 3 정도의 자극에 3 정도로 반응하는 반면, ADHD인은 같은 자극에 9나 10처럼 극단적인 반응을 보이는 것과 같습니다. 이는 주의력 부족, 감정 조절 어려움, 과잉 행동, 충동성 등 ADHD의 다양한 증상이 복합적으로 작용한 결과입니다.

- 중요한 시험 당일 예상치 못한 문제가 등장했을 때
- 꼭 들어가고 싶은 회사의 면접에서 뜻밖의 질문을 받았을 때
- 오랜 시간 공들인 프로젝트를 발표한 후, 예상치 못한 질문 공세를 받았을 때

무대에서 실력을 발휘하기 위해 실력을 쌓는 것도 중요하지만, 무대에서 실력을 발휘하는 것도 실력입니다. 결정적인 순간에 준비해 온 실력을 보여 주기 위해서는 평소 꾸준한 운동과 충분하고 규칙적인 수면 등

으로 컨디션을 관리하는 것도 필수입니다. '할 수 있다'라는 긍정적인 사고 역시 자신감을 높이는 데 중요합니다. 당일에는 심호흡으로 부교감 신경을 활성화시키고 마음챙김 연습으로 긴장감을 푸는 것도 좋습니다. 예전에 당황했던 상황을 떠올리면서 차분하게 대처하는 자신의 모습을 구체적으로 상상하는 이미지 트레이닝을 꾸준히 하는 것도 큰 도움이 됩니다.

이처럼 다들 알고 있을 중요한 팁 말고도 ADHD인에게 꼭 강조하고 싶은 자세가 있습니다. 바로 호연지기浩然之氣와 부동심不動心입니다. 학창 시절에 배운 개념이지만, 삶에 적용해 보니 정말 큰 도움이 되었습니다. 이번 글을 쓰면서 맹자의 원문을 다시 공부하고 여러 해석을 찾아보면서 호연지기와 부동심에 대한 이해가 더 깊어졌습니다. 지금까지 ADHD인으로 살아왔고 앞으로도 살아갈 ADHD인으로서 보기에 호연지기와 부동심은 ADHD인이 평생 지향해야 할 가장 중요한 덕목이라고 생각합니다. 호연지기는 맹자와 맹자의 제자 공손추의 대화에 등장합니다. 호연지기가 무엇인지 묻는 공손추의 질문에 맹자는 이렇게 대답합니다.

> "其為氣也, 至大至剛, 以直養而無害, 則塞于天地之間."
>
> (호연지기는 하늘과 땅 사이를 꽉 채울 만큼 지극히 크고 지극히 강해서 어떤 일에도 굴하지 않고 맞설 수 있는 기운 됨이다.)

호연지기는 대범한 자세나 용기 있는 태도 등 단순히 외적인 표현을 넘어 더 깊고 풍부한 의미를 담고 있습니다. 호연지기의 진정한 용기는 부단한 노력과 성장을 통해 생기는 내면의 강인함과 깊은 신념을 바탕으로 합니다. 이는 목표를 향한 과정에서 어려움을 극복하고 양심적이고 긍정적인 태도를 유지하며, 자신의 꾸준한 노력에 대한 떳떳함과 스스로에 대한 믿음에서 나옵니다. 이 용기로 가득한 마음 상태가 부동심이며, 이때 드러나는 대범한 기운이 호연지기입니다.

즉, 호연지기와 부동심은 깊이 연결되어 있습니다. 호연지기를 지닌 사람은 자신의 마음속에서 들리는 판단을 믿으며, 지체하지 않고 적극적으로 행동합니다. 이는 자신의 양심에 부끄러움이 없는 상태로, 내외부의 유혹에도 쉽게 흔들리지 않고 예상하지 못한 역경과 난관에도 크게 동요하지 않습니다. 맹자는 또한 이렇게 말합니다.

"是集義所生者, 非義襲而取之也."

(호연지기는 의를 쌓아서 생기는 것이며, 갑자기 얻어지지 않는다.)

지백이 1권에서 말했던 수적천석水滴穿石을 떠올려 보세요. 자신의 노력에 대한 떳떳함과 스스로에 대한 믿음은 단번에 얻어지지 않습니다. 자신에 대한 신뢰는 일회성인 하루의 대단한 노력보다, 대단해 보이지 않아도 매일 지속되는 꾸준한 노력과 꾸준한 성장을 통해 점차 형성됩니다.

신뢰가 두터워지면 나의 행동에도 영향을 끼칩니다. 자신에 대한 믿음이 강해지면 양심에 어긋나지 않고자 노력하게 됩니다. 이는 더 강한 실행력으로 이어지며, 실천은 다시 마음에 긍정적인 영향을 줍니다. 이러한 선순환 구조의 경지에 이르는 모습이야말로 호연지기에 도달하는 순간이며, 떳떳함과 신뢰를 넘어 신념에 도달하면 마음이 흔들리지 않는 부동심의 상태에 이르게 됩니다.

호연지기와 부동심, 어떻게 키울까?

ADHD는 주의력 조절 어려움, 과잉 행동, 충동성, 감정 조절 어려움 등 여러 문제를 동반합니다. 이런 특성 때문에 갑작스러운 상황이나 유혹에 쉽게 흔들리고 집중력을 잃기 쉽습니다. 하지만 호연지기와 부동심, 즉 쉽게 동요하지 않는 대범함과 흔들림 없는 마음 상태를 갖춘다면 이러한 어려움을 극복하는 데 큰 도움이 됩니다.

- ADHD인은 주의력을 의도대로 조절하는 게 어렵습니다. 또한 긴급한 상황에서 쉽게 주의력이 분산되며 집중력을 유지하지 못합니다. 이때 호연지기와 부동심을 통한 흔들림 없는 마음 상태는 집중이 필요한 순간에 집중하게 합니다.
- 많은 ADHD인이 목표를 정하고 그에 따른 일일 계획표를 세우지만, 충동성으로 인해 계획을 지키지 못합니다. 결국 목표를 이루지 못해 좌절을 경험하기도 합니다. 이때 호연지기와 부동심을 바탕으로 자신의 비전에 대한 믿음을 굳건히 하면 인내심을 기를 수 있습니다.

그렇다면 어떻게 호연지기와 부동심을 키울 수 있을까요? 맹자는 호연지기를 기르는 방법에 대해 아래와 같이 세 가지를 말했습니다.

> "必有事焉而勿正, 心勿忘, 勿助長也."
>
> (호연지기를 키우기 위해서는 반드시 노력해야 하지만 그 노력의 결과를 미리 기약[기대]하지 말고, 호연지기를 키우고 싶은 마음을 잊지 않아야 하며, 조급해하지 말아야 한다.)

첫째, 노력하는 과정에서 결과를 예단하지 말자

지금의 도전이 성공할지 실패할지 예단하는 모습은 모든 사람에게서 흔히 볼 수 있습니다. 그러나 ADHD인은 그러한 생각에서 쉽게 빠져나오지 못하고 매몰되어 곱씹는 경향이 있습니다.

"시험까지 한 달 남았는데, 지금부터 열심히 하면 가능성 있을까요?"

마침 이 글을 쓰고 있는데 지백이 대화방에 이러한 질문이 올라왔습니다. 이러한 고민은 불안한 마음에서 나옵니다. 누구나 불확실한 미래를 불안해하기 마련입니다. 저도 ADHD 진단 전에는 성공 확률을 계산하느라 시간을 낭비하고 후회했던 기억이 많아서 그 마음을 잘 압니다(지백이 1권 "공부의 '유전'과 '확률'"에서 이에 대해 다루었습니다).

특히, 1년 이상의 공부 기간과 만만치 않은 학원비가 필요한 수능 준비나 공무원 시험 등 큰 투자가 필요한 도전일수록 결과를 예단하기 어렵기 때문에 불안함이 더 커집니다. 더욱이 자유로운 영혼과 사냥꾼 기질을 지닌 ADHD인이 책상 앞에서 온종일 공부에 집중하는 것은 여간 힘든 일이 아닙니다. 또한 합격에 대한 간절함이 클수록 스트레스가 커지고, 현실을 외면하고 싶은 마음도 커집니다. 이런 상황에서 ADHD인은 순간적인 만족감을 얻기 위해 회피 반응으로 이어지기가 쉽습니다. 성공 확률이 낮아 보이면 '괜히 시간 낭비하는 거 아닌가?'라는 생각이 들면서 집중하기 어려워지고, '어차피 안 될 거라면 굳이 애쓸 필요 있나?' 싶은 마음이 들기도 합니다. 불안감 때문에 집중하지 못하고 결과에만 매달리는 모습은 많은 ADHD인에게서 흔히 나타나는 모습입니다.

하지만 우리는 ADHD를 그저 숙명으로 받아들이고 포기하는 사람들이 아닙니다. 지백이 책을 비롯한 ADHD 워크북을 통해 ADHD에 대해 배우고, 인지행동치료를 실천하며, 약물 치료를 병행하는 등 적극적으로 노력하는 적극적인 ADHD인입니다.

지백이 1권과 지금 이 책을 읽는 여러분이라면 '노력의 결과를 예단하는 것은 늘 정확하지 않다는 것', '성공을 결정하는 것은 확률이 아닌 자신의 올바른 판단이라는 것', '노력하는 과정에서 자신의 역량이 성장하기 때문에 헛된 노력은 없다는 것'을 잘 알고 있을 겁니다. 따라서 결과를 예단하지 말고 늘 최선을 다하는 것이 중요합니다.

물론 주변에는 긍정적인 생각만으로 모든 걸 쟁취하는 사람들도 있습니다. 하지만 과거의 좌절과 실패로 쉽게 움츠러드는 우리 ADHD인은 그런 사람들과 자신을 비교하며 괴로워할 필요 없습니다. 오히려 그런 힘든 경험 덕분에 ADHD를 진단받고 치료를 시작할 수 있었던 것이니까요. 비교 대상은 남이 아니라 과거의 나 자신입니다. 자신의 성장에 집중하며 발전해 가는 것이야말로 진정한 성공이 아닐까요?

둘째, 실천으로 완성되는 호연지기와 부동심

호연지기를 키우고 싶은 마음을 잊지 않으려면, 먼저 그러고 싶은 '동기'가 있어야 합니다. 이 동기를 만드는 좋은 방법 중 하나는 '호연'의 기운이 가득한 내 모습을 상상하는 겁니다. 구체적으로 상상할수록 동기 부여는 더 강해집니다. 그렇다면 '호연'이란 무엇일까요? '호연'은 넓고 광활하며 강직하게 뻗친 기운입니다. 호연지기를 지닌 사람은 어떤 모습일까요? 강한 상대 앞에서 또는 압박받는 상황에서 대범하고 흔들림 없는 모습으로 당당한 태도를 보이는 사람입니다.

호연지기에 대해 처음 알게 된 스물네 살의 어느 날, 저는 저 자신을 호연지기와 비교해 보았습니다. 이리저리 아무리 생각해 봐도 둘 사이의 거리는 매우 멀었습니다. 엄밀히 말하면 정반대에 있었습니다. 저는 작은 불편함과 유혹을 견디지 못하고 충동적으로 반응했으며, 예상하지 못한 위기 상황이 생기면 필요 이상으로 당황해하면서 일을 더 어렵게 만들었습니다. 제가 바꿀 수 없는 것에 대한 걱정에 매몰되어 집중이 필요할 때 오히려 주의력이 분산되기 일쑤였습니다. 멀리 보지 못하고 작은 것에 일희일비했고, 정작 중요한 날에는 준비한 만큼 실력을 발휘하지 못했습니다. 스스로에 대해 자신감도 없고 자존감도 낮았던 저는 '호연지기'를 가진 사람이 되고 싶다는 열망이 점점 커져갔습니다. 그리고 그 마음은 점점 더 간절해졌습니다. 어떤 어려움에도 굴복하지 않고, 예상치 못한 위기에도 끌려다니지 않으며 담담하고 침착하게 대응하는 모습 그리고 언제나 자신의 신념대로 행동하는 일관된 모습. 이렇게 살아가는 자신의 모습을 상상할 때면 마음 깊숙한 곳에서 뜨거운 힘이 생겼습니다.

롤 모델을 찾아 호연지기를 배우자.

주변에 호연지기와 부동심을 갖춘 사람이 있다면 그들의 행동과 태도를 관찰하고 본받으려 노력해 보세요. 그들의 모습을 떠올리며 나 역시 그렇게 행동하는 모습을 상상하는 것만으로도 동기 부여가 될 수 있습니다. 혹시 주변에 마땅한 롤 모델이 없다면, 존경하는 유명인이나 위인을 롤 모델로 삼아 그들의 삶을 배우는 것도 좋은 방법입니다.

앞서 설명했듯이 마음과 실천은 긴밀히 연결되어 있습니다. 맹자에 따르면, 호연지기를 키우기 위해서는 먼저 마음에 '의義', 곧 '옳은 마음'

이 있어야 합니다. 그래야 '의'에 귀를 기울일 수 있습니다. 마음에 의가 쌓일수록 옳은 행동으로 연결되며, 이 실천은 의를 더 강하게 합니다. 이렇게 내면에 의가 쌓일수록, 그리고 옳은 행동으로 의를 실천할수록 호연지기가 무럭무럭 자랍니다. 그렇다면 호연지기를 키우고 싶은 ADHD인에게 가장 중요한 건 무엇일까요? 바로 '실천'입니다.

그렇다면 '마음에 의를 쌓는 게 먼저 아닌가?'라는 질문이 생길 수 있습니다. 우리 ADHD인은 의지가 없어서, 혹은 방법을 몰라서 못 하는 게 아닙니다. 해야 할 일이 산더미처럼 쌓였을 때 저는 늘 딴짓에 빠져 시간을 낭비하곤 했습니다. '빨리 A를 끝내야 하는데…'라고 생각하면서도 시작은커녕 침대에 누워 딴생각만 했습니다. 'A를 하는 게 생각보다 오래 걸릴 텐데…', 'A를 끝내면 B도 해야 하는데…', '집에서는 집중이 안되니 도서관에 가야 하는데…' 등등 머릿속이 온갖 생각으로 가득했습니다. 시험공부부터 설거지, 분리수거, 화장실 청소까지 미뤄 둔 일이 끝이 없었습니다. 해야 할 일은 쌓여 가는데 몸은 침대에 붙어 떨어지지 않으니, 머릿속이 더 복잡해졌습니다. 겉으로 보기엔 한가롭게 쉬는 것 같지만 속은 미뤄 둔 일에 대한 생각으로 터질 것만 같았지요.

학창 시절, 부모님은 침대에 누워 있는 저에게 심부름을 시키곤 했습니다. 그럴 때마다 저는 할 일이 태산인데 왜 심부름을 시키냐며 짜증을 냈고, 부모님은 어이없어하며 저를 혼내셨습니다. 그때는 부모님이 저를 이해하지 못한다고 생각했지만, 지금 생각해 보면 그저 핑계였던 것 같습니다. 사실 저는 침대에 누워 쉬는 게 아니라, 해야 할 일들을 생각하며 괴로워하고 있었던 거죠. 제대로 쉬는 것도 아니고, 제대로 노는 것도 아닌 어정쩡한 상태였습니다. 그렇게 불편한 마음으로 가만히 누워 있다 보면, 마음속에서 어떤 목소리가 들려오기 시작합니다.

(잔뜩 밀린 공부를 오늘 하려고 계획했는데, 늦잠을 자고 일어난 상황)

옳은 소리 벌써 11시네? 늦잠 잤잖아. 집에서는 집중이 안되니까 얼른 나가야지.

방해 소리 1 점심시간인데? 밖에서 사 먹으면 돈 아까우니까 집에서 밥 먹고 가자.

방해 소리 2 지금 나가 봐야 왔다 갔다 시간만 버리고 공부할 시간은 얼마 안 될걸? 집에서 하면 왕복 시간 아껴서 더 많이 공부할 수 있어!

(하지만 집에서 공부가 잘된 적은 한 번도 없음. 결국 밥 먹고 침대에 누워 뒹굴다가 밤 11시가 넘어서야 정신이 번쩍 듦. '아침에 바로 나갈걸…' 하고 후회해도 이미 늦음. 아쉬운 마음에 쉽게 잠들지 못하고 스마트폰만 보다가 새벽에 잠들고, 다음 날 또 늦잠을 잠.)

이처럼 마음에서 '옳은 소리'가 들리더라도, 곧이어 각종 이유를 대며 실천을 '방해하는 소리'가 따라왔습니다. ADHD 진단 전에는 내면의 두 가지 소리가 거의 이어져서 들렸기 때문에 하나의 소리라고 생각했습니다. 그러다가 성인이 되어 ADHD를 진단받고 약물 치료를 시작하면서, '옳은 소리'와 '방해하는 소리'를 구분할 수 있었습니다.

그렇게 저는 마음에서 '옳은 소리'가 들릴 때면, '방해하는 소리'가 끼어들기 전에 바로 행동으로 옮겼습니다. 예를 든 상황처럼 늦잠을 자고 깼을 때는 '왕복 시간이 두 시간이 넘으니 도서관에 가 봤자 공부할 시간이 얼마 없겠네. 하지만 집에서는 집중이 안되잖아! 고민할 시간에 빨리 나가자!'라고 생각하며 바로 도서관으로 향했습니다. 그렇게 공부를 마치고 집에 돌아오면 마음이 뿌듯하고 몸은 피곤해 쉽게 잠들 수 있었습니다.

우리는 더 이상 아이가 아닙니다. 살면서 쌓은 경험을 통해 옳고 그름을 충분히 판단할 수 있습니다. 자신의 마음에 귀를 기울여 보세요. 마음속에서 들려오는 소리를 외면하지 말고, 옳은 소리가 들린다면 주저 말고 실천하세요. 어떤 방해나 어려움이 있더라도 흔들리지 않고 옳은 길을 선택해야 합니다.

- 지백이 1권에서 배웠던 '3초의 법칙'을 기억하나요? 바로 이 법칙이 마음속 '옳은 소리'를 실천하는 방법입니다.
- '방해하는 소리'는 우리를 망치려는 악의적인 속삭임이 아닙니다. 오히려 우리를 너무 아끼는 마음, 당장 편하기를 바라는 마음에서 나오는 소리죠. 하지만 이 소리는 근시안적이라 멀리 있는 목표를 보지 못합니다. 결국 이 소리에 굴복하면 후회와 괴로움만 남게 됩니다.

셋째, 조급함을 이겨 내는 방법

지백이 내와방을 비롯한 ADHD 커뮤니티에서는 다음과 같은 고민을 흔히 볼 수 있습니다.

- "약 먹은 지 사흘째인데 왜 효과가 없죠? 아무 변화도 못 느끼겠어요. 다음 진료는 2주 뒤인데, 내일 병원 가서 약 용량을 늘려 달라고 해도 될까요?" (불안한 마음이 조급한 태도로 이어지면서 치료과정에 방해가 되는 모습)

- "약물 치료 시작한 지 한 달 됐는데 아무것도 달라진 게 없어요. 혹시 약이 안 듣는 건 아닐까요?" (수십 년간 만들어진 모습을 약물 치료 몇 개월로 바꿀 수 있다고 생각하는 모습)

이런 질문들은 ADHD인의 조급한 마음을 잘 보여 줍니다. 저도 그렇지만 ADHD인들은 기본적으로 조급한 마음을 가지고 살아갑니다. 지루한 걸 견디는 게 어렵기 때문에 노력하는 과정에서 자신이 성장하는 정도를 눈으로 볼 수 없을 때 불안하고 초조해집니다. RPG게임처럼 캐릭터의 경험치가 쑥쑥 올라가는 게 보이면 좋을 텐데, 현실은 그렇지 않습니다. '내 노력이 쓸모없는 건 아닐까?', '시간 낭비하는 건 아닐까?' 하는 불안감은 조급함을 더욱 부추깁니다. 웃긴 건, 딴짓하며 시간을 허비할 땐 관대하면서 정작 노력한 시간에 대해서는 엄격하게 평가한다는 점이죠.

조급함은 ADHD인들을 끊임없이 괴롭힙니다. '내가 지금 잘하고 있는 걸까?', '이렇게 해서 될까?' 하는 불안감이 꼬리에 꼬리를 물고, 집중해야 할 때 오히려 인터넷 검색이나 주변 사람들에게 조언을 구하느라 시간을 허비하게 만듭니다. 조급한 마음 때문에 스트레스가 커질수록 스트레스를 견디지 못하고 충동적으로 애써 세운 계획을 이탈합니다. 이런 일이 반복되면 '어차피 지키지도 못하는 계획을 세우는 시간이 아깝다'라는 생각이 듭니다. 결국 일일계획표를 쓰지 않게 되고, 더불어 장기적인 계획도 세우지 않고 눈앞의 일만 쳐내기에 급급해집니다. 중간 결과가 좋지 않거나 기대만큼 성과가 없는 것 같으면 초심을 잊고 굳은 결심으로 세운 목표를 이내 포기하게 됩니다. ADHD인에게 내면의 조급함은 그 어떤 외부 요인보다 부정적인 결과를 가져오는 가장 무서운 걸림돌입니다.

조급함을 다스리려면 먼저 조급한 마음이 드는 순간을 알아차려야 합니다. 그럴 땐 심호흡을 열 번 정도 하면서 마음챙김 훈련을 해 보세요. 자신의 내면을 판단 없이 의도적으로 재인지하는 과정에서 행동 변화가 일어날 수 있습니다. 지백이 1권에서도 언급했듯이, 마음챙김 명상은 불안과 스트레스 해소에 효과적이라는 연구 결과가 많습니다. 하양이 책을 참고해 꾸준히 마음챙김을 연습하고, 수적천석水滴穿石처럼 좋은 말들을 되뇌며 스스로 격려하는 것도 좋습니다. 물론 충분한 수면과 휴식도 각별히 신경 써야 합니다.

결국 마지막에 목표를 이루는 것은 성실한 태도입니다. ADHD인 역시 무엇을 목표로 하든지 꾸준한 실천을 통해 그 목표를 이룰 수 있습니다. 목표를 향해 포기하지 않고 끝까지 달려 마침내 도달하는 사람이 위대한 사람입니다.

조급한 마음이 생길 때는 마음속에 굳건히 자리 잡은 커다란 바위를 떠올려 보세요. 어떤 바람에도 흔들리지 않는 단단한 바위처럼 우리 마음도 그렇게 만들 수 있습니다.

호연지기를 경험하다

제 인생에서 가장 치열했던 시기를 꼽으라면, 군 제대 후 서울에서 두 번째 수능을 준비하던 때를 들 수 있습니다. 약물 치료를 시작한 지 1년쯤 되었을 때였는데, 과거의 잘못된 생각들을 바로잡고 새로운 삶을 살고 싶다는 열망이 컸습니다. 스스로 엄격한 잣대를 들이대며 마음 속 깊은 곳에서 들려오는 목소리에 따라 행동했습니다. 졸음이 쏟아져도 책상에 엎드리지 않고, 눈이 감겨도 서서 버텼습니다. 재수 학원 학생 중 가장 늦게까지 남아 공부하고, 가장 먼저 등원하려고 애썼지요. 누가 시켜서 그런 것이 아니라, 제 의지로 그렇게 했습니다.

수험생이라면 누구나 연초에 자신의 상황에 맞춰 입시 전략을 세우지만, 그 계획대로 쭉 가는 건 쉽지 않습니다. 학원은 논술 강의를 팔아야 하고, 학교는 합격 실적을 올려야 하니, 수험생들은 생각지도 못한 학교와 학과를 추천받기 일쑤입니다. 게다가 공부한 결과가 바로바로 나타나지 않으니, 모의고사 성적이 기대에 못 미치면 불안감에 휩싸이기 마련입니다.

원래 긍정적이었던 사람도 막상 성적표를 받아 들면 마음이 흔들립니다. 성적을 올리려면 공부에 더 집중해야 하는데, 이 중요한 시기에 엉뚱하게도 다른 대학이나 전형을 알아보는 데 시간을 허비합니다. 주변에서 '이 전형이 유리하다, 저 전형이 불리하다'라고 얘기하는 걸 듣다 보면, 나도 뭔가 해야 할 것 같은 압박감이 듭니다. 이런 상황에서 초심을 유지하기란 정말 쉽지 않습니다. 특히 ADHD인이라면 더더욱 힘들 겁니다. 하지만 주변을 둘러보면, 모두가 흔들릴 때 묵묵히 자신의 길을 가는 사람이 꼭 있습니다. 바로 그 사람이 여러분이 될 수 있습니다.

저는 수험 생활 내내 논술 강사와 담임 강사의 설득에 흔들리지 않았고, 입시가 끝나는 순간까지 전략을 바꾸지 않았습니다. 모의고사 점수가 예상보다 높게 나온 날에도 낮게 나온 날에도 "모든 것은 수능 날 결정된다. 아직 결정된 것은 아무것도 없다"라고 되뇌면서 침착하게 공부했습니다. 남들이 이런저런 입시 전략에 휘둘릴 때, 저는 오로지 수능 당일 실력 발휘에만 집중했습니다. 문제 하나라도 더 풀고 지문 하나라도 더 분석하는 것이 진짜 전략이라고 믿었습니다. 그렇게 입시가 끝나던 날, 저는 마침내 환하게 웃을 수 있었습니다.

부화뇌동附和雷同하던 제가 부동심不動心을 경험할 수 있었던 것은 약물 치료 덕분이기도 합니다. 그러나 무엇보다 빡빡한 일과를 묵묵히 실천하는 동안 내면에 호연지기가 쌓였기 때문이라고 생각합니다.

'나는 수험생이 아니니까 위의 이야기는 나랑 상관없겠지?'

수험생이 아닌 성인 ADHD인이라면 이렇게 생각할 수 있습니다. 그러나 앞서 이야기한 과정은 입시에만 국한되는 것이 아닙니다. 성인이 되어서도 우리는 목표를 설정하고, 그 목표를 이루기 위해 계획을 세우고 실천해야 합니다. 하지만 계획대로만 흘러가는 인생이 어디 있겠습니까? 예상치 못한 일들이 터지면서 조급함과 불안감이 생깁니다. 그럴 때일수록 외부의 유혹에 흔들리지 않고 묵묵히 나아가는 것이 중요합니다. 그래야 목표를 이루거나 설령 이루지 못하더라도 노력한 만큼 성장할 수 있습니다.

수능 날 에피소드

수능 날 점심 도시락으로 카레를 싸 갔는데, 뚜껑을 열어 보니 숟가락이랑 젓가락이 보이지 않았습니다. 완전 깜빡했던 것이지요. 주변에 있던 낯선 수험생들에게 물어봤지만, 여분의 수저를 가진 사람은 없었습니다. 처음 와 본 학교였지만, 어떻게 어떻게 급식소를 찾아갔습니다.

다행히 감독관 선생님들 식사 때문에 급식소가 열려 있었고, 사정을 설명한 뒤 수저를 빌릴 수 있었습니다. 덕분에 무사히 점심을 먹고 마지막 시험까지 잘 치렀습니다.

도시락에 수저가 없는 것을 알았을 때, 이전의 저라면 당황하면서 우왕좌왕했을 텐데 그날은 이상하게도 차분했습니다. 시험에 전혀 예상하지 못했던 내용과 문제가 나왔을 때도 조금도 당황하지 않았습니다. 돌이켜보면 그것이 호연지기였다고 생각합니다.

실전이 두려운 당신에게 보내는 응원

당황하지 마세요! 당신만 그런 게 아닙니다. 지금 이 순간, 당신과 같은 상황에 처한 모든 사람이 당혹스러워하고 있을 거예요. 하지만 흔들리지 마세요! 모두가 당황할 때 의연하게 대처할 수 있어야 합니다. 지금 필요한 건 바로 호연지기, 흔들림 없는 마음입니다. 실력을 쌓는 것만큼이나 실전에서 강한 모습을 보여 주는 것도 중요하다는 사실을 잊지 마세요. 당신은 충분히 해낼 수 있습니다!

나는 어떤 유혹에도 굴하지 않고, 옳은 길을 선택하는 사람이다.

02

호연지기와 부동심 ②: ADHD인의 연애

솔로 시절, 저는 마음에 드는 사람이 눈에 띄면 먼저 적극적으로 다가갔습니다. 대학교 도서관에서 시험공부를 하다가도 괜찮은 이성이 눈에 들어오면 용기를 내어 연락처와 음료수를 건네기도 했습니다. 물론 대부분 그 자리에서 거절당했지만, 덕분에 연락처를 주고받고 서로 연락하는 관계가 되기도 했습니다.

처음에는 이런 제 모습이 남자라서 그런 거라고 생각했습니다. 하지만 곰곰이 생각해 보니, 남자라고 다 그러는 건 아니었습니다. 아마도 ADHD 특유의 충동성이 큰 영향을 미쳤던 것 같습니다. 보통 사람들은 처음 본 이성에게 호감이 생겨도 망설이고 주저하는 경우가 많지만, ADHD인은 감정에 솔직하고 충동적으로 행동하는 경향이 있습니다. 이 같은 적극적인 모습은 이성 관계의 시작에는 도움이 될 수 있지만, ADHD 성향은 대체로 관계를 시작하고 유지하는 데 방해가 됩니다. 특히 '조급한 마음' 때문에 벌어지는 상황이 문제가 되곤 하는데, 몇 가지 사례를 살펴보겠습니다.

조급함 내려놓기

> "짝사랑하는 사람에게 충동적으로 연락하게 돼서 고민입니다. 주변에서도 이러는 저를 말리고, 저 역시 그런 연락이 그 사람과 관계에 악영향만 준다는 걸 알면서도 자꾸 연락합니다. 연락해도 상대방이 호응해 주는 것도 아닙니다. 어쩔 땐 메시지를 보내면, 하루 뒤에 답변이 옵니다. 이럴 때면 자괴감이 드네요. 어떻게 하면 좋을까요?"
>
> **– ADHD 지피지기 백전불태 대화방에 올라온 글**

지백이 대화방에서 많은 ADHD인이 공감했던 고민입니다. 저 역시 이런 경험으로 이성 관계에서 힘들었던 적이 있습니다. 삐삐나 문자 시절과 달리 요즘은 스마트폰으로 소통합니다. 그래서 상대방이 메시지를 확인했는지 실시간으로 확인할 수 있다 보니 더 힘든 것 같습니다. 보낸 메시지를 상대방이 확인하지 않으면 마음이 초조해집니다. 시간이 흐를수록 커지는 불편함을 견디지 못하고 판단력이 흐려지면서 궁지에 몰린 듯 또 연락하게 됩니다. 이 같은 충동적인 모습은 ADHD의 전형적인 특징입니다.

물론, 사람마다 성향이 다양해서 자주 연락하는 걸 좋아하는 사람도 있습니다. 저도 아내를 처음 만났을 때 연락을 자주 했습니다. 연애를 시작하기 전부터 틈만 나면 전화하고 수시로 메시지를 보냈습니다. 덕분에 서로를 빠르게 알아 갈 수 있었고, 아내는 제가 관심을 보이는 모습에 기분 좋았다고 합니다. 하지만 이렇게 잘 풀리는 경우는 드뭅니다.

보통은 너무 자주 연락하면 상대방이 부담스러워하고 압박감을 느낍니다. 친한 사이라면 곧바로 답장하겠지만, 서로 알아 가는 단계라면 좋은 인상을 주고 싶어 여유를 갖고 답장하고 싶어 합니다. 그런데 일하는 중에 계속 메시지가 쌓이면 답장해야 한다는 압박감에 불편함을 느낄 수 있습니다. 자칫 집착하는 사람으로 보일 수도 있고요.

'연애를 시작하기도 전인데 이렇게 피곤하면, 실제로 사귀면 얼마나 피곤할까?' 상대방이 이렇게 생각하게 만들면 안 됩니다. 그러니 상대방의 반응에 따라 연락 빈도를 조절하며 편안한 분위기를 유지해야 합니다. 이건 따로 배우지 않아도 보통 사람들은 자연스럽게 이렇게 행동합니다. 하지만 ADHD인에게는 이러한 평범한 행동조차 충동성 때문에 어려울 수 있습니다.

물론 충동성 자체가 나쁜 건 아닙니다. 처음 본 이성에게 먼저 말을 거는 것도 일종의 충동성입니다. 데이트 후 갑자기 연인을 집 앞까지 바래다주는 깜짝 이벤트도 충동적인 행동에서 나올 수 있습니다. 상황에 따라 충동성은 용기나 다정함으로 보일 수도 있습니다. 중요한 건 연애에서 '충동성을 어떻게 조절하느냐'입니다.

- (상대방이 평소 스마트폰을 자주 확인하는 편이라면) 오랫동안 메시지를 확인하지 않거나 답장이 없다는 것은 이미 답변한 것과 마찬가지입니다. 이성을 만나 관계를 시작하고 유지하는 데는 많은 시간과 에너지가 필요합니다. 그렇다면 우리는 이 힘든 연애를 왜 하는 걸까요? '더 행복해지기 위해서'입니다. 하지만 이성 관계 때문에 초조함과 불안함으로 하루를 보낸다면, 그것은 잘못된 선택입니다. 세상에는 수많은 사람이 있고, 나와 잘 맞는 사람도 분명히 있습니다. 나와 맞지 않는 불행한 관계에 매달리다가 정작 소중한 인연을 놓칠 수도 있습니다. 이는 기회비용 측면에서도 손해입니다.
- 많은 성인 ADHD인이 낮은 성과와 반복된 실패로 인해 일반인보다 우울감과 불안함을 더 많이 느낍니다. 또한 타인에게 다가갔다가 거절당한 경험이 많아 사존감이 낮은 경우도 많습니다. 이러한 이유로, 어렵게 시작된 이성 관계

에서 잦은 연락을 통해 상대방의 마음을 확인하고 싶어 하는 모습을 보이기도 합니다.

금사빠 탈출과 후회 없는 사랑 편지

"저는 금사빠(금방 사랑에 빠지는 사람)입니다. 게다가 누굴 좋아하면 깊이 빠져서 힘이 드네요. 최근에 좋아하는 사람이 생겼어요. 밤에 길을 걷다가 이상형이 보여서 용기를 내어 말을 걸었습니다. 대화를 나누면서 서로에 대해 알게 되었는데, 유흥업소에서 일하고 있더라고요. 머리로는 포기해야 하는 걸 아는데도 계속 마음이 가고 연락하게 되네요. 자꾸 생각이 납니다. 어떻게 해야 할까요?"

– ADHD 지피지기 백전불태 대화방에 올라온 글

일본에 사시는 분이 대화방에 올린 고민을 보고 깜짝 놀랐습니다. 십여 년 전, 제가 했던 짝사랑과 너무나도 비슷했기 때문입니다. 저 역시 누군가에게 쉽게 빠지는 경향이 있었습니다. 비슷한 상황에서 주변 사람들의 만류에도 불구하고 저는 제 감정만 앞세웠습니다. 큰 용기를 내어 여러 번 고백했지만 결국 거절당했고, 상처 입은 마음을 추스르는 데 오랜 시간이 걸렸습니다.

지백이 1권에서도 언급했듯이 ADHD인은 감정 조절에 어려움을 겪습니다. 그래서 감정 기복이 심하고, 쉽게 사랑에 빠졌다가 그 감정이 빠르게 식기도 합니다. 이 외에도 ADHD 성향은 연애에 여러 영향을 끼치곤 합니다. ADHD를 진단받은 후에야 이런 점들을 이해할 수 있었고, 이에 대한 대책을 고민하던 중 후회 없는 연애를 위해 저만의 연애관을 정립하게 되었습니다.

ADHD 연애를 위한 두 가지 조언: 신중한 시작, 현명한 지속

ADHD인은 상대방을 충분히 알기도 전에 교제를 시작하고 빠르게 관계를 발전시키는 경우가 많습니다. 그러나 곧 마음이 식어 후회하기도 합니다. 자신과 맞지 않는 사람과 성급하게 연애를 시작하지 않도록 주의해야 합니다.

- 누군가와 교제를 시작하기 전에 최소한 30일, 50일, 100일, 356일 등 일정 기간을 정해 두고 충분히 알아 가는 시간을 가지는 것이 좋습니다.
- '연애는 결혼의 연장선'이라는 말을 기억하세요. 결혼 후 함께 가정을 꾸리는 모습을 긍정적으로 그려 볼 수 있을 때 연애를 시작하는 것이 좋습니다.

빠르게 식는 감정, 충동성 등의 ADHD 성향은 장기 연애를 어렵게 만듭니다. 쉽게 이별을 결정하고 좋은 인연을 놓친 뒤 후회하는 경험은 더는 반복하지 않아야 합니다.

- 상대방에게서 단점이 보일 때는 자신의 단점은 무엇인지, 상대방은 나의 어떤 단점을 배려해 주고 있는지 곰곰이 생각해 보세요.
- 모든 사람에게는 장단점이 있다는 사실을 기억하세요. 상대방의 단점이라고 생각했던 부분이 상황에 따라 장점이 될 수도 있습니

다. 예를 들어, 우유부단하고 결단력 없어 보이는 모습이 연애 중에는 단점으로 보일 수 있지만, 결혼 후에는 신중한 모습으로 보일 수 있습니다.

- 상대방에게 실망스러운 일이 생겼을 때는 둘이 결혼했다고 가정하고서 '이 일로 이혼할 것인가?'라고 자문해 보세요. 그렇다고 생각되면 이별을 준비하고, 아니라면 충분한 대화를 통해 문제를 해결해 나가세요.

조급함이 만드는 연애의 위기: 집착, 자존감 하락

조급함은 때때로 다음과 같은 상황을 초래하기도 합니다.

- 상대방에게 지나치게 애정 표현을 하거나 빠른 관계 진전을 요구함
- 만난 지 얼마 되지 않았는데도 자신의 ADHD나 단점을 모두 털어놓음
- 상대방의 연락이 뜸해지면 부정적인 상황을 혼자 단정 짓고 추궁함
- 상대방의 SNS를 과도하게 확인하고 다른 사람들과의 관계에 대해 불안해하며 집착함
- 상대방이 다른 사람들과 시간을 보내는 것을 불편해하고 따짐

이러한 행동은 상대방에게 피곤함과 부담감을 주고, 결국 집착으로 이어질 수 있습니다. 이런 모습을 보이는 사람들은 대개 자존감이 낮은 편입니다. 자존감이 낮으면 상대방에게서 자신의 가치를 확인받으려 하고, 상대방을 통제하려는 경향이 있습니다.

ADHD인의 연애 전략: 비전과 마음챙김으로 균형 잡힌 사랑 만들기

저는 이성 관계에서 조급함과 충동성을 다스리기 위해 '비전'을 적극적으로 활용했습니다. 상대방에게 온 정신이 집중될 때마다 스스로 '내가 지금 해야 할 일은 무엇인가?'라고 질문하며 의도적으로 비전을 떠올렸습니다. 비전을 이루기 위한 단계별 목표와 현재 진행 상황을 점검하고, 부족한 부분을 채우기 위한 구체적인 계획을 세웠습니다.

이처럼 미리 비전을 설정하고 늘 마음 한편에 품고서 생활하면 사랑과 일의 균형을 유지할 수 있습니다. 끊임없이 노력해 자존감과 경쟁력을 높이면, 상대방은 당신을 신뢰하고 응원하며 함께하는 미래를 더 긍정적으로 바라보게 됩니다. 이러한 정서적 지지는 서로에게 동기 부여가 되고 긍정적인 영향을 주는 선순환을 만듭니다.

ADHD인의 목표 달성에서 발전적인 이성 관계는 매우 중요합니다. ADHD인은 메타인지 능력이 부족해 자신의 장단점과 문제의 본질을 파악하는 데 어려움을 겪는 경우가 많습니다. 따라서 진심으로 나를 위하는 상대방의 조언은 현재 상황을 객관적으로 바라보고 개선하는 데 큰 도움이 됩니다. 혼자 비전을 향해 나아가는 것보다 연인과 함께 긍정적인 관계를 유지하며 노력할 때 비전을 향한 여정이 더 풍요로워지고 성공 가능성도 높아집니다.

연애에서 호연지기와 부동심의 중요성

ADHD인이라면 특히나 자신도 모르게 마음이 조급해지지 않는지 내면을 자주 들여다보는 것이 중요합니다. 평소 꾸준히 마음챙김 연습을 하면 이러한 조급함을 예방하는 데 도움이 됩니다. 또한 연애를 통해 알게 된 자신의 성향과 ADHD 증상을 파악하고 기록해 두는 것도 큰 도움이 됩니다.

연애에서 조급한 마음을 다스리는 데는 '호연지기'와 '부동심'이라는 두 가지 중요한 가치를 빼놓을 수 없습니다. 이를 추구하고 실천하면 연애뿐 아니라 모든 인간관계에서 긍정적인 결과를 얻을 수 있습니다.

호연지기와 부동심은 단기간에 얻어지는 것이 아닙니다. 앞서 언급했듯이 꾸준한 노력과 성장을 통해 길러집니다. 호연지기를 지향하며 성장하는 과정에서 ADHD의 조급함과 불안함을 조절하고, 상대방을 이해하고 기다려 줄 수 있는 여유를 갖게 됩니다. 또한 부동심은 상대방과 적절한 거리를 유지하는 데 도움을 주어 집착하는 마음을 줄여 줍니다.

진부하겠지만, 실패는 성공의 어머니

지백이 대화방에는 매일 다양한 고민이 올라오지만, 특히 연애와 사랑에 대한 고민이 끊이지 않습니다. 이성 관계는 대인관계에서도 중요한 부분을 차지하며, 많은 ADHD인이 어려움을 겪는 분야이기도 합니다. (일반인과 비교해 ADHD인의 이혼율이 높다는 점을 생각해 보면, 이는 지백이 대화방만의 이야기는 아닐 것입니다.)

이성 관계에 대한 고민 글을 볼 때마다 '아, 나도 그때 그랬지…' 하며 잊고 있던 과거의 기억들이 떠오릅니다. 당시 힘들었던 감정이 되살아나면서, 지금 고민하는 분들의 마음에 깊이 공감하게 됩니다. ADHD 진단을 받기 전에는 연애 실패가 온전히 제 성격과 연애관 때문이라고 생각했습니다. 하지만 ADHD 진단 후, 이러한 어려움이 ADHD 증상과 밀접하게 관련되어 있다는 것을 알게 되었습니다.

약물 치료가 이성 관계에서 겪는 복잡한 문제들을 해결하는 데 중요한 역할을 하는 것은 분명합니다. 하지만 그것만으로는 충분하지 않습니다. ADHD의 모든 증상을 파악하고 대처하기보다는 과거 자신의 실패 경험에 영향을 미쳤던 ADHD 증상을 파악하고 개선하는 것이 더 효율적입니다. 부끄럽지만 제 개인적인 경험이 조금이나마 도움이 되기를 바라는 마음으로 이야기를 시작해 보겠습니다.

초등학교, 중학교, 고등학교, 입시 학원 시절에 숱한 짝사랑과 이별을 겪으며 20대 중반이 될 때까지 제대로 된 연애 한 번 못 해 봤습니다. 뒤늦게 대학에 들어가서도 또다시 실패를 맛보자, 뭔가 심각하게 잘못됐다는 생각이 들었습니다. 더는 미룰 수 없다는 생각에 대학교 중앙도서관의 심리학 서적 코너로 향했습니다.

그곳에는 부부간 소통 방식, 성별에 따른 연애 심리 등 '연애와 사랑에 대한 코칭'을 주제로 하는 다양한 책이 꽂혀 있었습니다. 마침 겨울 방학이었고, ADHD 특유의 과몰입이 발동해 개강 전까지 수십 권의 책을 읽고 핵심 내용을 정리했습니다. (당시 작성한 '사랑의 지혜'는 지금도 웹하드에 고이 간직하고 있습니다.) 그 과정에서 정말 많은 것을 깨닫고 배웠습니다.

수많은 짝사랑의 실패와 좌절, 시간 낭비라고 생각했던 그 경험들이 없었다면, 아마 그 많은 책을 읽지도 않았을 것입니다. 읽었다 하더라도 단순히 좋은 말이 담긴 책으로만 여겼겠지요. 책을 읽으면서 과거에 제가 저지른 실수와 잘못된 행동을 깨닫게 될 때면 가슴이 아팠습니다. 책의 한 구절 한 구절이 머릿속 깊이 박히는 듯했습니다.

그러니 지금까지의 아픈 경험을 너무 부정적으로만 생각하지 마세요. 그 경험은 미래의 행복을 위한 밑거름이 될 수 있습니다. 저 역시 그런 과정을 거쳐 연애도 하고 결혼도 해서 지금은 자녀들과 함께 살고 있습니다. 과거의 시행착오 덕분에 예전처럼 큰 실수를 반복하지는 않지만, 여전히 완벽하지 않습니다. 하지만 그때 배운 것들이 지금의 결혼 생활을 유지하는 데 큰 도움이 되고 있습니다.

자신을 변화시키는 것은 결코 쉽지 않습니다. 저도 좋아하는 사람 앞에서는 가슴이 두근거리고 평소보다 이성적인 판단이 흐려져 실수하곤 했습니다. 아무리 약을 먹고 책을 읽고 연습해도 ADHD의 감정 조절 어려움과 충동성은 때때로 우리를 힘들게 합니다. 하지만 조금 더디더라도 스스로 변화할 수 있다는 믿음을 잃지 마세요. 긍정적인 마음가짐이 가장 중요합니다. 이 글을 통해 ADHD인들이 연애의 여러 어려움을 극복하는 데 조금이나마 도움이 되기를 진심으로 바랍니다.

상대방을 질리게 하는 행동

> "매번 놀아 달라고 하거나 답장 바로바로 하는 사람도 질릴까요? 저는 상대가 저처럼 행동해도 괜찮을 것 같아서 그렇게 한 건데, 그 사람은 저한테 질린 것 같아요. 상대방을 질리게 하는 행동이나 특징에 대해 알고 싶어요."
>
> **- ADHD 지피지기 백전불태 대화방에 올라온 글**

'질린다'는 느낌은 사람마다 다르고, 상황에 따라 달라질 수 있습니다. 하지만 너무 자주 연락하거나 빨리 답장하는 것은 상대방에게 '만만하고 쉬운 사람'이라는 인상을 줄 수 있습니다. 연애에서는 '밀당'(밀고 당기기)이 중요하다는 말이 있습니다. 상대방의 호기심을 자극하고 궁금증을 유발하는 것은 일반적인 연애 전략입니다. 하지만 저는 연애 초반부터 모든 걸 솔직하게 털어놓고 감정을 숨김없이 드러냈습니다. 상대방은 저에 대해 금세 모든 걸 알게 되었고, 더는 궁금한 것이 없어졌지요.

만난 지 얼마 안 됐는데 상대방이 나에 대해 너무 많은 것을 알고 있고, 내 행동이 뻔히 예상된다면 어떨까요? 상대방은 금방 흥미를 잃고 지루함을 느낄 수 있습니다. 이렇게 매력을 빨리 소진하면 상대방이 질릴 가능성도 높아집니다. 따라서 연애 초기에는 적당한 거리를 유지하는 것이 좋습니다. 물론 ADHD인에게 밀당은 쉽지 않습니다. 하지만 불가능한 것은 아닙니다. 충동적인 마음을 다스리고 상대방을 배려하는 노력을 통해 충분히 매력적인 연애를 할 수 있습니다.

먼저, 상대방에게 자신의 감정을 적절하게 표현하는 연습이 필요합니다. 저는 어린 시절 상대방의 감정이나 관계 발전 속도를 고려하지 않고 애정 표현을 쏟아내 상대에게 부담을 주곤 했습니다. 그래서 책이나 기사 등에서 상대방에게 부담을 주지 않으면서도 진솔한 감정을 전달할 수 있는 표현들을 찾아 익혔습니다(저절로 알게 되는 것은 없습니다. 또한 아는 것과 실제로 적용하는 것은 다릅니다).

가능하다면 '메시지보다는 전화로 소통'하는 것이 좋습니다. 처음에는 어색할 수 있지만, 익숙해지면 훨씬 편하게 대화할 수 있습니다. ADHD인은 상대방의 표정이나 몸짓 같은 비언어적인 신호를 파악하기 어렵고, 텍스트만으로는 상대방의 의도나 감정을 오해하기 쉽습니다. 하지만 전화 통화에서는 목소리의 톤, 크기, 말의 속도 등 다양한 정보를 통해 상대방의 감정을 파악할 수 있습니다. 텍스트에만 집착하지 말고, 상대방의 감정 변화에 수목하며 소통하는 연습을 해 보세요.

ADHD인이라고 해서 사랑하지 말고 연애하지 말라는 법은 없습니다. 세상에는 다양한 사람이 있고, 나와 잘 맞는 인연도 분명히 있습니다. 자신의 어려움을 긍정적으로 받아들이고 꾸준히 노력하면, 진정한 사랑을 시작하고 행복한 관계를 이어 갈 수 있습니다.

소개팅 상대에게 호감이 있는데, 외모에 대한 자신감이 부족하다면?

그럴 때 효과적인 전략 중 하나가 바로 '전화 통화'입니다. 연락처를 교환한 후 만날 약속을 정하는 과정에서 자연스럽게 통화를 시도해 보세요. 약속 날짜를 1~2주 뒤로 잡고, 그 사이 이틀에 한 번 정도 통화하며 서로 알아 가는 시간을 갖는 겁니다. 이는 심리학에서 말하는 '초두 효과'를 활용하는 전략입니다. 아무런 정보 없이 만나게 되면 상대방의 외모가 첫인상을 결정짓는 가장 큰 요소가 됩니다. 하지만 그 전에 통화하면서 목소리, 가치관, 관심사 등을 파악하면, 외모가 주는 첫인상의 영향을 줄이고 상대방에 대한 호감도를 높일 수 있습니다.

통화 시에는 상대방의 말에 귀를 기울이고 공통 관심사를 찾아 대화를 이끌어 가는 것이 중요합니다. 예를 들어, 상대방의 프로필이나 소개팅 주선자를 통해 얻은 정보를 바탕으로 "혹시 운동 좋아하세요? 저도 운동을 즐겨 하는데, 요즘 어떤 운동을 주로 하세요?"와 같이 자연스럽게 대화를 시작할 수 있습니다. 상대방의 감정에 공감하며 진솔하게 대화하면 친밀감을 형성하고 호감을 얻는 데 도움이 됩니다.

ADHD인 특유의 유머 감각과 솔직함은 편안한 분위기를 조성하고 신뢰감을 주는 데 큰 강점이 될 수 있습니다. 하지만 너무 긴장하거나 완벽한 대화를 추구하려는 강박은 오히려 역효과를 낼 수 있습니다. 대화 내용 자체보다는 상대방의 감정에 집중하고, 편안하고 즐거운 분위기를 만드는 것이 중요합니다.

특히 여성의 경우 남성의 목소리에 매력을 느끼는 경우가 많습니다. 따라서 차분하고 안정적인 목소리 톤과 말투를 유지하면 더 좋은 인상을 남길 수 있습니다. 한 번 정도는 자신의 목소리를 녹음해서 직접 들어 보세요. 이를 통해 자신의 말투를 점검하고 개선하는 것도 좋은 자세입니다.

첫 만남 전에 하는 통화는 단순히 정보 교환을 넘어 서로에 대한 기대감을 높이는 효과적인 수단이 됩니다. 서로의 목소리와 가치관을 미리 접하면서 상대방에 대한 호기심과 설렘을 키울 수 있습니다. 또한 첫 만남에서 어색함을 덜고 편안하게 대화를 시작할 수 있도록 도와줍니다.

첫 통화 시 상대방에게 통화가 가능한 시간을 미리 물어보는 것이 예의입니다. 또한 지나치게 잦은 연락은 부담감을 줄 수 있으므로 이틀에 한 번 정도로 적절한 빈도를 유지하는 것이 좋습니다. 그러나 전화를 이어 가면서 대화가 잘 통하면 횟수와 시간을 늘려갈 수 있으니 융통성 있게 판단하면 됩니다.

참고로 저는 이 방법으로 아내와 연애를 시작했습니다. 처음엔 누구나 전화 통화가 어색하고 긴장되어서 말도 잘못 나오기 마련입니다. 멋진 모습을 보여 주려고 애쓰기보다는 편안한 마음으로 대화를 즐기세요. 이 과정에서 자연스럽게 친밀감이 쌓이고, 서로를 더 잘 알아 갈 수 있을 겁니다. 메시지보다는 전화 통화가 ADHD인에게 더 효과적인 연애 전략이 될 수 있다는 점, 꼭 기억하세요. 첫술에 배부를 순 없지만, 포기하지 않고 꾸준히 노력하면 분명 좋은 결과가 있을 겁니다.

나는 건강하고 행복한 연애를 할 수 있는 사람이다.

03

ADHD인의 변화 ①: 더 나은 삶을 위한 새로운 길

지백이 대화방의 ADHD인들은 지금보다 더 나은 사람이 되고 싶어 합니다. 바라는 모습은 제각기 다양하겠지만, 그렇게 되기 위해서는 매일 해야 하는 여러 일(복습, 운동, 독서, 설거지, 방 청소 등)을 꾸준히 해 나가야 합니다. 하지만 ADHD인은 주의력 결핍, 충동성, 실행 기능 저하 등의 특성으로 인해 새로운 습관을 만드는 데 어려움을 겪습니다.

예를 들어, 매일 운동하는 습관을 만들려고 하지만 다른 자극에 이끌려 흐지부지될 수 있습니다. 또한 다이어트를 위해 식단 조절을 하려 해도, 스트레스 상황 또는 늦은 밤 야식의 유혹을 못 참고 폭식을 해 버리기 쉽습니다. 심지어 아침에 일찍 일어나기 위해 계획을 세우더라도, 알람을 끄고 다시 잠들거나 다른 일에 휘말려 계획을 실천하지 못하는 경우도 많습니다

이러한 어려움으로 인해 ADHD인들은 하루 이틀 계속해서 일을 미루다가 더는 미룰 수 없는 순간에 이르면 몰아서 대충 해치우고 자신에게 실망하는 악순환을 반복하게 됩니다. 목표를 이루고 다른 모습이 되

기 위해 정기적으로 정신건강의학과에 내원하고 약물 치료를 꾸준히 하지만, 결국 원래 모습으로 돌아가는 것 같아 좌절감, 불안함, 우울함, 초조함 등 부정적인 감정에 휩싸이기도 합니다.

ADHD인들은 자라면서 '의지가 없다'라는 지적을 자주 받아 스스로 의지가 부족하다고 생각하는 경우가 많습니다. 하지만 실제로는 의지가 없는 것이 아니라, ADHD의 주요 증상으로 인해 계획을 실천하고 꾸준히 유지하는 데 어려움을 겪는 것입니다. 머릿속으로는 누구보다 간절하게 변화를 바라지만 몸이 따라 주지 않아 답답함을 느끼는 것입니다. 자신의 의지력을 탓하며 자기 계발서를 찾아 읽고 실천하려 노력하지만, 생각처럼 쉽지 않습니다. 주변 사람들은 모두 순탄하게 목표를 이루는 것처럼 보이고, 이 모든 것이 ADHD 때문이라는 생각에 더욱 괴로워집니다. 자신감과 자존감이 낮아지면서 다음 목표를 향해 나아가는 것이 더욱더 어려워지는 빈곤의 악순환에 빠지기도 합니다. 하지만 일반인들도 계획한 대로 늘 성공하는 것은 아닙니다. 자신을 변화시키는 것은 ADHD 여부와 관계없이 누구에게나 어려운 일입니다.

우리 뇌는 에너지 효율성을 위해 익숙한 행동을 선호하고, 새로운 변화를 시도하는 것을 꺼립니다. 이는 마치 편안한 침대에서 벗어나 운동하러 가기 싫어하는 것처럼 익숙한 행동 패턴에서 벗어나 새로운 습관을 만드는 것을 힘들어하는 것과 같습니다. 뇌는 자주 사용하는 신경망을 강화하고, 잘 사용하지 않는 신경망은 약화시키는 방식으로 에너지를 절약합니다. 따라서 새로운 습관을 만들기 위해서는 뇌의 특정 부분을 반복적으로 사용해 새로운 신경망을 구축해야 합니다. 이는 마치 약한 근육을 단련해 강하게 만드는 것과 같습니다.

사람은 누구나 '되고 싶은 모습'과 '지금 모습' 사이에서 괴리감을 느낍니다. 그리고 지금의 내 모습은 지금까지 내가 했던 선택과 행동이 쌓여 만들어진 결과입니다. 수십 년간 유지해 온 나의 모습을 바꾸는 것은 우리 뇌의 입장에서는 아주 성가신 일입니다. 뇌는 에너지 절약 차원에서 성가신 일을 피하도록 진화되었기 때문에 자신을 바꾸는 것은 쉬운 일이 아닙니다.

뇌에는 수많은 신경 전달 경로가 있습니다. 지금까지 반복했던 행동, 생각 등에 해당하는 경로는 아주 잘 만들어진 도로와 같습니다. 내가 자주 하는 행동일수록 관련된 신경 전달 경로는 깨끗하게 관리된 8차선 고속도로 같은 모습입니다. 내 안의 내비게이션은 자연스럽게 그 길로 나를 안내합니다. 또한 뇌는 고속도로가 생길 정도로 반복적으로 실천한 행동을 '가치 있는 일', '중요한 일'로 인식합니다. 내 인생에 그 일이 도움은커녕 피해만 가져온다고 하더라도 말이지요. (어른이라면 이미 뇌에 수많은 고속도로가 만들어져 있습니다. 그래서 나이가 들수록 살아온 모습을 바꾸기가 더 어렵습니다. 이미 어른이 되어 버린 상황에 좌절하기보다는 지금 이 순간이 앞으로 남은 인생 중 완성된 도로가 가장 적은 상태라는 것을 떠올리세요.)

새로운 습관을 만드는 것은 긍정적인 변화를 위한 첫걸음이며, 뇌가소성을 통해 얼마든지 변화하고 성장할 수 있습니다. 하지만 새로운 습관을 만드는 것은 울창한 숲에 길을 내는 것처럼 쉽지 않은 일입니다. 작은 목표부터 시작해 점진적으로 목표를 확장하고, 성공 경험을 통해 자신감을 얻는 것이 중요합니다. 주변 사람들의 지지를 받고, 필요하다면 전문가의 도움을 받는 것도 좋은 방법입니다. 실패하더라도 좌절하지 않고 주어진 상황을 긍정하는 것이 습관을 성공적으로 만드는 데 가장 중요합니다.

다른 나로 변하기 위해서는 이전의 없던 새로운 생각과 행동을 시작해야 합니다. 그리고 일회성에 그치지 말고 반복해야 습관이 됩니다. 이는 큰 나무와 가시덤불로 가득한 우거진 숲을 가로질러 길을 만드는 과정에 비유할 수 있습니다. 처음에는 무척 불편하고 힘들겠지만, 반복하다 보면 고속도로가 만들어질 겁니다. 따라서 아무 길도 없는 울창한 숲에 작은 오솔길을 만드는 것이 우리의 첫 번째 목표이며, 이는 누구에게나 매우 녹록지 않습니다.

새로운 습관을 만드는 것은 어렵지만, 반대로 끊고 싶은 버릇, 해로운 중독, 나쁜 루틴은 이미 만들어진 고속도로와 같습니다. 조금만 방심해도 자동적으로 익숙한 길로 가게 됩니다. 위기가 올 때마다 현명하게 대처해 이 길을 방치한다면 어떻게 될까요? 관리하지 않는 시간이 길어질수록 도로는 낡고 잡초가 무성해질 겁니다. 점점 우리 머릿속에서 잊히는 것이지요. 그러나 한 번 생긴 도로는 완전히 사라지지 않습니다. 한 번 만들어진 길은 쉽게 잊히지 않으며, 언제든 다시 그 길로 빠질 위험이 있습니다. 잊힌 길이라 해도 몇 번만 다시 다니면, 보수가 완료된 깨끗한 길이 되어 버리고 맙니다.

따라서 '예전엔 그거(쇼핑, 게임, 알코올, 주식, 도박 등) 하면서 시간과 돈을 많이 낭비했지만 지금은 완전히 달라졌어'라는 생각과 말을 함부로 하지 마세요. 방심하지 말고 꾸준히 경계해야 합니다. 지금 당장 아무 도로도 없는 신생아로 돌아갈 수는 없지만, 이제부터라도 뇌 안에 새로운 도로 공사를 신중하게 설계해야 합니다. 충동성과 호기심에 이끌려 시작한 행동이 오솔길이 되고, 1차선, 2차선, 4차선, 8차선으로 발전하는 것은 순식간입니다. 특히 약물 중독과 같이 강렬한 자극은 단 한 번의 경험만으로도 1,000차선 도로 같은 비정상적인 도로가 만들어질 수 있습니다. 이는 절대로 있어서는 안 되는 일입니다.

깨끗하게 포장된 익숙한 길로 빠져들고 싶은 유혹이 찾아오거나, 울퉁불퉁하고 험난한 새로운 길 앞에서 망설여질 때는 뇌 속의 지도를 떠올려 보세요. 변화된 삶을 향해 뻗어 나갈 탄탄대로를 상상하며 용기와 의지를 북돋아 보세요. 생생하게 그려질수록 더 현명한 선택을 할 수 있을 것입니다.

> 나는 새로운 습관을 만들고,
> 긍정적인 변화를 이끌어 내는 사람이다.

04

ADHD인의 변화 ②: 핵심 전략, 마음챙김과 자동 조종

앞으로 이야기할 내용은 모두 '초록이'와 '하양이'에서 다루고 있습니다. 내용이 기억나지 않더라도 이 책을 끝까지 읽은 후, 다시 초록이와 하양이를 참고하는 것이 좋습니다. 이해되지 않더라도 꾹 참고 끝까지 읽어 보세요. 그런 다음 초록이와 하양이를 다시 읽으면 더 깊이 이해할 수 있을 것입니다. 이해가 안 된다고 당장 확인하고 싶은 충동에 휩쓸려 책을 덮는 습관은 주의력을 분산시키고 시간을 낭비하게 만듭니다.

마음챙김과 자동 조종

"마찬가지로 많은 ADHD 증상도 자동적으로 일어난다. 예를 들면 자신도 모르게 다른 이의 말을 가로막거나, 마치 무릎 반사처럼 반사적으로 어떤 일에 동의하고, 충동적으로 행동하거나, 시간의 흐름을 잊어버리고, 정서적으로 반복해서 과잉 반응을 할 것이다."

이는 지백이 1권에서 소개한 ADHD 필독서 시리즈 중 『ADHD를 위한 마음챙김 처방』(이하 하양이)의 5쪽에 있는 말입니다. 우리가 바라는 모습에서 멀어지거나 주변으로부터 부정적인 피드백을 받는 등 곤경에 처하는 이유는 대부분 ADHD 성향과 관련이 있습니다. 이러한 일련의 과정은 부지불식간에 진행되어 문제가 발생하고 있음에도 스스로 인지하지 못하는 경우가 많습니다. 돌이킬 수 없는 상황에 이르러서야 뒤늦게 깨닫게 됩니다. (깨달음을 얻고 개선하면 좋겠지만, 쉽게 잊고 똑같은 실수를 반복하는 경우가 많습니다. 이는 ADHD인에게서 더 두드러지는 경향입니다. 따라서 ADHD 진단을 받았다면 이 장의 내용을 꼭 기억해야 합니다.) 이처럼 우리가 의식하지 않고 진행하는 생각과 행동을 '자동 조종auto pilot'이라고 합니다.

마음챙김 훈련은 자동 조종 상태를 인지하고 의식적으로 생각하고 행동하는 연습을 통해 ADHD 증상을 개선하고 긍정적인 습관을 형성하는 데 도움을 줍니다. 약물 치료와 더불어 마음챙김을 생활 속에서 꾸준히 실천하면, 자동 조종에 끌려다니는 수동적인 삶에서 벗어나 스스로 삶을 주도적으로 이끌어 나갈 수 있습니다.

저는 개인적으로 'TickTick'이라는 앱의 습관 추적 기능을 활용합니다. 매시간 정각마다 마음챙김 명상 알림을 설정해 두고, 알림이 울릴 때마다 잠시 멈추어 현재 하고 있는 일에 집중합니다. 설거지를 할 때는 그릇과 물의 촉감에, 길을 걸을 때는 발바닥이 땅에 닿는 느낌에 주의를 기울입니다. 가족과 대화할 때는 상대방의 말에 온전히 집중하고자 노력하고, 특별한 일을 하지 않을 때는 '코끝 호흡 알아차림'과 같은 기본적인 마음챙김 명상을 합니다.

꼭 앱을 사용하지 않더라도, 포스트잇이나 알람 등 다양한 방법을 활용해 하루 중 마음챙김 훈련을 자주 떠올릴 수 있도록 자신만의 방법을 찾아보세요.

자동 조종과 반대되는 개념인 마음챙김은 현재 순간에 집중하고, 생각과 감정을 있는 그대로 받아들이는 것을 의미합니다. 마음챙김 명상은 지금 이 순간 나의 마음(생각)에 주의를 기울이는 연습입니다. 먼저 주의를 '여기 & 지금'에 두는 연습이 필요합니다. 처음에는 외부 자극(소리, 냄새 등)이나 내부 자극(과거의 실수, 미래에 대한 불안)으로 인해 주의가 쉽게 흐트러질 수 있습니다. 그럴 때는 다시 '여기 & 지금'으로 주의를 되돌리는 것이 중요합니다.

주의가 흐트러질 때마다 '여기 & 지금'으로 돌아오는 연습을 반복하는 것이 마음챙김 훈련의 핵심입니다. 우리의 마음은 잘 닦인 고속도로 위를 달리는 자동차와 같아서 익숙한 생각일수록 쉽게 그 길로 빠져듭니다. 이러한 자동적인 사고 과정은 인지하기 어렵지만, 마음챙김 연습을 통해 자신의 생각이 어디로 향하는지 알아차릴 수 있습니다. 이렇게 자동 조종 상태를 인지해야만 그 흐름에서 벗어나 의식적으로 선택할 수 있습니다. 마음챙김 명상은 아래 세 단계를 반복하는 것이 핵심입니다.

첫째, '지금 여기'에 집중합니다.
둘째, 외부 자극이나 내부 자극에 주의가 뺏기는 순간을 알아차립니다.
셋째, 다시 '지금 여기'로 부드럽게 주의를 가져옵니다.

자동 조종과 마음챙김은 각각 장단점을 지닌 서로 다른 상태이며, 어느 하나가 절대적으로 좋거나 나쁜 것은 아닙니다. 마음챙김은 현재 순간에 집중하고 판단 없이 있는 그대로를 받아들이는 반면, 자동 조종은 익숙한 사고와 습관에 따라 무의식적으로 행동하는 상태입니다. 우리 삶에는 이 두 가지 방식이 모두 필요합니다. 중요한 것은 마음챙김과 자동 조종이 필요한 순간을 구분하고, 상황에 맞게 적절한 방식을 선택하는 것입니다. 〈표 2〉는 마음챙김과 자동 조종의 특징을 비교한 것입니다.

〈표 2〉 마음챙김과 자동 조종의 특징 비교

	마음챙김	자동 조종
나의 의식	높은 수준	낮은 수준
주의 상태	여기 & 지금	그 외
판단 유무	판단하지 않고 수용함	판단하고 있음
선택 방식	의식적으로 선택함	습관에 의한 무의식적인 선택
반응 형태	맥락에 맞게 유연하고 적절함	융통성이 없으며 반복적
장점	감정 조절 기능 상승, 자기 인지 기능 상승, 스트레스 감소	효율성 높음, 시간 절약
단점	꾸준한 노력과 많은 연습이 필요함	자신의 잘못된 선택에 대한 인지가 어려움 등

마음챙김 상태에서는 자신의 감정을 알아차리고 조절하며, 자기 인식을 높일 수 있습니다. 중요한 결정, 새로운 정보 습득, 대인관계 등 다양한 상황에서 도움이 됩니다. 반면 자동 조종은 일상적인 업무나 습관적인 행동을 효율적으로 처리하는 데 유용하며, 시간과 에너지를 절약하게 해 줍니다. 따라서 상황에 따라 마음챙김과 자동 조종 상태를 유연하게 전환하는 것이 중요합니다. 일상적인 업무는 자동 조종으로 처리하고, 중요한 결정이나 새로운 상황에 직면했을 때는 마음챙김 상태로 전환해 능동적으로 대처해야 합니다.

마음챙김과 자동 조종 상태 사이를 자유롭게 오가려면 꾸준한 마음챙김 연습이 필요합니다. 하양이에는 다양한 마음챙김 훈련 방법이 자세하게 소개되어 있습니다. 이를 참고해 꾸준히 연습하면 의식적인 능력을 향상시키고, 자신이 언제 자동 조종 상태에 빠지는지 쉽게 알아차리게 될 것입니다.

마음챙김보다 자동 조종이 필요한 순간

(1) 습관적인 행동

마트에서 장을 본 후 집에 돌아와 물건을 정리하는 상황을 떠올려 봅시다. 과일, 냉동만두, 채소, 고기, 과자, 우유 등 다양한 물건을 각각의 보관 방법에 따라 정리해야 합니다. 처음에는 실온 보관, 냉동 보관, 냉장 보관, 위생, 냄새, 유통기한 등 여러 가지를 고려하며 신중하게 정리할 것입니다.

하지만 매번 장을 볼 때마다 이렇게 생각하며 정리한다면 시간이 너무 오래 걸릴 것입니다. 장 보는 물건들은 대부분 비슷하기 때문에 곧 자동적으로 물건을 정리하게 됩니다. 식사 메뉴나 해야 할 일을 생각하면서도 빠르게 정리하게 되는 것이죠. 이처럼 출근 전 옷을 입거나 양치질하는 것처럼 자주 반복하는 일상적인 행동은 자동 조종을 통해 효율적으로 처리할 수 있습니다.

(2) 위기 상황 대응

건물에 불이 났을 때처럼 위급한 상황에서는 어떻게 해야 할까요? 이때는 자동 조종을 통해 빠르게 대응해야 합니다. 소화기 위치와 사용법, 대피 경로 등을 미리 숙지하고 훈련해 몸에 익혀 두어야 합니다. 만약 화재 상황에서 마음챙김을 통해 모든 것을 의식적으로 판단하고 행동하려 하면 시간이 지체되어 큰 위험에 빠질 수 있습니다.

(3) 숙련된 행동
운전, 운동, 시험 문제 풀이 등 숙련된 행동이 필요한 경우에도 자동 조종이 필요합니다. 예를 들어, 많은 문제를 풀어야 하는 시험에서는 익숙한 유형의 문제를 자동적으로 풀어야 시간을 절약하고 실수를 줄일 수 있습니다. 마찬가지로 종합병원 채혈실의 간호사는 기계적이고 숙련된 채혈 기술로 많은 환자를 효율적으로 처리할 수 있습니다. 만약 모든 과정을 마음챙김으로 진행한다면, 대기 시간이 길어져 환자들이 불편을 겪을 수 있습니다.

이처럼 자동 조종은 우리 삶의 다양한 영역에서 효율성을 높이고 시간과 에너지를 절약하는 데 중요한 역할을 합니다.

마음챙김이 필요한 순간: 자동 조종을 멈추고 현재에 집중해야 할 때

(1) 중요한 결정의 순간
주식, 부동산, 사업 투자, 결혼, 유학 등 인생의 중대한 결정을 내릴 때는 신중하게 판단해야 합니다. 하지만 ADHD인은 충동성으로 인해 성급하게 결정하는 경우가 많습니다. 때로는 검증되지 않은 정보나 타인의 의견에 휩쓸려 선택의 폭을 좁히기도 합니다. 중요한 결정을 앞두고 자동적인 사고방식이나 선입견에 휘둘리지 않도록 주의해야 합니다. 시간을 충분히 갖고 다양한 정보를 수집하고 객관적인 시각으로 상황을 분석해 신중하게 결정하는 것이 중요합니다.

(2) 공부 및 업무 활동

공부나 업무를 할 때는 정해진 시간 안에 계획한 일을 완수해야 합니다. 하지만 ADHD인들은 한 가지 일에 집중하기 어려워 딴짓에 빠지기 쉽습니다. 특히 정치, 경제, 사회 이슈, 취미 생활, 친구 등 다양한 관심사로 인해 유튜브, 커뮤니티, SNS 등을 확인하고 싶은 충동이 생길 수 있습니다. 이러한 자동 조종 상태는 집중력을 떨어뜨리고 업무 효율을 저하시키는 주요 원인이 됩니다. 스마트폰 알림을 확인하는 순간 흐름이 끊기고, 다른 생각에 빠져 계획한 시간 안에 일을 마치지 못하게 될 수 있습니다.

저 역시 공부 중에 갑자기 자전거 신제품 출시 소식이 궁금해져 '잠깐만 보고 다시 공부해야지'라는 생각으로 스마트폰을 집어 들 때가 있습니다. 하지만 대부분 5분이 10분, 30분으로 늘어나 후회하기 일쑤입니다. 가끔은 정말 5분 만에 스마트폰을 내려놓고 공부로 돌아가기도 하지만, 머릿속에는 이미 새 자전거를 타고 멋진 풍경을 달리는 상상이 가득해 집중하기 어렵습니다.

(3) 스트레스 관리

많은 ADHD인이 시험이나 중요한 일정을 앞두고 스트레스를 받으면 오히려 딴짓에 빠지는 경험을 합니다. 이는 ADHD인에게 매우 흔한 현상입니다. 스트레스가 커질수록 과거의 실패 경험이나 미래에 대한 불안감이 증폭되고, 이를 견디지 못해 회피하려는 행동으로 이어지기 때문입니다. 이러한 악순환에 빠지지 않으려면 평소 마음챙김 훈련을 통해 자신의 감정을 알아차리고, 부정적인 감정을 건강하게 해소하는 방법을 익히는 것이 중요합니다.

(4) 대인관계 활동

대화 중 상대방의 말을 놓치고 되묻거나 흐름에 맞지 않는 말을 하는 것, 고민을 털어놓는 상대방의 감정에 공감하기보다 시시비비를 가리려는 태도 등은 대인관계를 어렵게 만듭니다. 특히 ADHD인들은 외부 자극에 민감하고 충동적인 성향으로 인해 이러한 실수를 저지르기 쉽습니다. 스마트폰 알림이 울리면 즉시 확인하고 싶은 충동이 들어 바로 확인하거나, 갑자기 떠오른 생각을 참지 못하고 상대방의 말을 끊고 쏟아내는 등의 모습은 상대방에게 좋은 인상을 주기 어렵습니다.

이처럼 마음챙김이 필요한 순간에 자동 조종 상태에 빠지면 중요한 결정을 그르치거나, 업무 효율을 떨어뜨리거나, 스트레스를 가중시키거나, 대인관계를 악화시키는 등 부정적인 결과를 초래할 수 있습니다. 따라서 ADHD인들은 마음챙김 훈련을 통해 자동 조종 상태를 인지하고, 의식적으로 생각하고 행동하는 연습을 해야 합니다.

마음챙김과 자동 조종을 활용해 좋은 습관 만들기

"스트레칭할 때 무슨 생각 하세요?"
"무슨 생각을 해…. 그냥 하는 거지."

김연아 전 피겨스케이팅 국가대표 선수가 과거 인터뷰에서 했던 말입니다. 이 말은 15년이 지난 지금까지도 많은 사람에게 동기 부여를 주는 명언으로 회자되고 있습니다. 지백이 대화방에도 가끔 이 명언 이미지가 업로드되곤 합니다. 하지만 여기서 주의해야 할 점이 있습니다. 김연아 선수에게 '아무 생각 없이 그냥 하는 스트레칭'은 이미 오랜 시간 마음챙김 훈련을 통해 숙련된 습관, 즉 자동 조종 상태일 수 있다는 것입니다.

자동 조종은 이미 형성된 습관을 유지하는 데 필요한 개념입니다. 아무 생각 없이 특정 행위를 반복적으로 수행하는 데 효율적입니다. 자동 조종을 통해 좋은 습관을 지속하는 것은 분명 우리가 추구해야 할 모습이며, 이는 긍정적인 결과를 가져올 수 있습니다.

하지만 습관을 만드는 과정에서 구체적인 이유와 목표가 무엇인지, 그것을 할 때 내 기분과 감정은 어떤지 등에 관한 생각이 불필요한 것은 아닙니다. 이러한 질문은 습관 형성의 동기를 부여하고, 꾸준히 실천할 수 있도록 돕는 중요한 역할을 합니다. 자동 조종은 단지 습관이 형성된 후의 결과일 뿐이며, 그 이전의 과정 또한 중요하게 인식해야 합니다.

마음챙김, 새로운 습관을 위한 디딤돌

습관을 유지하는 데는 자동 조종이 효과적이지만, 습관을 형성하는 데는 마음챙김이 필수적입니다. 특히 ADHD인들이 좋은 습관을 만드는 과정에서 마음챙김 연습은 더더욱 중요합니다. 좋은 습관은 대개 지루하고 힘들기 때문에 ADHD인들은 즉각적인 만족감을 주는 다른 자극에 쉽게 끌릴 수 있습니다. 삶을 이롭게 만드는 유익한 습관일수록 형성하는 데 더 오래 걸리며 지루함을 견뎌야 한다는 점을 기억해야 합니다.

ADHD인들은 지루함을 견디는 힘이 부족하기 때문에 새로운 습관을 만들지 않아도 되는 핑계를 만들어 스스로 합리화하기도 합니다. "매일 운동해야 습관이 된다는데, 매일 하려니 너무 힘들어. 안 하던 운동을 매일 하는 건 건강에 해롭다는 말도 있었던 것 같고…. 지난주에 열심히 했으니 이번 주는 쉬어야겠어." "매일 계획표를 쓰는 게 꼭 필요할까? 계획을 지키지 못하는 날이 더 많은데…. 전문가들이 계획표를 강조하지만 나한테는 안 맞는 것 같아." 이러한 합리화는 습관 형성을 방해하고, 결국에는 자책과 좌절감으로 이어질 수 있습니다.

습관 형성 단계에서 마음챙김: 새로운 길을 만들 때 필요한 나침반

앞서 새로운 습관을 만드는 과정을 낯선 숲길을 개척하는 과정에 비유했습니다. 숲을 넘어가야 하는 상황을 생각해 봅시다. 벌레, 풀, 야생동물이 가득하고 길도 없는 울창한 숲을 가로질러 가는 일은 녹록지 않을 겁니다. 새로운 목적지를 향해 가려면 왜 그곳으로 가야 하는지, 왜 새로운 길을 만들어야 하는지에 대한 명확한 이유, 즉 동기가 필요합니다. 새로운 습관을 만들 때도 마찬가지입니다.

(1) 뚜렷한 목표와 의식적인 노력

막연히 '더 나은 사람이 되고 싶다'라는 생각만으로는 충분하지 않습니다. 왜 이 습관을 만들어야 하는지, 어떤 변화를 위해 이 습관이 꼭 필요한지 구체적인 이유와 명확한 목표를 설정해야 합니다. 마음챙김을 통해 이러한 의도를 의식적으로 되새기는 과정은 습관 형성의 강력한 동기가 되어 포기하고 싶을 때마다 다시 일어서는 원동력이 됩니다. 마음챙김을 통해 새로운 습관을 의식적으로 실천하고, 성공했을 때의 긍정적인 감정에 집중해 보세요. 성공 경험이 쌓일수록 긍정적인 감정이 강화되어 습관 형성에 도움이 됩니다.

(2) 주의 깊은 첫걸음

길도 없는 울창한 숲을 지나갈 때 익숙한 길을 걷듯 방심하면 어떻게 될까요? 야생동물의 공격을 받거나 발을 헛디뎌 다칠 수도 있습니다.

습관 형성의 초기 단계는 전체 과정 중 가장 중요합니다. 처음에 습관을 올바르게 만들어야 나중에도 효율적이고 지속 가능한 습관이 됩니다. 지루하고 귀찮다는 이유로 성급하게 다음 단계로 넘어가면 습관이 잘못 형성되어 오히려 부정적인 결과를 초래할 수 있습니다.

예를 들어 새로운 운동 습관을 만들 때, 처음에는 바른 자세와 호흡에 집중하며 마음챙김으로 운동하는 것이 중요합니다. 이는 운동 효과를 높이고 부상을 예방하는 데 도움이 됩니다. 만약 잘못된 자세로 운동하다가 운동 습관이 잘못 만들어지면, 시간이 흐를수록 몸에 무리가 가고 부상으로 이어질 수 있습니다.

(3) 마음챙김으로 부정적인 감정 다스리기

새로운 목표를 향해 나아가는 과정은 늘 순탄하지만은 않습니다. '과연 목표를 달성할 수 있을까?' 하는 불안함, 익숙하지 않은 것에 대한 불편함, 과거의 실패 경험 등이 우리를 괴롭히며 좌절감을 안겨 줍니다. 이러한 부정적인 감정에 휩싸이면 현재에 집중하기 어려워지고, 결국 습관 형성을 포기하게 될 수도 있습니다. 따라서 새로운 습관을 실천하는 과정에서 생기는 부정적인 감정과 생각에 마음챙김으로 대처해야 합니다. 떠오르는 생각을 판단하거나 부정하지 않고, 있는 그대로 받아들이세요.

예를 들어 '나는 왜 이렇게 의지가 약할까?'라는 생각이 든다면, 그 생각을 억누르려 하지 말고 '지금 내가 자책하고 있구나'라고 자신의 감정을 인지하고 인정하는 것이 중요합니다.

(4) 스트레스 관리의 중요성

새로운 것을 배우고 익숙하지 않은 환경에 적응하는 과정은 누구에게

나 스트레스를 유발합니다. 특히 ADHD인들은 스트레스에 취약하기 때문에 새로운 습관을 만드는 과정에서 더 큰 어려움을 느낄 수 있습니다. 하지만 주변 사람들은 우리의 노력을 이해하지 못하고 '왜 저렇게 힘들어하지?'라고 생각할 수 있습니다. 이러한 시선과 평가는 습관 형성 과정에서 오는 스트레스를 가중시키고 좌절감을 안겨 줍니다.
따라서 내면에서 스트레스와 부정적인 감정을 알아차릴 때마다 마음챙김을 실천해 스트레스를 줄이고 긍정적인 에너지를 얻는 것이 중요합니다. 마음챙김을 통해 자기 연민을 기르고 부정적인 감정을 긍정적인 정서로 전환할 수 있습니다.

습관 유지 단계에서 자동 조종: 긍정적인 습관을 지속하는 힘

처음에는 마음챙김을 통해 의식적으로 노력해야 하지만, 반복할수록 습관은 점차 자동화된 과정, 즉 자동 조종 상태로 넘어갑니다. 습관을 성공적으로 실천할 때마다 느끼는 뿌듯함과 성취감에 마음챙김으로 집중한다면, 긍정적인 감정이 강화되어 습관을 지속하는 데 도움이 됩니다.

지백이 대화방의 많은 ADHD인이 '보상 시스템'을 알고 있습니다. 하기 싫은 일을 완료한 후 자신에게 보상을 주는 방법입니다. 간단한 간식, 유튜브 시청, SNS 확인 등이 주로 활용됩니다. 하지만 안타깝게도 이 보상 시스템을 효과적으로 활용하는 ADHD인은 많지 않습니다. 저 역시 다양하게 시도해 봤지만, 보상에 대한 기대로 인해 오히려 보상을 미리 즐기고 해야 할 일을 미루는 경우가 많았습니다.

보상이 있다는 것을 알면서도 일을 시작하기 어렵고 미루는 경향이 있다면, 시작의 문턱을 낮추는 것이 중요합니다. 습관을 실천하는 과정 자체를 즐겁게 만들 수 없더라도, 덜 지루하게 만들 방법을 찾아보세요. 예를 들면, 좋아하는 음악을 들으며 운동하거나, 흥미로운 책을 읽으면서 공부하는 등의 방법을 시도해 볼 수 있습니다. 새로운 습관이 덜 지루하게 느껴지면 시작에 대한 부담감과 실행 과정에서 발생하는 스트레스를 줄일 수 있으며, 더 쉽게 자동 조종 상태로 전환될 수 있습니다.

[예시 1] 빨래 정리와 드라마 시청의 조합

퇴근 후 빨래는 세탁기 돌리는 것이 전부였던 현명 씨. 육아에 지친 아내가 현명 씨에게 빨래를 개어 수납장에 정리해 달라고 부탁했습니다. 하지만 회사 일에 지친 현명 씨는 드라마를 보며 잠깐 쉬었다가 하려고 했습니다. 그러나 드라마를 보다가 다음 날로 미루었고, 결국 빨래가 산더미처럼 소파에 쌓여 갔습니다. 매일 아침 옷을 찾느라 허둥대는 현명 씨를 보며 아내는 아이디어를 냈습니다. 태블릿으로 드라마를 보면서 빨래를 개는 것입니다. 좋아하는 드라마를 보는 즐거움 덕분에 현명 씨는 빨래 정리를 미루지 않고 즐겁게 해내게 되었습니다.

[예시 2] 예능과 음악으로 즐거워진 운동

건강검진 결과에 충격을 받은 꺼벙 씨는 운동을 하기로 결심했지만, 고된 운동은 금세 포기하고 폭식으로 스트레스를 푸는 악순환을 반복했습니다. 이를 안타깝게 여긴 친구 현명 씨는 운동에 대한 부담을 줄여 주기 위해 꺼벙 씨가 좋아하는 예능을 보면서 실내 운동을 하거나, 신나는 음악을 들으며 야외에서 걷는 것을 제안했습니다. 꺼벙 씨는 예능과 음악이 주는 즐거움을 운동의 동기로 삼아 결국 매일 러닝하는 습관을 만들 수 있었습니다. (단, 운동에 대한 동기 부여로 음악을 활용하려면, 운동 시간 외에는 예능 시청과 신나는 음악 듣기를 삼가는 것이 좋습니다.)

[예시 3] 기계식 키보드로 한층 더 즐거워진 글쓰기

강우 씨는 ADHD인들에게 도움이 되는 책을 출간하기로 결심했습니다. 하지만 평소 글쓰기에 익숙하지 않았던 강우 씨에게 매일 글을 쓰는 것은 쉽지 않은 일이었습니다. 노트북 앞에 앉으면 딴짓을 하느라 시간을 허비하고 자책하기를 반복했습니다. ADHD인들이 글쓰기에 어려움을 겪는 이유를 분석한 연구 결과를 떠올리며 집필을 포기할까 고민하기도 했습니다. 하지만 자신의 책을 통해 긍정적인 변화를 경험할 독자들을 생각하며 다시 마음을 다잡았습니다. 강우 씨는 글쓰기를 좀 더 즐겁게 만들 방법을 고민하다가 기계식 키보드를 떠올렸습니다. 타자를 치는 재미와 새로운 키보드를 바꿔 가며 사용하는 즐거움 덕분에 글쓰기를 꾸준히 이어 갈 수 있었고, 결국 출간이라는 성과를 이루었습니다.

도구는 목적이 아닌 수단

혹시 이 글을 읽고 '나도 기계식 키보드를 사야겠다'라고 생각하는 ADHD인 학생이 있을지도 모르겠습니다. 기계식 키보드를 사용하면 지루한 과제를 쉽게 끝내고, 수업 내용을 효율적으로 정리해 시험에 대비할 수 있을 것 같은 기대감이 들 수도 있습니다. 하지만 ADHD인들은 새로운 도구에 대한 관심이 지나쳐서 정작 해야 할 일을 잊어버리고 도구 자체에 몰두하는 경우가 많습니다. 기계식 키보드를 고르고 비교하는 과정에서 즐거움을 느끼지만, 정작 공부에는 집중하지 못하는 상황이 발생할 수 있습니다.

이러한 현상은 기계식 키보드뿐 아니라 다른 도구나 방법에도 적용됩니다. ADHD인들은 새로운 것에 대한 호기심과 흥미가 높기 때문에 도구나 방법 자체에 매료되어 정작 중요한 목표를 잊어버리는 경우가 종종 있습니다. 따라서 다음 두 가지를 꼭 기억해야 합니다.

- **주객전도 경계하기:** 목표를 잊지 마세요. 도구나 방법은 목표 달성을 위한 수단일 뿐 목표 자체가 되어서는 안 됩니다. 예를 들어, 기계식 키보드는 학습 효율을 높이기 위한 도구일 뿐입니다. 만약 키보드 구매나 사용에 지나치게 시간을 쏟아 학습에 방해가 된다면, 과감히 사용을 중단하고 다른 방법을 찾아야 합니다.
- **도구의 올바른 활용:** 도구는 긍정적인 습관을 만들고 유지하는 데 도움을 주는 수단으로 활용해야 합니다. 예를 들어, 기계식 키보드는 글쓰기 습관을 만드는 데 도움이 될 수 있지만, 게임이나 딴짓에 사용하면 오히려 집중력을 떨어뜨리고 시간을 낭비하게 될 수 있습니다.

목표와 수단을 명확하게 구분하고, 도구를 올바르게 활용하는 것이 중요합니다. 그렇지 않으면 시간과 에너지를 낭비하고, 어렵게 얻은 기회를 놓칠 수 있습니다. 처음 계획대로 도구를 활용해 좋은 결과를 얻는다면 '투자'가 되겠지만, 그렇지 못하면 단순한 '낭비'에 그칠 수 있습니다.

좋은 습관을 만들고 싶다면, 습관을 실천할 장소의 환경을 조성하는 것이 중요합니다. 습관 형성을 방해하는 요소들을 미리 제거하고, 실천하기 쉬운 환경을 만들어야 합니다. ADHD인에게 습관 형성을 방해하는 요소, 즉 '방해 트리거'에는 스마트폰, 게임기, 노트북처럼 누구에게나 방해 요소로 인식되는 것들이 있습니다. 또한 책, 운동기구, 자전거처럼 긍정적인 이미지를 가진 물건도 당장 해야 하는 일을 미루게 만든다면 방해 트리거가 될 수 있습니다. 그 외에 친구의 연락, 층간 소음, 가족의 외출 제안처럼 눈에 보이지 않는 요소들도 방해 트리거가 될 수 있습니다.

중요한 것은 자신에게 어떤 요소가 습관 형성을 방해하는지 파악하는 것입니다. 방해 요소가 무엇인지 알아야 이를 제거하거나, 제거가 어려울 경우 미리 대응 전략을 세울 수 있습니다. 예를 들어, 스마트폰이 방해 요소라면 잠시 꺼두거나 다른 공간에 두는 것이 좋습니다. 만약 혼자 있는 것이 딴짓으로 이어진다면, 도서관이나 스터디 카페처럼 집중하기 좋은 환경으로 이동하는 것도 방법입니다. 트리거에 대해서는 다음 내용에서 더 자세히 알아보겠습니다.

습관 형성과 제거에 '트리거' 활용하기
: 자동 조종을 내 편으로 만들기

지백이 1권에서 술을 끊고 싶은 사람에게 '집에 술을 두지 말 것', '술친구를 멀리할 것'을 권했습니다. 집에 있는 술을 두는 것과 술친구의 연락이 술을 마시는 습관으로 이어지게 되는 트리거로 작용하기 때문입니다. 이처럼 트리거는 특정한 환경, 감정, 행동에 의해 습관을 촉발하는 요소입니다. 자동 조종을 불러일으키는 방아쇠 역할을 하는 것이죠. 이 방아쇠를 잘 활용하면 좋은 습관을 만들고 유지하는 데 도움이 됩니다. 위에서 다룬 예시를 통해 좀 더 자세히 알아보겠습니다.

도움 트리거 설정

(1) 습관 실행을 돕는 환경 만들기

습관을 실천하기 쉬운 환경을 구체적으로 조성하면 큰 도움이 됩니다. 예를 들어, 매일 일기 쓰는 습관을 만들고 싶다면, 좋아하는 디자인의 다이어리와 필기구를 준비하세요. 회사 책상이나 집 책상처럼 눈에 잘 보이면서 손이 쉽게 닿는 곳에 따로 자리를 마련해 두는 것이 좋습니다.

(2) 긍정적인 감정 연결

습관 실행 전에 긍정적인 감정을 불러일으키는 방법을 찾아보세요. 운동을 시작하는 것이 힘들다면, 운동할 때마다 신나는 음악을 들어 보세요. '건강한 몸에 건강한 정신이 깃든다'와 같은 명언을 떠올리는 것도 좋은 방법입니다.

(3) 규칙과 알람 설정

습관을 언제 어디서 실천할지 구체적인 규칙을 정하고, 알람을 설정해 잊지 않게 하는 것이 좋습니다. 모닝콜 알람처럼 익숙한 알람보다는 새로운 소리를 알람으로 이용해 보세요. 새로운 알람을 사용하면 습관과 알람 소리를 연결해 더 쉽게 실행할 수 있습니다(파블로프의 개 실험을 떠올려 보세요).

방해 트리거 제거

(1) 방해 요소 제거

습관 실행을 방해하는 요소는 눈에 보이지 않는 곳에 치워 두세요. 예를 들어, 저녁에 야식을 먹는 습관을 고치고 싶다면 배달 앱을 삭제하거나 스마트폰을 잠시 꺼두는 것이 좋습니다.

(2) 실행 장소 변경

방해 요소를 제거하기 어렵다면, 습관을 실천할 장소를 바꿔 보세요. 가령 집에서 공부하려고 마음먹을 때마다 침대에서 폰과 함께 뒹굴며 시간을 보내거나 잠을 자게 된다면, 거실에서 공부하는 방법도 있습니다. 그러나 거실에서 자꾸 방으로 들어가 침대에 눕는다면, 도서관이나 스터디 카페를 이용하는 것이 좋습니다. 집 밖으로 나가세요.

트리거에 대한 마인드셋

(1) 트리거 설정

트리거는 개인에 따라 다르게 작용할 수 있습니다. 흔히 '좋은 것'으로 인식되는 독서나 운동을 유발하는 트리거가 때에 따라서는 방해 트리거로 작용합니다. 자신에게 맞는 트리거를 설정하는 것이 중요합니다.

(2) 점진적인 변화

처음부터 완벽하게 습관을 만들 수는 없습니다. '어제보다 나은 오늘, 오늘보다 나은 내일'을 목표로 점진적인 변화를 추구하고, 실패하더라도 좌절하지 않고 다시 시작하는 것이 중요합니다.

(3) 주의력 유지

시간이 지나면서 도움 트리거가 방해 트리거로 작용할 수도 있습니다. 따라서 습관을 실천할 때는 항상 목표를 잊지 말고, 도구나 방법에 지나치게 의존하지 않도록 주의해야 합니다.

자만은 금물

"그러나 한 번 생긴 도로는 완전히 사라지지 않습니다. 한 번 만들어진 길은 쉽게 잊히지 않으며, 언제든 다시 그 길로 빠질 위험이 있습니다. 잊힌 길이라 해도 몇 번만 다시 다니면, 보수가 완료된 깨끗한 길이 되어 버리고 맙니다. 따라서 '예전엔 그거(쇼핑, 게임, 알코올, 주식, 도박 등) 하면서 시간과 돈을 많이 낭비했지만 지금은 완전히 달라졌어'라는 생각과 말을 함부로 하지 마세요. 방심하지 말고 꾸준히 경계해야 합니다."

앞에서 했던 말인데 중요하기에 한 번 더 강조합니다. 한 번 만들어진 나쁜 습관은 쉽게 잊히지 않고 언제든 다시 나타날 수 있습니다. '예전에는 그랬지만 지금은 완전히 달라졌어'라는 생각은 자만심일 뿐입니다. 방심하지 말고 꾸준히 경계하며, 새로운 습관을 유지하기 위해 노력해야 합니다.

[예시]

꺼벙 씨는 공부와 업무의 효율을 높일 목적으로 기계식 키보드를 구매했습니다. 그런데 집이 너무 편하다 보니 기계식 키보드로 과제나 업무를 하기보다는 주로 게임을 하거나 키보드 커뮤니티 활동을 하며 시간을 허비했습니다. 기계식 키보드를 보면 즐거운 기분이 들고 게임하고 싶은 마음이 앞섰던 꺼벙 씨에게 기계식 키보드는 이제 도움 트리거가 아닌 방해 트리거로 작용하는 것입니다. 이를 방지하기 위해서는 기계식 키보드를 집이 아닌 도서관, 스터디 카페 등 집중하기 좋은 환경에서만 사용해야 합니다. 이렇게 한다면, 꺼벙 씨는 처음 의도대로 키보드를 도움 트리거로 사용할 확률이 높아집니다.

- 스스로 규칙을 정할 때는 구체적이고 현실적인 계획을 세우고, 반드시 지키겠다는 의지를 다져야 합니다. 규칙을 쉽게 어기는 습관이 있다면 '내가 만드는 규칙은 어겨도 괜찮아'라는 생각이 무의식중에 자리 잡을 수 있습니다. '스스로 만든 규칙은 소중하며 꼭 지켜야 하는 것'이라는 마음가짐으로 규칙을 실천하고, 이를 통해 긍정적인 습관을 형성해 나가는 것이 중요합니다.
- 새로운 환경, 새로운 습관의 시작: 새로운 스터디 카페, 새로운 도서관, 새로운 학원 등 새로운 환경이 나에게 긍정적인 습관을 만들 수 있는 도움 트리거가 될지 혹은 해로운 영향을 끼치는 방해 트리거가 될지는 '처음 적응하는 시기'에 달려 있다고 해도 과언이 아닙니다. 새로운 환경이 나에게 어떤 트리거

로 설정되는지에 따라 습관 형성의 방향이 결정되기 때문입니다. 한번 결정된 트리거를 다시 뒤집는 것은 쉬운 일이 아닙니다. 따라서 처음에 적응하는 시기를 중요하게 여겨야 합니다.

"처음부터 똑바로 하는 사람이 이기고,
꾸준하게 끝까지 하는 사람이 이긴다."

- 마음챙김, 긍정적인 변화를 위한 핵심: 자신의 주의가 의도를 벗어나더라도 자책과 실망보다는 연민을 먼저 떠올려 주세요. 애쓰고 있는 자신을 격려하며 응원하는 것이 우선입니다. ADHD인들은 끊임없이 떠오르는 생각과 오르락내리락하는 감정으로 인해 일상에서 어려움을 겪곤 합니다. 마음챙김 훈련은 이러한 어려움을 극복하고 ADHD인의 삶의 질을 향상시키는 데 효과적인 도구입니다. 부디 이 훈련을 꾸준히 실천함으로써 자신의 삶을 주도적으로 이끌며, 더 나은 미래를 만들 수 있길 바랍니다.

나는 스트레스를 효과적으로 관리해서
새로운 습관 형성에 집중할 수 있는 사람이다.

혹시 지금 해야 할 일을 미루고 있지는 않나요?
혹시 오지랖 아닐까요?
'지금'이 앞으로의 시간 중에 가장 빠를때야
피곤하지만 아직 쓰러질 정도는 아니야

셋을 세고 바로 시작하자 셋, 둘, 하나. GO!
시작이 어려우면 딱 10분만 해보자
생각이 너무 많으시군요
실제 인생은 흑백이 아니라 회색이야

4장. 함께 성장하기

01

자기암시 ①: 자신만의 대화 5계명 만들기

어느 날, 지백이 대화방에 어느 ADHD인이 후기를 공유했습니다. 친구가 아닌 사람들과 모임에서 말실수 없이 즐거운 시간을 보내고 뿌듯함을 느꼈다는 내용이었습니다. 이 ADHD인은 모임 전에 '말실수 안 하기 5계명'을 적어 두고 꾸준히 되새겼다고 합니다. 한번 살펴보겠습니다.

〈말실수 안 하기 5계명〉
첫째, 열등감이나 자기 부정적인 이야기 금지
둘째, 과하게 어색하거나 긴장한 티를 내며 수동적으로 관심 요구 금지
셋째, 노골적으로 급을 매기는 이야기(학력, 연봉 등) 금지
넷째, 귀여운 척 금지(어리숙한 모습보다 나이에 맞는 행동하기)
다섯째, 욕이나 유행어 금지

후기를 올린 분은 '경박하게 웃지 않기'를 추가해 총 6계명으로 만들었

는데, 이 조언들은 ADHD인의 대인관계에서 겪는 어려움에 자신감을 주고 긍정적인 대화를 하는 데 도움을 줄 수 있습니다. 실제로 후기를 올린 분은 이 조언들을 토대로 모임에서 말실수 없이 사람들과 잘 어울렸습니다. 이 경험은 앞으로도 다른 사람들과 대화에 긍정적인 영향을 줄 것이며, 더 발전하는 계기가 될 것입니다. 이 글을 읽는 분들도 자신만의 대화 법칙을 만들고 실천하길 권합니다. 작은 노력처럼 보이겠지만, 모이고 모여서 대인관계가 크게 개선될 수 있습니다. 작은 성공 경험 역시 모이면 큰 힘이 되며, 더 나아지고 싶은 동기 부여로 이어집니다.

스스로 만드는 대화 법칙

대인관계가 어려운 ADHD인이라면 자신이 만든 대화 법칙을 꾸준히 반복해서 보고 숙지해야 합니다. 꾸준하게 스스로 피드백하는 과정은 앞으로 대화에 자신감을 불어넣어 줄 겁니다. 같은 ADHD인이라 해도 성향과 모습이 다양하기 때문에 자신만의 약점을 파악하고 강점을 살릴 수 있도록 직접 대화 법칙을 만들어 보는 것이 중요합니다. 아래 공간에 지금 머릿속에 떠오르는 법칙들을 글로 적어 보세요. 나중으로 미루지 말고, 이 글을 읽으면서 떠오르는 조언이 있다면 아마 나에게 정말 필요한 조언일 겁니다.

대화 법칙, 이렇게 만들어 보자

- 구체적인 문장: '친절하기'보다는 '상대방의 말에 미소 지으며 고개를 끄덕이기', '공감하는 기분을 느낄 수 있도록~'처럼 구체적인 행동으로 표현하세요.
- 긍정적인 표현: '성급하게 말하지 않기'보다는 '차분하게 말하기'처럼

긍정적인 문구로 표현하세요.

- 약점 파악: 질문에 빨리 대답해야 한다는 생각에 동문서답하는 실수를 한다면 '질문을 받으면 3초 생각부터 하기'와 같은 규칙을 만드세요.
- 도구 활용: 작은 포스트잇 종이에 적어서 지갑에 넣어도 좋고, 핸드폰 배경 화면으로 설정해도 좋습니다. 쉽게 볼 수 있는 장치를 마련하세요.

나의 대화 법칙 5계명

첫째, ______________________________

____

둘째, ______________________________

____

셋째, ______________________________

____

넷째, ______________________________

____

다섯째, ______________________________

____

저자의 5계명

첫째, 내 말에 공감하지 않더라도 설득하려고 하기보다는 상대방의 의견을 그 자체로 인정하자.

둘째, 할 말이 없다고 나의 약점이나 비밀을 밝히지 말고 침묵을 즐기자.

셋째, 내가 말하고 싶은 주제에 관해서만 말하려 하지 말고, 상대방의 관심 분야에 대해 말하자.

넷째, 나는 컨설턴트가 아니다. 위로와 공감을 우선으로 삼자.

다섯째, 상대방의 표정을 보면서 대화의 주제와 방향을 조절하자.

나는 나만의 대화 법칙을 만들고 실천해
자신감 있는 대화를 하는 사람이다..

02

자기암시 ②: ADHD 극복의 비밀 무기, 긍정 문장 암시

지백이 대화방을 포함해 여러 ADHD 커뮤니티를 살펴보면 유독 자책하는 글이 눈에 띕니다. 하지만 ADHD로 인한 어려움은 의지나 노력 부족이 아닌, 뇌 작용 방식의 차이에서 비롯되는 것이라는 사실을 기억해야 합니다. 약물 치료나 인지행동 치료는 스스로 존중하고 자존감을 높이기 위한 노력의 일환입니다.

오랫동안 부정적인 피드백에 노출되어 온 ADHD인들은 이미 형성된 부정적인 사고방식을 쉽게 바꾸지 못합니다. 특히 사춘기 이후의 ADHD인들은 '나는 왜 이렇게 부족할까?', '나는 왜 그때 참지 못했을까?', '나는 왜 또 실수했을까?'와 같은 자책과 비난에 시달리며 낮은 자존감과 우울감에 빠지기 쉽습니다. 이는 우울증과 불안장애 등의 공존 질환으로 이어져 ADHD 증상을 악화시키는 악순환을 초래할 수 있습니다.

원시 시대의 유산, 부정 편향

사람의 뇌는 부정적인 정보에 더 예민하게 반응합니다. 인류의 역사를 살펴보면 사냥과 채집으로 생존하던 시대에는 위험한 정보 등 부정적인 정보에 예민할수록 생존에 유리했습니다. 그런데 시대가 지나면서 생존이 전부가 아니게 되었고, 오늘날에는 긍정적인 정보를 중요하게 여길 수 있는 개체가 경쟁에서 유리해졌습니다. 그런데 ADHD인은 이런 변화에 적응하는 데 어려움을 겪었다 보니 현대 사회에서 스트레스와 불안을 많이 겪는 경향이 있습니다.

긍정적인 자기 암시와 자존감

우리의 뇌는 끊임없이 변화합니다. '뇌 가소성'이라고 불리는 이 놀라운 능력 덕분에 우리는 긍정적인 방향으로 성장할 수도, 부정적인 방향으로 침체될 수도 있습니다. 긍정적인 문장을 반복해서 말하고, 그 말을 스스로 듣는 과정을 반복할수록 뇌는 긍정적으로 변합니다. 긍정적인 자기 암시는 부정적인 생각을 줄여 주고, 긍정적으로 생각하는 것을 습관으로 만들어 줍니다. 또한 스트레스 호르몬인 코르티솔 수치를 낮추고 행복 호르몬인 세로토닌 분비를 늘려 심리적으로 안정감을 가질 수 있게 도와줍니다. 특히 우리 ADHD인은 스트레스 내성이 약하기 때문에 이러한 습관이 꼭 필요합니다.

스스로 격려하고 지지하며 응원하는 말을 하고 듣는 과정을 반복할수록 자신에 대한 이미지가 점점 긍정적으로 바뀌게 됩니다. 그리고 자존감과 자신감이 올라갑니다. 또한 회복 탄력성을 좋게 만들어 실패와 좌절을 겪더라도 곧 다시 일어서게 됩니다.

긍정적인 혼잣말의 효과

다양한 상황에서 적절한 긍정적인 문장을 수시로 반복하는 것은 ADHD 증상을 감소시키는 데 굉장히 도움이 되는 훌륭한 무기입니다. 주의력 조절이 어려울 때, 감정 조절이 어려울 때, 충동성이 생겼을 때, 과잉 행동을 인지했을 때 등 여러 상황에 필요한 문장을 적절하게 준비해 스스로 말할 수 있어야 합니다. 업무를 하다가 갑자기 스마트폰으로 유튜브의 새로운 영상이나 언론사의 새로운 뉴스를 확인하고 싶어질 때면 "나는 내 주의를 의지대로 조절할 수 있다. 지금 하던 업무를 계획대로 마칠 수 있다"라고 혼잣말을 해 보세요. 실제로 계획대로 성공할 확률이 올라가는 것을 경험할 겁니다.

ADHD인에게 필요한 상황별 자기 암시 문장

ADHD인들이 일상에서 흔히 겪는 어려움을 고려해 만든 예시입니다. 여기에 약간의 살을 붙여 자신만의 문장을 만들어 보는 것을 추천합니다.

- 집중력이 필요할 때
  "나는 지금 이 순간에 나의 주의를 온전히 사용할 수 있다."
  "나는 지금 하는 일이 끝날 때까지 차분하게 집중할 수 있다."
  "나는 마음속에 떠오르는 유혹을 차단하고 목표를 완수할 수 있다."

- 충동성을 조절해야 할 때
  "나는 즉시 반응하지 않고 잠시 생각할 수 있다."
  "나는 마음챙김 명상을 이용해 감정을 조절할 수 있다."

"나는 기분에 의존하지 않고, 상황을 고려해 판단할 수 있다."

- 자존감을 지키고 싶을 때
  "모든 사람은 약점과 강점이 있으며 나 역시 그렇다."
  "나는 나 자신을 존중할 수 있다."

- 기타 상황
  "나는 지금까지의 실수를 인정하고, 지금부터 새롭게 시작할 수 있다."
  "나는 구부러질지언정 부러지지 않는다."
  "끝나기 전까지 끝난 것이 아니다."
  "지금이라도 침대에서 바로 일어나 하루를 역전할 수 있다."

나만의 긍정 문장 만들기 팁

ADHD인은 각자 다양한 성향을 가지고 있기 때문에 나만을 위한 맞춤 문장을 만들 때 진정한 변화를 경험할 수 있습니다. 다음 지침을 참고해 나만의 긍정 문장을 꼭 만들어 보세요.

(1) 내가 힘들어하는 상황을 살펴보고, 어떤 ADHD 성향이 영향을 주는지 파악하기

① 나는 어떤 상황에서 힘들어하는가?

· 공부하다가 갑자기 스마트폰을 만지는 상황

· 대화하다가 상대방의 말을 끊고 내가 하고 싶은 말을 말하는 상황

② 어떤 말이 필요할까?

· "나는 지금 당장 스마트폰을 만질 필요가 없다는 걸 잘 알고 있어."

· "나는 상대방을 존중할 수 있어. 나는 스스로 존중받을 만한 사람이야."

(2) 긍정적인 문장으로 표현하기

① 부정적인 생각을 긍정적으로 바꾼다.

· "나는 결국 또 실수할 거 같아. 예전에 그랬던 것처럼"

→ "나는 지금까지 했던 것과 다르게 차분하게 진행할 거야."

② 내게 힘이 되는 말이 무엇일까?

· "괜찮아. 나는 충분히 잘하고 있어. 포기하지 말자."

(3) 구체적으로 표현하기

① 막연한 말보다는 구체적이고 세부적인 목표 설정한다.

· "나는 이번 시험에서 꼭 성공할 거야."

→ "나는 이번 수능 시험에서 6월 모의고사 성적보다 한 등급씩 올려서 내가 원하는 대학에 들어갈 거야."

② 이미 스스로 이룬 것처럼 말한다.

· "나는 언젠간 남들 앞에서 당당한 사람이 될 거야."

→ "나는 언제나 남들 앞에서 당당한 사람이야."

(4) 나만의 재미있는 표현 사용하기

① 나만 알고 있는 긍정적인 표현 사용한다.

· "나는 절대 포기하지 않는 남자 정대만이다."

② 좋아하는 노래 가사, 명언, 대사 등을 사용한다.

· "I am special, I am beautiful, I am wonderful and

powerful, unstoppable."

· "What doesn't kill you makes you stronger. Stand a little taller."

(5) 구슬이 서 말이라도 꿰어야 보배

① 만들기만 해서는 아무 의미가 없으며, 반복하고 반복해야 의미가 있다.

· 매일 아침 일어나서, 잠들기 전에, 문장이 필요한 상황마다 나에게 들릴 정도로 말하기

② 처음엔 어색한 게 당연하다.

· 효과가 있다고 믿는 만큼 놀라운 변화를 경험함

③ 적재 적소에 사용할 수 있도록 다양한 장치를 마련하자.

· 긍정 문장을 포스트잇에 써서 필요한 장소에 붙여 두기(책상, 노트북, 모니터, 필통 등)

· 긍정 문장을 스마트폰 잠금 화면과 배경 화면으로 설정해 자주 확인하기

④ 마음챙김 명상과 결합해 사용하면 더 강력한 무기가 된다.

⑤ 혼자만 알고 있지 말고, 지백이 대화방과 지백이 발전소방을 이용하는 등 ADHD 커뮤니티에 업로드한다. 서로 공유하며 격려하고 응원하는 과정을 통해 동기 부여를 강화한다.

나는 긍정적인 자기 암시를 통해 자존감을 높이고,
자신감 있는 태도로 세상에 맞서는 사람이다.

03

마법의 주문: 고마워, 고생했어, 사랑해

얼마 전 인터넷에서 한 여자 연예인이 부부관계 개선 팁으로 '고마워', '고생했어', '사랑해'라는 말을 매일 반복하라고 조언하는 것을 보았습니다. 이 세 마디가 마법처럼 관계를 좋게 만든다는 말이 처음에는 의아했지만, 곧이어 몇 개월 전 예능 프로그램에서 본 한 장면이 떠올랐습니다.

> "결혼 생활을 하다 보면 이유 없이 죄지은 것 같은 기분이 든다. 생각해 보면 그냥 매일 혼나고 있다."

한 유부남 연예인의 이 말에 주변 유부남들이 격하게 공감했고, 결혼 6년 차인 저 역시 깊이 공감했습니다. 우리 집만 해도 딱히 잘못한 것이 없는데 아내가 갑자기 화를 내고, 저는 졸지에 혼나는 상황이 자주 벌어졌으니까요. 이에 한 유부녀 연예인은 "남자들이 집에서 표현을 잘 안 해서 아내들은 섭섭함이 쌓이다가 화를 내는 거다"라고 말했습니다.

결혼 생활에는 살아온 방식, 성향, 의사소통 방식의 차이, 육아나 직장 스트레스, 성 역할에 대한 인식 차이 등 다양한 갈등 요인이 존재합니다. 특히 남녀 간 의사소통 방식의 차이는 알면서도 간과하기 쉬운 부분입니다. 여성은 감정 표현과 공감을 중시하는 반면, 남성은 문제 해결에 집중하는 경향이 있어 서로 오해하고 갈등이 생기기 쉽습니다. 서로 컨디션이 좋을 때는 이런 부분이 갈등으로 발전하는 일이 드물지만, 직장이나 육아 등 다양한 요인으로 스트레스와 피로가 쌓이면 사소한 일에도 쉽게 짜증이 생깁니다. 이런 상황에서는 배우자의 말이나 행동으로 인해 혼나는 기분이 들기도 합니다.

그런데 '고마워', '고생했어', '사랑해'라는 말을 듣자마자 머리 위에 전구가 '팟' 하고 켜졌습니다. '이거다' 싶은 확신과 함께 저는 매일 아내에게 이 세 마디를 최소 한 번씩 하기로 결심했습니다. 퇴근하는 아내에게 "오늘 하루 고생 많았어", 설거지대에 그릇을 가져다 두는 아내에게 "그릇 옮겨 줘서 고마워", 아침 출근길에는 "오늘도 힘내, 사랑해"라며 진심을 담아 말했습니다. 처음에는 한 달 정도 꾸준히 해야 변화가 있을까 싶었는데, 놀랍게도 단 사흘 만에 아내의 태도가 눈에 띄게 달라졌습니다. 저 스스로도 이전과는 확실히 다른 편안함과 안정감을 느꼈고, 이후에는 이유 없이 혼나는 듯한 기분을 느껴 본 적이 없습니다.

배우자나 연인이 있는 ADHD인이라면 이 방법을 꼭 실천해 보길 바랍니다. 제가 강연할 때나 지백이 대화방에서도 '주변 사람들에게 감사를 표현하라'고 강조하지만, 구체적인 방법을 몰라 실천하지 못하는 ADHD인이 참 많습니다. '고마워', '고생했어', '사랑해'는 그런 분들에게 명확한 행동 지침입니다.

오늘부터 하루 한 번, 사랑하는 사람에게 진심을 담아 이 세 마디를 건네 보세요. 물론 ADHD인이라면 이 글을 읽고 다짐해도 책을 덮는 순간 잊어버릴 수 있습니다. 저 역시 그럴까 봐 '고마워', '고생했어', '사랑해' 조언을 듣자마자 매일 정해진 시간에 알람을 설정했습니다. 긍정적인 변화가 간절한 ADHD인이라면 저처럼 알람 설정을 활용해 잊지 말고 실천해 보세요. 이 작은 습관 하나가 당신의 관계를 더 행복하게 만듭니다.

이 방법은 배우자나 연인에게만 국한되지 않습니다. 부모님이나 자녀와 관계 개선에도 효과적이니 가족 모두에게 사랑과 감사의 마음을 표현해 보세요.

나는 소중한 사람에게 감사와 사랑을 표현할 수 있는 사람이다.

04

ADHD와 임신: 산모의 스트레스가 태아에 끼치는 영향

네이버 홈에서 우연히 어떤 기사를 접했습니다. 기사에 따르면 산모의 우울감과 스트레스는 조산 위험을 증가시키고 태아 발달에 지장을 줍니다. 연구에서는 스트레스 지수가 높은 산모일수록 조산 위험이 커지고, 산모가 높은 스트레스를 받으면 태아의 두뇌 발달에 전반적으로 부정적 영향을 끼치는 것으로 나타났습니다. 임신 중 산모의 심리적인 고통은 출산 후 아이의 발달에도 부정적인 영향을 끼치며, 천식이나 자폐 행동과도 관련이 있습니다. 즉, 산모의 정신건강은 태아의 건강과 발달 모두에 중요한 역할을 하기 때문에 임신 중 스트레스 관리가 꼭 필요하며, 주변의 많은 지지가 필요합니다.

ADHD인의 우울증 유병률은 일반인보다 높다는 연구 결과가 널리 알려져 있습니다. 흔히 2~3배라고 알려져 있지만, 최근 연구에 따르면 성인 ADHD인의 경우, 무려 11.6배라는 주장도 있습니다. 그렇다면 ADHD인이 임신할 경우 일반 산모보다 임신 중 우울증에 더 취약하다고 볼 수 있습니다. 더욱이 임신은 신체적으로 이례 없는 큰 변화를 가져오기에, 정신적으로 건강한 사람도 임신 중 우울증을 경험하기 쉽습니다. 따라서 ADHD 산모는 임신 기간 동안 우울감을 더 자주 경험할 가능성이 크다고 예상할 수 있습니다.

앞서 살펴본 연구를 보면, 산모의 정서 상태는 태아의 발달에 직접적으로 영향을 줍니다. 특히 우울감 등 심리적 고통이 아이의 감정 조절, 인지 기능 등 두뇌 발달에 문제를 일으킬 수 있습니다. 이는 ADHD의 주요 증상인 감정 조절 어려움, 인지 기능 저하와 유사한 측면이 있습니다. 특히 ADHD 여성이 임신하게 되면, 호르몬 변화와 ADHD 약물 치료 중단으로 인해 감정 조절에 더 어려움을 겪게 됩니다.

ADHD는 유전적 요인만 있는 것이 아니라 후천적인 환경 또한 증상 발현에 영향을 줄 수 있습니다. 따라서 임신 중 산모의 스트레스와 우울감은 태아의 뇌신경 발달에 영향을 주어 ADHD 발현 가능성을 올린다는 것을 비교적 쉽게 이해할 수 있습니다. 그런 만큼 ADHD 산모는 임신 기간 동안 스트레스 관리에 각별히 신경 써야 합니다. 육아휴직 활용 등 스트레스 환경에서 벗어나는 것도 좋은 방안입니다. 무엇보다 중요한 것은 남편과 함께 스트레스 유발 요인을 파악하고 해결 방안에 대해 이야기를 나누는 것입니다.

ADHD인으로 살아온 우리는 ADHD 성향이 삶에 미치는 영향에 대해 누구보다 잘 알고 있습니다. 어린 시절에 경험한 많은 어려움이 ADHD 성향과 밀접한 관련이 있다는 걸 알게 되면, '내가 ADHD가 아니었다면, 혹은 ADHD 성향이 덜했다면 어땠을까' 하는 아쉬움이 밀려옵니다. 그만큼 뇌 발달 과정에서 정서적 안정과 적절한 환경의 중요성을 절실히 느끼게 됩니다.

- 이 기사를 읽은 ADHD 산모들이 불안감을 느낄 수도 있겠다는 안타까운 생각이 들었습니다. 이 기사에는 연구 방법이나 스트레스 지수 측정 기준 등 구체적인 정보가 부족해 스트레스 수준이 어느 정도 이상일 때 위험한지 판단하기가 어렵습니다. 그러니 스트레스에 대해 지나치게 걱정하지 마세요. 임신 중에는 누구나 스트레스를 경험합니다. 오히려 적절한 스트레스 관리는 건강한 임신과 출산에 도움이 됩니다.
- 수렵과 채집을 하던 시절이나 전쟁과 같은 상황에서 받는 생존에 위협을 느낄 정도의 극심한 스트레스는 임신 중인 산모의 생존에 불리하게 작용합니다. 이런 상황에서는 빠른 출산이 산모의 생존에 대체로 더 유리하기 때문에 조산으로 이어지는 것도 이해가 됩니다. 24시간 내내 이 정도의 극심한 스트레스가 아니라면 일반적인 수준의 스트레스가 조산으로 이어질 가능성은 작습니다. 스트레스에 대한 지나친 걱정이 오히려 스트레스 지수를 올리는 모순적인 상황을 초래할 수 있으니 편안하게 생각하세요.

- 산모의 높은 스트레스는 아이의 뇌 발달 등에 전반적으로 악영향을 끼칠 수 있습니다. 그 결과 나타나는 모습(감정 조절 어려움, 인지 기능 약화 등)은 ADHD 성향과 유사합니다.
- 현대 사회에서 스트레스 없이 사는 건 불가능합니다. 주어진 상황에서 할 수 있는 데까지 스트레스를 관리하면 됩니다.
- 규칙적인 생활 습관, 충분한 수면, 건강한 식단, 꾸준한 운동 등 우리가 이미 알고 있는 '널리 알려진 관리 방법'을 실천하는 것이 제일 중요합니다. 그러면서 남편과 소통하며 스트레스 유발 요인을 파악하고 해결 방안을 찾아봅니다.
- ADHD 성향은 유전적 요인뿐 아니라 후천적인 환경 요인도 중요합니다. ADHD 산모는 주변의 도움을 받아 반드시 스트레스를 관리해야 합니다. ADHD 산모의 정신건강 관리는 곧 태어날 자녀의 ADHD 성향 조기 관리 등 건강한 성장과 발달의 첫 단추이기 때문입니다.

나는 임신 기간 동안 스트레스를 관리하고,
건강한 마음으로 아이를 기다린다.

05
대물림되는 양육 방식의 악순환 끊기

오늘 만 4세인 첫째 아이의 유치원 담임 선생님에게 전화가 왔습니다. 아이가 요즘 유치원 영어 수업이 하기 싫다며 떼를 써서 수업이 없는 빈 교실에서 혼자 시간을 보낸다고 했습니다. 집에 온 아이에게 왜 그러는지 물어보자 선생님이 재미없고 무섭다고 대답했습니다. 다른 친구들은 어떤지 묻자, 다들 재밌게 한다고 말했습니다. 이 말을 들으니 아이에게 문제가 있다는 생각이 들었습니다. 아내는 저에게 '아이가 영어에 대한 흥미가 떨어지기 전에 영어 유치원으로 옮기는 것'을 제안했습니다. 하지만 아이의 이런 모습이 ADHD 성향에서 기인한 것일 수 있겠다는 생각에 일단은 아이가 영어 수업에 참여하는 것으로 아내를 설득했습니다. 아내는 저의 의도를 이해했기에 함께 아이와 대화했습니다.

아이와 대화를 나눠 보니, 낯가림이 유독 심한 아이가 영어 선생님을 처음 만났을 때 많이 어색했는데 이 어색함을 무서움으로 착각했던 거였습니다. 그리고 다른 아이들보다 선생님과 친해지는 데 시간이 더 걸리면서 혼자 겉도는 느낌을 받자 수업에 들어가지 않았던 겁니다. 아직 자신의 감정을 정확하게 파악하고 표현하는 것을 어려워하는 나이라 충분히 그럴 수 있겠다는 생각이 들었습니다.

첫째 아이는 선천적으로 불안도가 높고, 질문을 받으면 과도하게 긴장하는 편입니다. 그리고 자신이 대답하지 못하는 상황을 두려워합니다. 영어로 진행되는 수업에서 선생님의 질문에 매번 대답할 수 없는 건 아이에게 당연한 일인데도 이를 견디기 힘들어했습니다. 이것이 수업을 피하는 이유 중 하나였지요. 벌써부터 아이의 모습에서 완벽주의적이고 강박적인 성향이 느껴지는 걸 보면서 ADHD와 관련이 있을 수 있겠다고 생각했습니다. 그리고 아이의 이런 유별난 모습을 보면서 저의 지난 시절이 떠올랐습니다. ADHD 커뮤니티에 이 고민을 올리니 많은 ADHD인이 자신의 어린 시절과 똑같다고 공감해 주었습니다.

저는 아이에게 차근차근 설명해 주었습니다. "거기서 수업을 듣는 다른 아이들도 다 알고 참여하는 게 아니야. 하고 싶을 때만 하고 재미있을 때만 하는 건 잘못된 거야. 하고 싶지 않아도 해야 하고, 재미있지 않아도 해야 해. 그게 규칙이고 약속이야. 그리고 원래 처음엔 어색하고 불편해. 예전에 동화에서 마녀가 나오면 무서워했던 거 기억나? 그런데 계속 보니까 어땠어? 괜찮았지? 계속 보면 괜찮아. 심지어 영어 선생님은 마녀도 아니잖아?" 아빠와 엄마의 말을 들은 아이는 이렇게 대답했습니다. "그렇게 하려고 해도 나는 아직 어리니까 하기 싫으면 안 할 수도 있지!"

제가 ADHD인이기 때문에 아이도 ADHD 성향을 가졌을 가능성이 크다고 생각합니다. 그래서 아내와 저는 아이가 ADHD인이 범하기 쉬운 실수를 반복하지 않도록 특별히 신경을 쓰고 있습니다. 이번 일처럼 난관에 봉착하면 도전보다 회피부터 먼저 떠올리는 모습도 여기에 해당됩니다. 그러나 어디서 배운 건지 아이는 언젠가부터 '하기 싫으면 안 할 수도 있지'라는 표현을 자주 하는데, 이는 ADHD 성향을 가진 아이들일수록 더 쉽게 떠올리고 자주 사용하는 핑계입니다.

저는 아이에게 "엄마 아빠가 맛있는 간식을 매일 준비하는 건 너와 약속했기 때문이야. 만약 우리가 어느 날 갑자기 '안 챙겨 줄 수도 있지!' 하면서 간식을 주지 않아도 괜찮겠어?" 하고 물었습니다. 간식을 무엇보다 좋아하는 아이는 곰곰이 생각하더니 "아니요"라고 답했습니다. 그리고 내일부턴 수업을 들어가기로 양손으로 도장을 찍으며 함께 약속했습니다.

다른 유치원생들도 영어 수업이 좋아서라기보다는 혼자 빠질 수 없다는 생각에 참석하는 경우가 많을 겁니다. 이때 아이가 '혼자 빠질 수도 있지'라고 생각한다면, 이런 생각이 행동으로 이어지지 않도록 가르쳐야 합니다. 이와 같이 '남들이 하지 않는 행동이지만 나는 할 수도 있다'라는 생각은 ADHD인의 대인관계와 개인의 성취에 큰 걸림돌이 됩니다. 왜냐하면 이 같은 생각은 보통 마땅히 해야 하는 일을 하기 싫은 마음과 회피 반응이 작용할 때 떠오르기 때문입니다. 이런 일이 반복된다면 자기 효능감이 낮아질 수 있습니다.

ADHD 성향은 유전적인 영향이 큰 만큼 자녀의 ADHD 성향은 부모에게서 물려받았을 확률이 높습니다. ADHD 성향으로 인해 자녀가 겪는 여러 모습은 부모 역시 어린 시절에 경험했을 가능성이 큽니다. 그래서 자녀의 모습이 또래와 다르더라도 부모 눈에는 대수롭지 않게 보일 수 있습니다.

과거에 저는 또래 집단과 조금 다른 독특한 모습과 언행을 보였습니다. 남들에게 주목받거나 선생님에게 지적받을 때면 아버지는 대체로 "괜찮아, 그럴 수도 있지 뭐. 그게 그렇게 중요한가?"라고 말씀하시곤 했습니다. 아버지의 태도는 자식을 사랑하는 마음과 본인에게 내재한 ADHD 성향이 복합적으로 작용한 결과였을 겁니다. 하지만 ADHD를 진단받고 부모가 된 지금 과거를 돌이켜보면 아버지의 양육 방식이 옳다고 보기는 어렵습니다. 어릴 적부터 이런 식으로 형성된 가치관으로 인해 저는 성인이 되어 ADHD를 진단받기 전까지 수많은 확실한 실패를 경험했습니다. 그리고 실패에 대한 해결의 실마리를 '정신건강의학과 내원 및 ADHD 진단'이라는 특수한 경험에서 찾게 되었습니다.

이제 와서 생각해 보면 지난날 아버지가 "뭐 그럴 수도 있지"라고 말씀하셨던 것은 부모님의 삶 자체가 고단했기 때문이었던 것도 같습니다. 고된 일과를 마치고 퇴근 후 ADHD 아이를 양육하는 것은 여간 힘든 일이 아니라는 것을 부모가 되어 깨닫게 되었습니다. 저 역시 일과 후 아이에게 충분한 관심을 주지 못하거나 훈육을 뒤로 미루고 싶은 유혹에 빠지곤 합니다. 이런 모습은 저뿐 아니라 다른 ADHD 부모들도 공감하는 부분입니다.

이처럼 ADHD인은 당장 편한 것을 선택하고 싶은 욕구가 무의식적으로 현재의 생각에 영향을 주는 경향이 있습니다. 그리고 이런 생각의 흐름과 결과를 논리적인 사고 과정으로 착각하기도 합니다. 제가 ADHD를 진단받지 않았고 ADHD에 대한 이해가 없었다면, 아마 아버지와 같은 방식으로 아이를 가르쳤을 겁니다. 하지만 저는 ADHD에 대한 이해를 바탕으로 제가 자라 온 환경보다 더 나은 양육 환경을 제공할 수 있습니다. 이를 통해 아이가 자신의 잠재력을 충분히 발휘하도록 도와줄 생각입니다.

ADHD 부모를 위한 육아 지침

- "내가 (또는 내 자녀가) 스스로 생각하기에 논리적인 사고를 통해 내린 결론이라 할지라도 전임자(또는 선배)와 동료들(또는 동기들) 등 모두가 하지 않는 것이라면 다시 생각해 볼 필요가 있다."

  이 책을 통해 ADHD 관련 지식을 얻는 것은 일상에서 당연하게 여기던 것 속에 숨겨진 문제점을 발견하는 데 의의가 있습니다. 예를 들어, 아이가 영어 선생님이 무섭다며 영어 수업에 참여하지 않을 때, 선생님을 바꾸는 것은 쉬운 해결 방법일 수 있습니다. 하지만 이러한 방식으로 아이의 문제를 해결하는 것은 장기적으로 아이의 성장에 도움이 되지 않습니다. 만약 선생님을 바꾸는 것으로 문제를 해결했다면, 훗날 아이는 비슷한 상황에 직면했을 때 "예전에는 됐는데 왜 이번에는 안 되는 건데?"라며 따질 수 있습니다. 따라서 문제 상황에 대한 접근과 해결에 있어 일관된 태도를 유지하는 것이 중요합니다.

- "어릴 때 일이라 기억도 못 할 것 같은데, 지금은 그냥 쉽게 해결하자."

  아이가 어릴 때의 일을 기억하지 못할 것이라고 생각할 수도 있습니다. 하지만 중요한 것은 기억의 유무가 아니라 경험의 유무입니다. 만 4세 때의 경험이 만 5세에, 만 5세 때의 경험이 만 6세에 영향을 미치는 것처럼 우리는 이전의 경험으로부터 지속적으로 영향을 받습니다.

나는 ADHD에 대한 이해를 바탕으로,
아이에게 더 나은 양육 환경을 제공할 수 있다.

비슷한 고민을 하는 ADHD 부모님들에게 보내는 짧은 응원

다들 아시겠지만, ADHD 부모가 자녀의 ADHD 성향을 이해하고 지지하는 것은 매우 중요합니다. 그러나 ADHD 부모가 ADHD 자녀를 양육하는 것은 일반적인 가족에 비해 분명 더 힘이 드는 것이 사실입니다. 저 역시 ADHD 아빠로서 아이에게 관심을 주지 못하거나 감정적으로 대하는 등 양육에 어려움을 겪을 때가 있습니다. 그러나 누구보다 아이의 ADHD 성향을 이해하고 공감할 수 있는 이는 바로 ADHD 부모입니다. 우리가 자녀의 고민을 외면한다면, 누가 해결해 줄까요?

평소 아이가 잘 해낸 일이 있다면 아무리 사소해 보이더라도 즉시 칭찬해 주세요. 부모 눈엔 별것 아닌 일이라도 아이가 어려워한다면 진심을 담아 격려해 줘야 합니다. 규칙을 세우고 가르칠 때는 간결하고 명확하게 설명하고, 규칙을 어길 땐 짧고 단호하지만 따듯한 태도로 일관성을 유지해야 합니다. 그리고 훈육이 끝나면 사랑을 담아 포옹하고 아이의 마음을 반드시 보듬어 주세요. 아이의 마음을 위해 늘 이렇게 노력한다면, ADHD인의 약점인 자존감 형성에도 큰 도움이 됩니다.

ADHD인 양육은 결코 쉽지 않다는 사실을 떠올리면서, 지나간 시간을 후회하느라 현재의 소중함을 놓치지 마세요. ADHD와 함께 살아온 여러분이라면 ADHD에는 어려움만 있는 것이 아니란 걸 잘 아실 겁니다. 열정, 창의성, 유머, 회복 탄력성 등 긍정적인 면도 많습니다. 부모와 자녀가 서로의 특성을 이해하고 지지하는 것이 중요합니다. 함께 성장할 수 있다는 믿음을 가지고 아이를 진심으로 이해하려고 애써 봅시다. 이것이야말로 우리의 아이가 건강하게 성장할 수 있는 최소한의 필요조건입니다.

06
인생이라는 경기는 계속된다

지백이 1권에서 '기본 역량'을 설명하면서 예능 프로그램 〈뭉쳐야 찬다〉에 관해 이야기했습니다. (〈뭉쳐야 찬다〉는 축구 외 다른 스포츠 선수들이 모여 아마추어 축구팀과 축구 경기를 하는 예능 프로그램으로, 감독은 안정환 전 축구 국가대표 선수입니다.) 얼마 전 아내와 〈뭉쳐야 찬다〉의 최근 편을 보고 있는데 지백이 2권에서 중요하게 생각하는 부분이 있어서 다시 이야기해 보려고 합니다. 해당 편에서는 조기 축구팀에 새로운 선수를 영입하는 입단 테스트를 다루고 있었습니다. 구자철 전 축구 국가대표 선수가 전화를 걸어 안정환 감독에게 김국영 육상 국가대표 선수를 추천했습니다. 육상선수인 만큼 김국영 선수가 정말 빠르기 때문에 축구 경기에서 굉장히 유용할 거라고 말했습니다. 그 말을 들은 안정환 감독은 이렇게 대답했습니다.

"빠른 것보다는 눈치가 빨라야 해."

안정환 감독의 이 말은 단순한 예능적 재치를 넘어 그가 축구의 본질을 어떻게 바라보는지 보여 주는 깊이 있는 통찰이었습니다. 축구에서 '눈치'는 단순히 빠른 판단력을 넘어 다양한 능력을 아우르는 중요한 요소입니다. 감독과 코치의 전술 이해, 팀원과의 협력, 상대 팀 전술 파악, 경기 흐름과 분위기를 읽는 순간적인 능력 등이 모두 눈치와 관련됩니다.

이렇듯 눈치는 축구뿐 아니라 모든 스포츠에서 필요한 능력입니다. 또한 눈치는 축구나 야구 같은 팀 스포츠를 비롯해 개인 스포츠에서도 중요합니다. 다양한 종목을 살펴보면, 나이가 들면서 점점 더 역량이 발전하는 선수가 많습니다. 메시, 르브론 제임스 등 여러 스포츠 선수가 뛰어난 육체적 능력을 넘어 오랜 시간 최고의 자리를 지키는 비결도 바로 이 '눈치'에 있습니다. 이는 육체의 기능과 다르게 나이가 들수록 더 발전할 수 있는 능력입니다. 즉, 시시각각 변하는 상황에서 자신이 해야 할 일을 빠르고 정확하게 파악하고 행동하는 능력은 꾸준히 연마하고 발전시킬 수 있습니다.

스포츠는 삶의 축소판과 같습니다. 특정한 목표와 규칙 속에서 때로는 혼자, 때로는 함께 협력하며 목표를 향해 나아갑니다. 팀을 구성하는 개인의 능력이 부족하더라도 경기에서 이기는 상황을 우리는 많이 보았습니다. 우리도 가족과 친구, 동료들과 함께라면 더 좋은 성과를 낼 수 있습니다.

또한 아무리 강한 팀이라도 항상 이기는 것만은 아닙니다. 매번 이기다가 질 때도 있으며, 지다가 이길 때가 있는 것이 스포츠입니다. 이처럼 우리의 삶에도 늘 성공만 있을 순 없습니다. 때로는 실패하고 좌절하기도 하지만, 다시 일어설 수 있다는 믿음으로 다음 도전에 최선을 다하는 것이 중요합니다.

강한 팀에만 팬들이 있는 건 아닙니다. 우승 가능성이 거의 없는 약한 팀에도 언제나 열정적으로 응원하는 팬이 있습니다. 우리 주변에도 매번 진심 어린 격려와 응원을 보내 주는 사람들이 있습니다. 이처럼 스포츠는 우리 삶의 다양한 모습을 담고 있기에, 우리는 스포츠를 보며 공감하고 열광합니다.

"그래도 경기는 계속되어야 한다." 익숙한 스포츠 음료 광고 문구처럼 지금까지 눈치가 부족하다는 평가를 들었다 해도 너무 좌절할 필요 없습니다. 눈치는 갈고 닦을수록 향상됩니다. 지나간 경기에서 했던 실수에 연연하기보다는, 다가올 새로운 경기에 집중하는 스포츠 선수들처럼 앞으로 나아가야 합니다. 우리는 모두 인생이라는 스포츠의 프로 선수입니다. "그래도 우리의 삶은 계속되어야 한다."

나는 뛰어난 눈치와 판단력으로
어떤 상황에도 능숙하게 대처하는 사람이다.

시작이 부담되면 작게 나눠서 하는거야
시간이 부족한 게 아니고 시간 도둑이 많은 거야
까짓 거 해보지 뭐
괜찮아 그럴 수도 있지 다시 해보자

계획에 없던 '충동'이잖아 일단 진정해
그래? 그럼 내가 하지 뭐
지금 하는 일이 당장 해야하는 중요한 일 맞아?
타인과 비교하지마 (비참 또는 교만)

5장. 지백이 대화방 고민 상담

01
ADHD 취준생인데 느린 업무 속도가 고민이에요

Q

지금 취준생인데 고민이 있습니다. 제가 아르바이트를 할 때 업무 속도가 많이 느렸습니다. 취업에 성공하더라도 같은 평가를 받을까 봐 벌써 걱정이 많네요. 회사에서 이런 지적을 받는 분 계신가요? 이럴 땐 어떻게 개선하나요? 혹시 업무 속도 느린 걸로 뒷말 나와서 팀원들이랑 어울리지 못할 수도 있나요? 업무 속도가 빨라지지 않으면 트러블이 생길텐데, 그땐 어떻게 풀어 나가야 할지 모르겠어요.

Kwoo

과거 아르바이트 경험 때문에 취업 후 업무 속도에 대한 걱정이 크시군요. 하지만 처음부터 모든 일을 완벽하게 해내는 사람은 없습니다. 마치 자전거 타기를 배울 때 처음에는 넘어지고 흔들리지만 꾸준히 연습하면 능숙하게 탈 수 있듯이, 업무도 시간과 노력을 투자하면 자연스럽게 속도가 붙고 익숙해질 수 있습니다. 지금의 걱정과 불안은 새로운 시작을 앞둔 긴장감과 설렘의 일부라 생각하고 너무 자책하지 않으시면 좋겠습니다.

막연한 걱정에 압도되기보다는 과거 아르바이트 경험을 객관적으로 분석해 보세요. 어떤 업무의 어떤 단계에서 어려움을 느꼈는지 구체적으로 파악하고, 그 원인을 찾아 해결책을 마련하는 것이 중요합니다. 예를 들어, 워드 작성에 시간이 오래 걸렸다면 관련 프로그램 사용법을 익히고, 고객 응대에 어려움을 느꼈다면 효과적인 커뮤니케이션 기술을 배우는 등의 구체적인 노력을 통해 개선할 수 있습니다.

혼자서 분석하기 어렵다면, 당시 함께 일했던 사람들에게 예의를 갖추어 물어보는 것도 좋은 방법입니다. 어쩌면 고민자님뿐 아니라 누구에게든 벅찬 업무량이거나 어려운 업무였을 수 있습니다. 또는 당시에는 어렵고 버거웠던 업무가 지금은 할 만한 것으로 보일 수도 있고요. 우리가 '어렵다'고 느끼는 것 대부분은 사실 그 자체가 어려운 건 아닙니다. 생소하거나 익숙하지 않거나 어색하기 때문에 어렵다고 느껴지는 것뿐입니다. 내가 어려워하는 일을 능숙하게 해내는 사람들을 보면서, 나 자신이 부족하게 느껴질 수도 있습니다. 그렇지만 그들 역시 처음부터 잘하진 않았을 겁니다. 고민자님도 반복하는 시간이 쌓이면 익숙해질 겁니다. 그러니 스스로 '나는 할 수 있다. 나는 할 것이며, 그렇게 된다'라는 긍정적인 마음가짐을 의도적으로 유지해 주세요.

직장 생활에서 동료와의 관계는 업무 능력만큼이나 중요합니다. 서로 지지하고 협력하는 분위기 속에서 어려움을 극복하고 성장할 수 있기 때문입니다. 회식, 야유회 등 회사 행사에 적극적으로 참여하고, 먼저 다가가 소통하는 노력을 통해 동료들과 친밀감을 쌓으세요. 성인 ADHD인은 자라면서 많은 지적을 받다 보니, 지적에 대한 좋지 않은 기억이 많습니다. 그래서 쉽게 방어적인 태도를 취하게 됩니다. 저 역시 방어적이라는 평가를 받았습니다. 저는 지적받으면 '나는 그런 의도가 없었다. 내가 이렇게 행동을 한 데는 이러한 이유가 있었다'라고 반사적으로 대응했습니다. 그러나 이러한 모습은 상대방에게 변명하는 데 급급한 모습으로 보일 수 있습니다.

만약 업무 속도에 대해 지적받더라도 방어적인 태도를 보이기보다는 겸손하게 받아들이고 개선하려는 의지를 보여 주는 것이 중요합니다. 예를 들어, "말씀 감사합니다. 제가 아직 부족한 부분이 많습니다. 혹시 조언해 주실 수 있을까요?"와 같이 솔직하게 도움을 요청하면 동료들이 기꺼이 당신을 도와줄 것입니다. 긍정적인 태도와 꾸준한 노력은 동료들의 신뢰를 얻고 함께 성장하는 데 디딤돌이 될 겁니다.

취업 준비 과정에서 자신의 강점과 약점, 선호하는 업무 방식 등을 객관적으로 파악해 자신에게 딱 맞는 직무를 찾는 것이 중요합니다. 취업 후에도 꾸준히 노력하며 업무 능력을 향상시키고, 동료들과 좋은 관계를 유지하며 함께 성장해야 합니다. 무엇보다 중요한 것은 현재 자신의 모습을 있는 그대로 받아들이는 긍정적인 마음가짐입니다. 조금 느리다고 느껴지더라도 괜찮습니다. 포기하지 않고 꾸준히 노력하면 반드시 좋은 결과를 얻을 수 있을 것입니다.

ADHD인은 주변의 작은 자극에도 주의력이 쉽게 흩어지는 경향이 있습니다. 마치 돋보기로 햇빛을 모아 불을 붙이려 할 때, 작은 바람에도 흩어지는 것처럼 말이죠. 집중하려 할 때마다 방해 요소가 나타나 번번이 실패하는 경험은 좌절감을 안겨 주기도 합니다. 집중력을 높이기 위해서는 먼저 방해 요소를 파악하고 제거해야 합니다. ADHD인의 집중력을 흐트러뜨리는 대표적인 방해꾼은 바로 '스마트폰 알림'입니다. 급하지 않은 유튜브, SNS, 메신저 알림 등은 꺼 두는 것이 좋습니다. 집중이 필요한 순간을 위해 출근 전에 미리 스마트폰 설정을 확인하고, 불필요한 알림을 꺼 두는 습관을 들여 보세요. 작은 변화가 모여 큰 차이를 만들 수 있습니다.

미래에 대한 걱정은 누구에게나 찾아오지만, ADHD를 가진 사람들은 그 걱정이 걷잡을 수 없이 커져 일상을 제대로 보내지 못하는 경우가 많습니다. 저 역시 때로는 걱정으로 인해 주의가 의도하는 대로 조절되지 않습니다. 생각이 길어질수록 스트레스가 점점 쌓이고, 결국 스마트폰을 보면서 시간을 낭비합니다. 할 일을 미루다가 시간이 훌쩍 지나면 한 것 없이 시간만 보냈다는 생각에 무기력감을 느낍니다. 결국 중요한 시기를 놓치고 더 큰 어려움에 직면하기도 합니다. 이러한 모습에 스스로 익숙해지면, 가랑비에 옷이 젖는 것처럼 흘러가는 세월에 대한 위기감도 잘 느끼지 못합니다. 저는 과거에 중요한 시기를 이런 식으로 몇 주 또는 몇 달씩 허비하곤 했습니다.

지백이 대화방에서도 많은 ADHD인이 미래에 대한 불안감을 토로하며 힘들어하는 모습을 볼 수 있습니다. '취업하면 잘할 수 있을까?', '실수하면 어떡하나요?' 등 아직 일어나지 않은 일에 대한 걱정으로 가득 차 있습니다. 주변 사람들이 주는 '괜찮을 거야'라는 위로는 공허하게 들릴 뿐입니다. 왜냐하면 ADHD인의 걱정은 단순한 부정적인 생각이 아니라, 인지 왜곡에서 비롯된 뿌리 깊은 불안이기 때문입니다.

ADHD인의 인지적 오류 유형 개념의 적용

ADHD인들은 세상을 바라보는 자신만의 렌즈를 가지고 있습니다. 이 렌즈는 긍정적인 면을 축소하고 부정적인 면을 확대해 보여 주는 경향이 있습니다. 예를 들어, 발표를 앞두고 '나는 분명 실수할 거야. 모두가 나를 비웃겠지'라고 생각하는 것은 '재앙화'라는 인지 오류에 해당합니다. 또한 '나는 왜 이렇게 부족할까? 다른 사람들은 다 잘하는데…'라고 생각하는 것은 '타인과의 비교'라는 오류에 빠진 것입니다.

이러한 인지 오류는 15가지 유형으로 나눌 수 있으며, 각 유형은

ADHD인이 겪는 다양한 어려움의 근본적인 원인이 됩니다. 천천히 읽어 보면서 고민자님의 고민에 어떤 오류가 녹아 있는지 함께 확인해 보겠습니다(초록이 150~151쪽 참고).

- 과장/축소: 부정적인 면을 과장하고 긍정적인 면은 축소해 현실을 왜곡함
- 타인과 비교: 끊임없이 자신을 타인과 비교하며 스스로 깎아내림
- 이분법적 사고: 모든 것을 성공 아니면 실패로 단정 짓고 회색 지대를 인정하지 않음(흑백논리)
- 재앙화: 사소한 문제를 크게 부풀려 최악의 상황을 예상함
- 지레짐작: 타인이 자신을 부정적으로 평가한다는 근거가 없음에도 멋대로 단정함
- 부정적 예측: 미래를 부정적으로 예측하고 걱정에 사로잡힘
- 감정 기반 사고: 감정을 사실처럼 받아들이고 이에 따라 행동함
- 성급한 일반화: 한두 번의 경험을 바탕으로 전체를 판단하고 일반화함
- 공정성 오류: 세상은 공평해야 한다는 비현실적인 믿음으로 불공평한 상황에 과도하게 분노함
- 과도한 규칙 적용: 자신에게 지나치게 엄격한 기준을 적용하고 이를 지키지 못하면 좌절함
- 비약적 결론: 충분한 근거 없이 극단적인 결론을 내림
- 꼬리표 붙이기: 자신이나 타인에게 부정적인 꼬리표를 붙이고 이를 사실처럼 받아들임
- 마술적 사고: 복잡한 문제에 대해 비현실적인 해결책을 기대하고 노력을 과소평가함

- 책임 전가: 자신의 책임을 타인에게 돌리고 불평함
- 선택적 추출: 부정적인 정보에만 집중하고 긍정적인 정보는 무시함

고민자님의 고민에서는 크게 네 가지 오류를 발견할 수 있습니다.

첫째, '지레짐작'입니다. 먼저 업무 속도에 대한 걱정이 실제 지적에서 비롯된 것인지, 아니면 막연한 불안감에서 비롯된 지레짐작인지 확인해 보는 것이 중요합니다.

둘째, '과장/축소'입니다. 다양한 아르바이트 경험 중에 분명 잘 해냈거나 칭찬받은 일도 있을 것입니다. 과거의 부정적인 경험만 확대 해석하지 않도록 주의하세요.

셋째, '부정적 예측'입니다. 아르바이트 경험은 새로운 직장에서 더 나은 모습을 보여 주기 위한 발판이 될 수 있습니다. 과거의 실패를 통해 배우고 성장하며, 미래를 지나치게 비관적으로 예측하지 않도록 노력해야 합니다.

넷째, '비약적 결론'입니다. 업무 속도가 느리다고 해서 반드시 동료와의 관계가 나빠지는 것은 아닙니다. 겸손한 태도와 적극적인 소통으로 충분히 극복할 수 있습니다. 성급하게 부정적으로 결론 내리지 마세요.

물론, 지적받지 않는 것이 가장 좋습니다. 첫인상은 매우 중요하므로 새로운 환경에서 업무를 배울 때는 꼼꼼하게 메모하고, 완벽히 숙지할 때까지 최선을 다해야 합니다. 퇴근 후나 휴일에도 부족한 부분을 보완하기 위해 자발적으로 노력하는 모습을 보여 주세요.

하지만 누구나 실수할 수 있으며, 지적받는 상황을 피할 수 없습니다. 그럴 때 가장 중요한 것은 겸허하게 받아들이고 즉시 개선하려는

태도입니다. 지적받는 순간, 모든 주의를 집중해 내용을 파악하고 기억하세요. '나중에 해야지'라는 생각은 문제 해결을 미루고 상황을 악화시킬 뿐입니다.

ADHD인은 집중력이 흐트러지기 쉽기 때문에 다른 생각에 빠지지 않도록 의식적으로 노력해야 합니다. 메모하는 동안에도 딴생각에 빠져 중요한 내용을 놓치거나 집중하지 못하는 모습이 겉으로 드러날 수 있습니다. 핵심은 지적을 받았을 때 즉시 문제를 인지하고, 개선하려는 의지를 보여 주는 것입니다. 이는 당신의 성장 가능성을 보여 주고, 동료들의 신뢰를 얻는 데 도움이 될 것입니다.

고민자님에게 추천하는 전략

(1) 꾸준한 약물 치료: ADHD 치료의 기본은 꾸준한 약물 복용입니다. 의사와 상담해 자신에게 맞는 약물을 처방받아 규칙적으로 복용하세요.
(2) 매일 마음챙김 연습: 마음챙김 명상 등을 통해 주의력과 집중력을 향상시키는 훈련을 꾸준히 실천하세요.
(3) 적극적인 회사 활동 참여: 동료들과 좋은 관계를 유지하기 위해 회식, 야유회 등 다양한 회사 활동에 적극적으로 참여하세요.
(4) 업무 성향 파악: 과거 경험을 되돌아보며 자신의 강점과 약점, 선호하는 업무 방식 등을 파악하고, 이를 바탕으로 자신에게 맞는 업무 스타일을 찾아보세요.
(5) 인지 오류 극복: ADHD인이 흔히 겪는 15가지 인지 오류 유형을 숙지하고, 자신의 생각과 감정을 객관적으로 바라보는 연습을 통해 부정적인 생각에서 벗어나세요.

긍정 vs. 낙관

긍정과 낙관은 엄연히 다른 의미를 지니지만 혼동하기 쉽습니다.

긍정(positivity)

- 현재 상황을 있는 그대로 받아들입니다. 즉, 긍정적인 면과 부정적인 면을 모두 수용합니다.
- 어려운 상황에서도 희망을 잃지 않고 문제 해결을 위해 능동적으로 대처하며 그 과정에서 성장합니다.
- 긍정적인 감정을 유지하려 하되, 부정적인 감정을 회피하거나 억누르지 않습니다. 적절한 방법으로 부정적인 감정을 해결합니다.
- "지금 상황이 좋다고 볼 수는 없어. 바꿀 수 없는 것은 어쩔 수 없으니 받아들이고, 내가 바꿀 수 있는 것에 집중해 보자."

낙관(optimism)

- 현재 상황과 상관없이 좋은 결과를 예상하며, 긍정적인 희망을 가집니다.
- 어려운 상황이 스스로 해결되길 기대합니다.
- 부정적인 감정을 회피하거나 축소하거나 억누르려고 합니다.
- "너무 걱정하지 마. 결국 잘될 거라니까?"

긍정적인 마음은 현실을 수용하고 성장하는 발판이 됩니다. 그러나 낙관적인 자세는 현실적인 시각을 외면하고 문제 해결을 방해합니다. 긍정적인 마음을 가지고 현실을 바라봐야 합니다. 그래야 문제 해결을 위한 실질적인 노력에 집중할 수 있습니다.

ADHD인은 충동성과 주의력 조절이 어려운 모습 때문에 낙관적인 편향을 보이는 경향이 있습니다. 예상하지 못한 일이 벌어지거나 문제 상황을 직면하면, 부지불식간에 왜곡된 인식으로 잘못된 판단에 빠지기도 합니다. 이번 기회에 '긍정'의 개념을 기억해 주세요. 긍정적인 마음이 의미하는 바를 정확하게 알고 있어야 합니다.

ADHD 유형별 걱정에 대한 반응 비교: 꺼벙이, 낙관이, 긍정이

- 꺼벙이: 걱정과 고민에 사로잡혀 머릿속이 복잡하지만, 침대에 누워 스마트폰만 만지작거립니다. 걱정만 앞설 뿐 아무런 행동도 하지 못하고 지쳐 버립니다.
- 낙관이: 과거의 실패는 잊고, 막연한 긍정적인 기대로 미래를 바라봅니다. 현실적인 어려움을 외면하고 '이번에는 다를 거야'라고 믿으며, 문제를 해결하려는 노력은 하지 않습니다.
- 긍정이: 걱정과 두려움을 인정하고, 과거 경험을 객관적으로 분석해 개선 방안을 찾습니다. 자신의 강점과 약점을 파악하고, 현실적인 문제 해결 전략을 세우며, 적극적으로 노력합니다.

긍정이는 긍정적인 마음가짐과 현실적인 문제 해결 노력을 조화롭게 유지하는 이상적인 모습을 보여 줍니다. 걱정과 두려움을 회피하지 않고 인정하며, 과거 경험을 통해 배우고 성장하고자 합니다. 또한 자신의 강점과 약점을 파악하고, 구체적인 개선 방안을 마련해 적극적으로 문제를 해결하려는 의지를 보여 줍니다.

한편, 꺼벙이와 낙관이는 각각 걱정에 매몰되어 아무것도 하지 못하거나, 현실을 외면하고 막연한 긍정에 기대는 모습을 보입니다. 이러한 태도는 문제 해결을 어렵게 만들고 성장을 방해합니다.

긍정적인 마음가짐은 어려움을 극복하고 목표를 달성하는 데 중요한 역할을 합니다. 하지만 긍정적인 마음만으로는 충분하지 않습니다. 긍정적인 마음을 바탕으로 현실을 직시하고, 문제 해결을 위한 구체적인 노력을 기울여야 합니다. 긍정이처럼 자신의 감정을 인정하고, 과거 경험을 분석하며 배우고 성장하는 자세를 갖는 것이 중요합니다.

나는 긍정적인 에너지로
주변 사람에게 좋은 영향을 주는 사람이다.

02
연애할 때 생기는 불안을 극복하고 싶어요

Q

혹시 애인의 직장 동료 같은 인간관계에 예민한 분 있나요? 이것도 무슨 병이랑 관련이 있는지, 단순히 개인의 성향 문제인지 궁금합니다. 제가 애인에게 조금 집착하는 거 같아요. 쓸데없는 질투도 많은 것 같고요. 아직 ADHD 외에 진단받은 다른 질환은 없습니다. 전에는 이런 성향이 있는지 몰랐어요. 이번이 첫 연애라서 이런 적이 처음이네요. 스스로 느끼기에 해가 갈수록 심해지는 거 같아요. 이런 것도 완화될 수 있는지 궁금해요.

Kwoo

나이, 성별, 연애 기간 세 가지를 알려 주시면 고민하는 데 도움이 됩니다.

Q

저는 20대 중빈 여성이고, 연애를 시작한 지 3년 조금 넘었습니다. 사실 애인이 의심할 만한 행동을 한 적은 없습니다. 그런데 저 혼자 좀 난리 치는 것 같아요. 최근에 환경이 많이 바뀌었습니다. 코로나19와 취업 준비 문제로 남자친구가 집에서만 활동하다가 지금은 대기업에 취업한 상황이에요. 저는 직장에 다니다가 올해 다른 공부를 하느라 일을 쉬게 되었고요. 상황이 반전된 거죠. 그래서인지 제가 초라해진 느낌이에요. 남자친구는 한결같은데 제가 괴롭습니다. 늘 저랑 함께하는 미래를 꿈꾸는 친구예요. 최근엔 제가 자꾸 집착하는 모습에 지쳐 가는 것 같아서 걱정입니다. 저도 이런 부분을 의식하고 최대한 티를 안 내려고 하는데, 애인이 동기 모임에 가거나 동기 얘기를 하면 저도 모르게 예민하게 반응합니다. 최근에 이런 문제로 자꾸 다투게 되어 마음이 불안하고 조급하네요.

Kwoo

괜찮습니다. 그 마음 충분히 이해됩니다. 고민자님의 감정은 자연스러운 것입니다. 연애 경험과 관계없이 상대를 진심으로 좋아하는 연애를 한다면 누구나 겪을 수 있는 감정이죠. '내가 유별난 건가' 하고 자책할 필요 없습니다. 연애 3년 차에 남자친구에게 그런 감정과 태도를 보이는 것은 그만큼 남자친구를 사랑하기 때문입니다.

사람은 상황이 바뀌면 변할 수 있습니다. 그래서 초심을 유지하는 사람이 대단해 보이는 겁니다. 취업 준비생이던 남자친구가 대기업에 취직하고, 직장인이던 고민자님은 공부를 위해 쉬고 있으니 상황이 많이 달라졌네요. 남자친구 역시 새로운 환경에 적응하면서 심경 변화를 겪을 수 있습니다. 이 점을 이해하고 받아들이는 것이 중요합니다. 만약 이러한 변화로 인해 이별하게 된다고 해도 누구의 잘못이 아니며 자연스러운 과정입니다. 평범한 연애 중 하나입니다.

성숙한 연애를 위해서는 자신의 질투와 불안을 다스려야 합니다. 중요한 것은 고민자님이 남자친구와의 관계를 계속 이어 가고 싶어 한다는 점입니다. 그렇다면 남자친구의 마음이 변하지 않도록 노력해야겠지요. 하지만 이는 자존감을 낮추거나 상대방에게 맞춰야 한다는 의미가 아닙니다. 오히려 이전보다 더 성숙하고 발전된 모습을 보여 주는 것이 핵심입니다. '3년을 사귀었는데, 이 친구에게 이런 모습이 있었네. 힘든 와중에도 많이 성장했구나' 하는 생각이 들도록, 남자친구에게 인정받고 서로에게 안정감을 주는 관계를 목표로 삼으면 좋겠습니다.

고민자님의 불안하고 초조한 마음은 혼자 감당하기 어려울 수 있습니다. 남자친구와 솔직하게 대화하며 서로의 감정을 확인하고, 미래에 대한 긍정적인 이야기를 자주 나누는 것이 중요합니다. 대화 중 감정적으로 변하지 않도록 스스로를 잘 살펴야 합니다.

만약 최근 이런 문제로 다툰 적이 많다면, 남자친구도 지쳐 있을 수 있습니다. "그렇다고 동기들이랑 안 어울릴 수도 없잖아. 내가 바꿀 수 없는 거 알면서 왜 자꾸 그래? 내가 회사를 그만두길 바라는 거야? 나를 못 믿는 거야?"와 같은 말을 할 수도 있습니다. 그럴 때는 싸우지 말고 "내가 너를 믿는 것과 네 주변 사람들을 경계하는 것은 별개의 문제야", "나는 답을 원하는 게 아니라 네가 내 마음을 이해하고 공감해 주기를 바라는 거야" 등과 같이 솔직하고 직접적으로 이야기하세요.

지금까지 남자친구가 여자 동료나 동기 모임 등에 관해 말할 때 신경질적으로 반응했다면, 이제부터는 덤덤하게 반응해 보세요. 속은 그렇지 않더라도 겉으로는 차분하게 행동하는 연습을 하는 것이 중요합니다. 잘 안된다면 거울을 보며 연습해 보세요. 표정에 티가 나더라도 괜찮습니다. 중요한 것은 고민자님이 변화하기 위해 노력하고, 남자친구가 그 모습을 알아주는 것입니다.

이제는 자신을 위해 새로운 관계를 만드세요. 현재 고민자님은 회사를 그만두고 공부를 하는 상황이기 때문에 상대적으로 시간이 여유롭습니다. 그러다 보니 남자친구에 대한 생각과 불안감이 점점 커지고 있습니다. 이러한 생각에 휩쓸리지 않으려면, 혼자 있는 시간을 줄이고 새로운 사람과 관계를 만드는 것이 좋습니다. 같은 목표를 가진 사람들과 함께 공부하는 스터디 모임이나 관심사를 공유하는 동호회에 참여해 보세요. 남자친구를 믿고 응원하며, 동시에 자신의 삶에도 집중하는 것이 중요합니다. ADHD인의 실질적인 변화를 도와주는 것은 각오가 아닌 '시스템의 변화'입니다.

지금까지의 방식대로라면 이 연애의 결말이 어떻게 될지 아마 본인도 잘 알 것입니다. 지백이 1권에서 저는 "지금까지와 다른 방식대로 해야 다른 결과를 얻을 수 있다", "바꿀 수 없는 것은 잊고 바꿀 수 있는 것에 집중하자"라는 말을 강조했습니다. 변화를 위해서는 용기와 결단이 필요합니다. 남자친구의 마음은 고민자님이 좌지우지할 수 있는 것이 아닙니다. 고민자님이 바꿀 수 있는 것에 집중하세요. 스스로 성장하고 발전하는 모습을 보여 주는 것이 중요합니다. 만약 그럼에도 불구하고 남자친구가 변심한다면, 그것은 어쩔 수 없는 일입니다.

지금까지 취업 준비생이던 남자친구가 보여 준 모습이 대기업에 취업한 후에도 계속될 것이라는 기대는 버려야 합니다. 새로운 환경은 때로는 사람의 숨겨진 모습을 드러내기도 합니다. 어떻게 보면 미래의 평생 동반자가 될 사람의 본성을 확인할 좋은 기회일 수도 있습니다.

저는 오랫동안 결혼을 연애의 연장선이라고 생각했습니다. 하지만 연애 과정에서 생기는 변화는 앞으로의 결혼과 육아에 비하면 아주 작은 변화일 뿐입니다. 지금의 변화를 슬기롭게 잘 조율하지 못하는 관계라면, 결혼 후에는 더 큰 어려움에 직면할 수 있습니다. 지금의 변화를 성장하고 배우는 기회로 삼으세요.

상황이 역전되어 스스로 초라하게 느껴질 수 있지만, 그 감정에 매몰되어 상대에게 집착하는 것은 좋지 않습니다. 불안감에 휩싸여 정작 중요한 일에 집중하지 못하고 결국 남자친구에게 더 매달리게 되는 악순환에 빠질 수 있습니다. 이러한 악순환을 끊기 위해서는 고민자님의 결단이 필요합니다. 지금의 위기가 연인으로서 성장하는 발판이 되길 응원하겠습니다.

Q

씻고 오느라 조금 늦게 읽었습니다. 진심 어린 답변 정말 감사합니다. 큰 도움이 되는 조언 같습니다. 특히 속은 그렇지 않더라도 연습해 보라는 말이 많이 와닿네요. 제가 '난 못해, 못 숨겨, 어차피 다 티 나니까 이야기할 거야'라고 핑계를 대며 관계를 망치고 있었다는 생각이 듭니다. 제가 예민해진 것은 말씀하신 것처럼 혼자 생각할 시간이 많아진 게 큰 이유인 것 같습니다.

"바꿀 수 없는 것은 잊고 바꿀 수 있는 것에 집중하자"라는 말은 정말 모든 관계에 해당하는 말 같아요. 지백이 1권에서 읽고 책갈피까지 해 뒀는데 지금 제 상황에 적용되니 더 와 닿습니다. 제가 바꿀 수 없는 것은 제쳐 두겠습니다. 발전하고 성숙해져서 애인이 놓치고 싶지 않은 매력적인 사람이 되도록 노력하겠습니다. 물론 성격이고 성향이라 쉽지는 않겠지만 개선되고 성장하기 위해 노력하겠습니다. 늦은 시간인데 정말 감사합니다. 날 밝으면 남자친구한테 사과하고 이야기도 나눠야겠어요. 쉽지 않겠지만, 오늘 주신 조언들 생각하며 노력하겠습니다. 오늘도 큰 도움을 받고 갑니다. 진심으로 감사합니다.

ADHD인이 연애에서 피해야 할 모습

- 거절에 대한 두려움: ADHD인은 과거에 경험한 부정적 피드백에 따른 낮은 자존감으로 인해 거절당하는 것을 매우 두려워합니다. 이는 연애 상황에서

상대방의 작은 행동이나 말에도 민감하게 반응하며 불안해하는 원인이 될 수 있습니다. (예: '혹시 이런 모습을 보이면 남자친구가 나를 싫어하게 될까?', '나의 이런 모습 때문에 남자친구가 다른 사람을 좋아하게 되는 건 아닐까?')

- 감정 조절의 어려움: ADHD인은 감정을 조절하는 걸 어려워하는 경향이 있습니다. 연애 상대에게 긍정과 부정의 감정을 교대로 보여 주며 불안정한 모습을 보이거나, 상대방에게 갑자기 화 또는 짜증을 낼 수도 있습니다. (예: '남자친구가 동료들과 함께한 술자리에 관해 이야기할 때, 갑자기 화를 내고 짜증을 내 싸움으로 이어져요.')
- 낮은 자존감: 어린 시절부터 성공보다 실패를 더 많이 경험했다면 자존감이 낮을 수 있습니다. 이것이 자신감 부족으로 이어져 상대방에게 의존하게 되고, 상대방의 반응에 과하게 반응할 수 있습니다. (예: '남자친구가 대기업에 취직하면서 상대적으로 제가 초라하게 느껴지고, 그로 인해 불안감이 커졌어요.')
- 충동성: ADHD인은 충동적인 성향으로 인해 상대방을 배려하기에 앞서 즉각적으로 반응하곤 합니다. 이는 연애를 할 때 오해를 일으키고 갈등을 유발합니다. (예: '남자친구가 여자 동료와 친하게 지내는 모습을 보고 충동적으로 화를 냈어요.')
- 주의력 조절 어려움: ADHD인은 상대방의 말이나 행동을 제대로 파악하지 못하고 오해하는 경우가 있습니다. 이는 연애를 할 때 불필요한 의심이나 질투심을 유발할 수 있습니다. (예: '남자친구는 단순히 동료들과 일상 이야기를 나누는 것인데 저는 과하게 해석하고 불안해해요.')

나는 나의 불안과 질투를 인정하고, 건강하게 해소한다.

03
회사 운동회에 꼭 참여해야 할까요?

Q

회사에서 평일에 운동회를 한다는데 정말 참여하기 싫어요. 이것도 ADHD와 관계가 있나요? 다들 재밌겠다고 하는데 저는 듣기만 해도 지치네요. 너무 가기 싫어요. 평일이라서 빠질 명분도 없어요. 이럴 때는 어떻게 하는 게 좋을지 알려 주실 분 계신가요?

Kwoo

저 역시 예전에 고민자님과 똑같이 생각하고 행동한 적이 있습니다. 지나고 보니 좋지 않은 판단이었고, 지금은 매우 후회하고 있습니다. 저는 익숙한 일정, 즉 관성에 편안함을 느끼는 편입니다. 그래서 규칙적인 일상에 변화가 생기면 일단 심적으로 거부하게 됩니다. 조직의 단체 행사가 예정되어 있으면 '어떻게 하면 그날을 피할 수 있을까?', '어떻게 하면 나만 빠질 수 있을까?' 고민하면서 혼자 지치곤 했습니다. 실은 그 행사를 피하기 위해 머리를 쓰는 과정이 저를 피곤하고 괴롭게 한 것인데, (오지도 않은) 행사에서 겪게 될 괴로움으로 착각했습니다. 이런 식으로 단체 활동을 피하다 보니 이런저런 행사가 점점 더 어색하고 어려워지는 빈곤의 악순환에 빠졌습니다.

저 역시 같은 경험이 있기 때문에 고민자님 마음이 어떨지 충분히 이해됩니다. 그렇지만 궁극적으로 고민자님의 행복을 위해 회사 운동회에 참여하길 권합니다. 회사가 악덕 기업이거나 주변 사람들과 사이가 끔찍하게 나빠 퇴사할 날짜를 정한 것이라면 굳이 참여를 강권하지 않겠습니다. 그러나 그런 상황이 아니라면 꼭 가셨으면 합니다. 그래야만 하는 거창한 이유가 있기 때문은 아닙니다. 제가 행사 참여를 권하는 것은 그런 상황에서 참여하기 싫어도 그렇게 해야 하는 것이 '사회생활'이기 때문입니다. 사회생활을 하는 데는 따로 이유가 없습니다.

적극적이고 눈치가 매우 빨라서 사회생활을 아주 잘하는 사람이라면, 이로 인해 다른 이보다 이득을 볼 수도 있습니다. 그러나 그런 사람은 소수이며, 대부분 보통 사람은 눈치껏 적당하게 처신합니다. 따라서 적당하게 사회생활을 한다고 해서 삶에서 체감할 정도로 이득이 되진 않습니다. 하지만 사회생활을 혼자서 의도적으로 피하면 본의 아니게 피해를 받습니다.

많은 사람이 회사 행사에 참여하지만, 그 행사가 '좋아서' 참여하는 사람은 거의 없습니다. 다들 하기 싫지만 사회생활이기 때문에 하는 것이지요. 혼자만 빠지면 주변에서 '쟤는 왜 빠져?', '또 저 사람이야?' 등과 같이 반응합니다. 이런 일이 여러 차례 반복되면 당사자가 없는 자리에서 이야기 소재가 되는, 뒷담화의 주인공이 될 수 있지요.

사회성이 좋다는 것은 주변 사람들과 원만한 관계를 유지하면서 좋은 시너지 효과를 만드는 능력을 의미합니다. 상사, 부하, 동료들과 협력하면서 다른 부서 및 회사와 타협하는 능력이 있는 사람은 회사에 필요한 사람입니다. 그래서 회사는 사회성이 좋은 사람을 높이 평가하고, 구성원들의 사회성과 사회적 기능을 향상시키기 위해 꾸준하게 투자합니다. 이것이 회사가 사원들에게 각종 워크숍과 교육 프로그램을 제공하는 이유입니다.

조직의 활성화와 생산성 향상에는 개인의 역량뿐 아니라 구성원 간의 친밀감도 중요한 역할을 합니다. 회사에서 등산, 회식, 봉사 활동, 운동회 등 다양한 행사를 주최하는 이유도 바로 여기에 있습니다. 이러한 행사는 업무 외적인 공감대를 형성하고 서로를 이해하는 기회를 제공하며, 궁극적으로 협업, 소통, 조율 등 업무에도 긍정적인 영향을 미칩니다.

물론 회사 입장에서 이러한 행사는 조직의 이익을 위한 것이라고 볼 수도 있습니다. 더불어 조직 문화는 구성원들의 사회성과 사회적 기능을 향상시키는 데도 중요한 역할을 합니다. 조직 문화와 구성원은 서로 뗄 수 없는 관계이기 때문입니다. 하지만 같은 행사라도 사람마다 느끼는 바는 다릅니다. 누군가는 회사 운동회를 통해 동료들과 즐거운 시간을 보내며 업무 스트레스를 해소하고 소속감과 동료애를 느끼지만, 누군가는 '왜 이런 걸 해야 하지? 귀찮기만 한데'라고 생각하며 스트레스를 받을 수도 있습니다. 즉, 같은 행사라도 누군가에게는 스트레스 해소의 장이 될 수 있고, 누군가에게는 스트레스를 유발하는 원인이 될 수 있습니다.

사회성은 생각, 성향, 경험 등이 복합적으로 작용하며 형성됩니다. 따라서 사회성에 기반한 사회적 기능 역시 사람마다 다릅니다. 저는 ADHD 증상이 사회성 형성에 어느 정도 영향을 미친다고 생각합니다. 대화 중 갑자기 주제에서 벗어나거나, 상대방의 말을 가로채 자기 이야기만 하거나, 상대방의 말을 잘못 이해하고 엉뚱한 대답을 하는 등의 모습은 ADHD인의 어린 시절부터 반복되어 온 경험입니다. 이러한 경험은 주변 사람들과의 상호 작용을 부정적으로 느끼게 하고, 사회적 관계를 기피하게 만들 수 있습니다. 따라서 ADHD인이 좋은 사회성을 갖추기는 쉽지 않을 수 있습니다.

하지만 소통 기술이나 대인관계 기술 등 사회적 기능은 다릅니다. 사회성에 기반을 두고 있지만, 다양한 활동에 참여하고 반복적으로 연습하면 충분히 개선될 수 있습니다. ADHD인이라도 긍정적이고 적극적인 태도를 갖는다면, 충분히 사회생활에 필요한 사회적 기능과 사회성을 키울 수 있습니다. 이런 점에서 '회사 운동회'는 고민자님의 사회성을 향상시킬 좋은 기회가 될 수 있습니다.

- 막상 해 보면 생각하는 것만큼 끔찍하지 않습니다. 뭔가 수고가 필요한 일이 보인다면 자발적으로 나서서 도와보세요. 그러면 시간도 잘 갑니다. 이러한 고민을 하고 있다면, 아마도 회사 일에 먼저 나서기보다는 잘 빠지는 사람으로 이미지가 형성되어 있을 겁니다. 이번 기회에 적극적으로 나서서 돕는 모습을 보여 주는 건 어떨까요? 주변 사람들에게 좋은 인상을 남길 수 있을 겁니다. 게다가 회사 행사를 휴일에 하는 것보다 평일에 하는 게 훨씬 낫지 않나요? 긍정적으로 생각하며 감사한 마음을 가져 보세요.
- ADHD 치료를 시작하면서 그동안 모임이나 행사 등 단체 활동을 피해 왔던 제 생각이 잘못되었음을 깨달았습니다. 그래서 이후에는 회식 자리에 늘 참가하고, 먼저 나서서 고기를 구웠습니다. 처음에는 서툴렀지만 시간이 지나면서 고기 굽는 실력이 늘었고, 결국 고기 굽는 달인이 되었습니다. 양념, 로스, 닭, 돼지, 소 등 다양한 종류의 고기를 굽는 방법을 익히는 과정은 생각보다 재미있었고, 인터넷으로 검색하면서 더 깊이 파고들기도 했습니다. 이렇게 쌓은 고기 굽는 실력은 연애할 때 큰 도움이 되었습니다. 아내는 지금도 제가 구워 주는 고기가 제일 맛있다고 말합니다.

나는 모두가 함께 즐기는 행사에 참여하고

소속감을 느낄 수 있는 사람이다.

04

의사 선생님의 말이 애매해요

Q

아이가 아홉 살 남자아이인데, 정리를 어려워하고 숙제나 준비물을 깜빡하는 경향이 있어요. 저도 어릴 때 그랬기에 크게 신경을 안 썼는데, 학교에서 집중을 잘 못한다는 선생님 의견에 혹시 ADHD는 아닌지 걱정이 되더군요. 병원에서 몇 가지 검사와 상담을 했는데요. 의사 선생님이 ADHD일 수도 있다며 약물 치료를 권해서 치료를 시작한지 반년 됐어요.

그런데 아이가 ADHD 약을 먹으면 식욕이 없어서 밥을 잘 안 먹으려고 해요. 원래 입이 짧아서 또래보다 마르고 작은데 약까지 먹으니 더 축 처지는 것 같아 안쓰럽습니다. 그래서 약을 안 먹였더니 보기에는 활발하게 보이고 자신감도 올라간 거 같아요. 이런 모습을 보니 약을 먹어야 하는지 말아야 하는지 모르겠어요. 의사 선생님과 이에 대해 상담해도 어떻게 하자고 분명하게 말하지를 않아요. 얼마 전에 다른 병원으로 옮겼는데, 그 병원에서도 크게 다르지 않네요.

무슨 약이든 부작용을 동반합니다. 약물 치료를 하면서 생기는 득과 실을 잘 비교해서 득이 더 크다고 생각이 된다면 약물 치료를 진행하고, 실이 더 클 때는 다른 방안을 찾아야 합니다. 상대적으로 다른 분야의 질병에서는 '득'과 '실'을 비교하기가 쉬운데, 정신건강의학 분야의 ADHD 약물 치료에서는 '득'과 '실'을 비교하는 것이 상황에 따라 자로 잰 듯 딱딱 맞아떨어지지 않을 수 있습니다.

ADHD 약의 흔한 부작용 중에는 식욕 부진이 있습니다. 어느 정도 성장이 끝난 성인 ADHD인이라면 큰 고민이 아닐 수 있습니다. 그러나 또래 평균보다 왜소한 남자아이가 약을 먹고 식욕이 더 없어진다면 다른 이야기가 됩니다. 아이의 성장 발달에 지장을 줄 수 있기 때문입니다. 특히 '신장'(키)은 여성보다는 남성에게 있어 사회경제적으로 중요하게 작용합니다. 남성의 키가 연봉과 사회적 지위 그리고 이성에게 작용하는 매력 등에 영향을 끼친다는 걸 여러 연구에서 확인할 수 있습니다. 약물 치료를 함으로써 얻는 것도 분명히 중요하지만, 이로 인해 발생하는 키 성장 문제는 성인이 되었을 때 여러 불이익을 초래할 수 있습니다.

게다가 진료 시간은 제한적이라 의사 선생님이 아이의 ADHD 증상으로 인한 가정 및 학교생활의 어려움, 약물 치료 효과 등을 모두 파악하기 어렵습니다. 따라서 약물 치료의 득과 실을 비교하고 최종적인 결정을 내리는 것은 결국 부모의 몫입니다.

의사는 ADHD 진단 및 치료에 대한 전문적인 지식과 경험을 바탕으로 아이의 상태를 파악하고, 약물 치료 여부를 판단해 치료 방향을 제시합니다. 또한 약물의 효과와 부작용에 관해 설명하고 아이의 상태 변화에 따라 치료 계획을 조절합니다. 하지만 아이의 일상을 가장 잘 아는 사람은 부모입니다. 따라서 아이를 면밀히 관찰하고 아이와 충분히 소통하는 것은 ADHD 치료에서 매우 중요한 부모의 역할입니다.

의사는 카운슬러나 멘토가 아니지만, 부모와 아이가 궁금한 점을 미리 준비해 질문한다면 친절하게 답변해 줄 것입니다. 아홉 살이라면 자기 생각을 충분히 표현할 수 있는 나이인 만큼 아이에게 의견을 물어 보세요. 약물 치료의 장점과 불편한 점을 아이 스스로 이야기할 수 있도록 대화하는 것이 중요합니다.

자녀가 어리다고 해서 부모의 의견을 일방적으로 강요하는 것은 좋지 않습니다. 부모와 자녀의 관계는 아이의 행복과 가치관 형성에 큰 영향을 미치기 때문입니다. 아이의 의견을 존중하고 함께 치료 계획을 세우는 것이 장기적으로 더 도움이 될 것입니다.

- 성장판 검사: 아이의 키 성장이 걱정된다면 성장판 검사를 통해 정확한 상태를 확인하고 의사와 상담해 적절한 조치를 취하는 것이 좋습니다.
- 비약물 치료 병행: 약물 치료 외에도 인지행동치료, 부모 교육, 놀이 치료 등 다양한 비약물 치료 방법을 병행하면 ADHD 증상 개선에 도움을 줄 수 있습니다. 의사 선생님과 상의해 아이에게 맞는 치료 계획을 세워 보세요.
- ADHD 관련 커뮤니티 활용: 네이버 카페, 카카오톡 오픈채팅방, 지역 커뮤니티 등 ADHD 자녀를 키우는 부모들이 모이는 공간에서 정보를 공유하고 서로에게 힘이 되어 주세요. 비슷한 고민을 가진 부모들과 소통하며 어려움을 극복하는 데 도움을 얻을 수 있습니다.

ADHD 치료, 함께 고민하고 해결하자

이 문제는 자녀가 없는 성인 ADHD인들도 많이 고민하는 부분입니다. 의사에게 모든 것을 의존하거나, 반대로 의사의 조언을 무시하고 자기 생각만 고집하는 것은 바람직하지 않습니다. ADHD인은 극단적인 선택을 하기 쉬운 경향이 있으므로, 유연한 자세로 의사 선생님과 협력해 아이에게 가장 적합한 치료 계획을 세우는 것이 중요합니다.

05

과도한 인과 관계 분석을 내려놓고 싶어요

Q

한 달 동안 계획을 잘 지키고 상태도 좋았는데, 오늘 새벽에 일찍 깨서 잠을 설쳤습니다. 그래서 온종일 피곤하고 무기력했지만, 저녁에는 컨디션이 돌아와 할 일을 마무리했습니다. 새벽에 깬 것은 약 부작용 때문이고, 하루 컨디션이 안 좋으니 항우울제와 ADHD 치료약 효과도 떨어진 것 같습니다. 심리상담 선생님에게 말씀드렸더니, 이런 식으로 어떤 것 때문에 이런 것 같다는 '판단'을 하지 말라고 하더라고요. 하지만 저는 이렇게 판단하지 않으면 제가 할 수 있는데 안 한 것 같은 죄책감이 생깁니다. 그래서 본능적으로 판단하게 돼요. 어떻게 하는 것이 좋을까요? 선생님이 판단하지 말라고 말한 이유는 무엇일까요? 그리고 이런 식으로 생각해서 제 마음이 편해진다면 계속해도 괜찮지 않을까요?

Kwoo

누구에게나 어떤 일의 원인과 결과를 분석하려는 경향이 있습니다. 이는 문제 해결이나 상황 개선에 도움이 되지만, 과도하게 집착하면 오히려 불안감과 죄책감을 불러일으킵니다. 더욱이 스트레스 상황에 있는

ADHD인이라면 이러한 모습 때문에 더 괴로울 수 있습니다.

사람은 스스로 인생을 얼마나 잘 통제할 수 있는지에 따라 인생의 행복도가 달라진다고 합니다. 이러한 맥락에서 안 좋은 일을 경험하면, 그 일의 원인을 자기 내부에 두려고 합니다. 얼마 전 지백이 대화방에서 어떤 분이 학창 시절에 괴롭힘당한 이야기를 하며, 그 이유가 자신의 눈치 없는 행동 때문이었다고 말했습니다. 그래서 제가 그분의 잘못이 아니라고 말했던 게 기억 납니다. 자신이 피해자임에도 불구하고 사건의 원인이 자신에게 있다고 생각하는 것과 지금 고민자님이 컨디션 난조의 원인을 약 부작용으로 단정 짓고 자책하며 인과 관계를 따지는 것은 사실 같은 맥락입니다. 어떤 일의 원인을 파악하고, 그 원인을 자신에게서 찾으려는 이유는 '다음에는 다른 선택을 통해 실패를 피할 수 있다'라는 믿음을 갖고 싶기 때문입니다.

Q

와! 맞아요. 제가 특정 선택 때문에 안 좋은 결과를 얻었다고 생각해 다음에는 그 선택만 피하면 이전의 실수를 만회할 수 있을 거라고 믿었던 것 같습니다.

Kwoo

『마음의 법칙』이라는 책에서는 통제력을 세 가지로 나눕니다.

- 첫째, 연관성이 있다는 것을 알고, 내가 좌지우지할 수 있는 것입니다. 이는 공부하는 데 노력을 기울인 정도에 따라 시험 결과가 달라지는 것처럼 스스로 노력함으로써 결과를 바꿀 수 있는 영역입니다.
- 둘째, 내가 좌지우지할 수는 없지만, 원인과 결과의 연관성을 아는 것입니다. 날씨는 내가 통제할 수 없지만 날씨 변화에 따라 기

분이 달라질 수 있다는 것을 아는 것처럼, 원인과 결과의 연관성은 알지만 통제할 수 없는 영역입니다.

- 셋째, 내가 좌지우지할 수도 없고, 원인과 결과의 연관성도 모르는 것입니다. 갑작스러운 사고나 질병처럼 예측하거나 통제할 수 없는 영역입니다.

지금 고민자님이 빠진 오류는 두 번째 유형입니다. 즉, 스스로 좌지우지할 수 없는 일에 대해 과도하게 인과 관계를 따지는 것이죠. 컨디션 난조의 원인을 약 부작용으로 단정 짓고, 약 복용을 조절하면 모든 문제가 해결될 것이라 믿고 있습니다. 물론 약 부작용이 영향을 줄 수도 있지만, 그것만으로 결정되는 건 아닙니다. 수면 습관, 식습관, 스트레스 등 여러 요인이 복합적으로 작용합니다.

사람은 보통 세 번째 유형을 경험할 때 무력감을 느낍니다. 불안도가 높은 사람은 이 사실을 견디는 게 힘듭니다. 하지만 자신의 인생에서 만족할 만한 통제력을 발휘하는 사람은 '그럴 수도 있지. 내가 어떻게 할 수 있는 게 아니네'라고 생각합니다. 어쩌면 고민자님은 자신의 인생이 생각대로, 계획대로, 의지대로 흘러가지 않는다고 생각할 수 있습니다.

심리상담 선생님이 고민자님에게 '판단'을 하지 말라고 한 것은 무리한 인과 관계 해석으로 인해 오히려 끝없는 불안의 굴레로 빠질 수 있기 때문입니다. 해결책을 찾기 위해 원인을 찾는 과정은 중요하지만, 모든 원인을 자신의 통제권 안에 두려는 생각은 스트레스만 주어 도움은커녕 문제를 키우게 됩니다.

그러면 좌지우지할 수 없는 일을 맞닥뜨릴 때 어떻게 받아들여야 할까요? **Q**

Kwoo

먼저 계획이 너무 빡빡하거나 비현실적이지는 않은지 확인해 보세요. 만약 그렇다면, 성공률을 높이기 위해 계획을 조금 더 여유롭게 조정하는 것이 좋습니다.

우리 삶에서 일어나는 대부분의 일은 다양한 원인이 복합적으로 작용해 발생합니다. 단순한 인과 관계로 설명하기 어려운 경우가 많습니다. 따라서 비슷한 일이 반복될 때마다 끊임없이 원인을 분석하고 자책하기보다는 상황을 있는 그대로 받아들이는 연습을 하는 것이 중요합니다.

이 연습에 도움이 되는 건 마음챙김 훈련입니다. ADHD인은 끊임없이 떠오르는 생각 때문에 주의력과 집중력을 유지하기가 어렵습니다. 이럴 때는 마음챙김 훈련을 통해 생각을 잠재우고 현재에 집중하는 연습이 필요합니다. 마음챙김 훈련은 잡념을 줄이고 현재에 집중하는 데 도움을 주며, 부정적인 생각의 악순환에서 벗어나도록 도와줍니다. 마음챙김 훈련을 한다고 성과가 바로 나타나지는 않습니다. 그러나 꾸준하게 연습하면 분명히 긍정적인 변화를 느낄 수 있습니다. 응원하겠습니다.

하양이에 있는 대표적인 마음챙김 훈련 방법

- 코호흡에 집중하기: 편안한 자세로 앉거나 누워 눈을 감고, 코로 숨을 들이마시고 내쉬는 감각에 집중합니다.
- 청각에 집중하기: 주변의 소리에 집중하며, 각각의 소리를 판단하거나 평가하지 않고 있는 그대로 받아들입니다.

- 촉각에 집중하기: 몸에 닿는 감각에 집중하며 옷의 감촉, 바람의 느낌, 발바닥이 땅에 닿는 느낌 등을 느껴 봅니다.
- 걷기 명상: 땀이 날 정도로 빠르게 걸으며 발걸음, 호흡, 주변 풍경 등에 집중합니다.

나는 통제할 수 없는 일에 대한 걱정을 내려놓고,
현재에 집중할 수 있다.

06

ADHD가 배우라는 꿈에 걸림돌이 될까요?

Q

배우를 준비하고 있는데 ADHD가 큰 문제가 될까요? 연예계 쪽에는 ADHD인 분이 많다고 알고 있는데요. ADHD로 인해 지장이 생길까 봐 괜히 걱정되네요.

Kwoo

ADHD 유무의 차이점만 있는 가상의 두 인물이 있다고 할 때, 얼핏 보면 ADHD가 '있는' 사람이 불리해 보일 수 있습니다. 촬영장에 자주 지각하거나 대본을 잘 외우지 못하는 등 배우로 성공하기에 어려운 점이 먼저 떠오를 수 있습니다. 하지만 ADHD는 단지 무언가가 결핍된 상태의 장애가 아닙니다. 주의력, 활동성, 충동성 등 다양한 영역에서 어떤 경향성을 보여 주는 신경 발달 상태입니다. 같은 ADHD인이라 해도 사람마다 다른 강점과 약점을 가지는 등 저마다 차이가 있습니다.

그러나 ADHD인의 성향이 장점으로 작용하는 부분도 많습니다. 창의적인 아이디어, 넘치는 에너지와 열정 등 다양한 강점이 있습니다. 그리고 이러한 강점은 배우 활동을 하는 데 큰 도움이 됩니다. 가령, 매번 새로운 역할을 맡는 배우의 특성상 새로운 것에 쉽게 흥미를 느끼는 ADHD 성향은 배우로서 성장하는 데 긍정적인 영향을 미칩니다. 풍부한 창의성과 상상력은 새로운 여러 배역을 소화하는 과정에서 자신만의 개성 있는 캐릭터를 만드는 데 도움이 됩니다.

ADHD에 대한 오해는 부정적인 인식을 야기합니다. ADHD는 의지가 부족하거나 나태해서 생기는 것이 아니라, 뇌의 신경발달학적인 측면으로 인해 발생하는 것입니다. ADHD인은 자신의 어려움을 극복하기 위해 일반인보다 조금 더 노력해야 할 수 있지만, 불가능한 것은 아닙니다. ADHD의 특징을 잘 이해하는 ADHD인이라면 배우로 성공하는 데 자신의 ADHD 성향을 오히려 이용할 수 있습니다.

윌 스미스, 짐 캐리, 라이언 고슬링 등 ADHD를 가진 세계적인 유명한 배우들이 있다는 것은 배우로 성공하는 데 ADHD가 걸림돌이 되는 것은 아니란 걸 보여 줍니다. ADHD 배우들은 촬영장에서 ADHD인 특유의 과몰입으로 뛰어난 애드리브ad lib를 보여 주는 것으로 알려져 있습니다. 이처럼 ADHD는 사용하기에 따라 나만의 무기가 될 수 있습니다. 언제나 강조하는 '긍정적인 마음'으로 나의 강점이 무엇인지 발견해 보세요. 누군가가 해냈다면 고민자님도 충분히 해낼 수 있습니다. 멋진 배우로 성장하길 응원합니다.

Q 요즘 아무리 노력해도 저 자신이 너무 부족한 사람인 것 같아 마음이 힘들었는데, 이런 말을 들으니 눈물이 나네요. 따뜻한 말을 해 주어서 감사합니다. 오늘 하루는 조금 더 행복하게 시작할 수 있겠어요. 행복하세요.

ADHD는 직업 선택에서 걸림돌?

지백이 대화방에는 ADHD인들의 직업 선택 고민이 끊이지 않습니다. '제가 ADHD인데 프로그래머 일을 잘할 수 있을까요?', 'ADHD는 자영업을 하는 게 더 좋을까요?', 'ADHD에게 공무원은 어떨까요?', 'ADHD인데 선생님이 될 수 있을까요?', 'ADHD한테 어울리는 직업은 무엇일까요?' 등 다양한 질문이 올라옵니다. 직업은 단순히 돈을 버는 수단을 넘어 삶의 만족도와 행복에 밀접한 연관이 있는 만큼 매우 중요한 문제입니다. 하지만 고민의 흐름을 잘 살펴보면 '나는 ADHD인이니까 이 직업은 나에게 불리해' 또는 'ADHD인에게는 이 직업이 유리해'라는 식의 이분법적인 사고에 갇힌 경우가 많습니다. 이러한 사고방식은 우리 ADHD인이 자주 빠지는 함정입니다.

ADHD 성향은 모든 직업에서 천편일률적으로 단점이나 장점으로 작용하지 않습니다. 때로는 단점이라고 생각했던 특성이, 상황이 바뀌면 장점이 되기도 합니다. 중요한 건 ADHD로 진단받은 사람은 많지만, ADHD로 인한 양상과 정도가 사람마다 다르다는 겁니다. ADHD 성향을 제외하더라도 개인의 기질과 역량 또한 다양합니다. 지능 역시 인지 기능 및 정보 처리 기능 등 여러 가지 요소로 구성되며, 개인마다 차이가 있습니다.

그러나 우리가 현실에서 보여 주는 퍼포먼스는 단순히 그 사람이 가진 역량과 기능만으로 결정되지 않습니다. 상황의 각 맥락을 파악하는 힘(눈치), 동기 부여, 각성 상태 등 여러 가지 요인이 복합적으로 상호 작용을 합니다. 따라서 과거에 내가 하지 못했던 일이라도 상황과 조건이 변하면 충분히 해낼 수도 있습니다. 가령 눈치를 키우면 지금 상황에서 내게 기대되는 행동이 무엇인지 스스로 알 수 있습니다. 그러면 지금 상황에서 주변의 기대에 맞춰 필요한 노력을 하게 됩니다. 또한 명확한 목표 설정(구체적인 미래의 청사진)이나 긍정적인 경험으로 동기 부여 수준이 올라간다면 더 힘을 내게 됩니다.

또한 개인마다 최고의 성과를 낼 수 있는 '최적 각성 수준optimal level of arousal'[3]이 있습니다. 사람은 마감 기한이 촉박하면 스트레스로 인해 집중이 어려워서 평소보다 실수를 많이 하게 됩니다. 반대로 마감 기한이 넉넉하면 긴장감이 떨어져서 주의가 쉽게 분산됩니다. 이처럼 양극단의 상황 사이 어느 지점에서 사람은 자신이 할 수 있는 최대의 성과를 만듭니다. 또 누군가는 주변으로부터 주목받고 있을 때 더 좋은 성과를 내며, 누군가는 이런 관심을 부담으로 느껴 역량을 다 보여 주지 못하기도 합니다.

이처럼 ADHD가 있든 없든 우리는 각자에게 맞는 상황과 분야, 과제 등 최적의 조건에서 최고의 역량을 발휘할 수 있습니다. 자신이 가장 좋은 성과를 낼 수 있는 조건과 상황을 알기 위해서는 부단하게 도전하고 경험해야 합니다. 이렇게 자신에게 좀 더 적합하고 좀 더 유리한 일이 무엇인지 찾아가는 과정은 지극히 개인적인 여정이기 때문에 유튜브나 책을 통해서 쉽게 알아낼 수 없습니다. 남이 대신 찾아줄 수도 없고요.

무슨 직업을 가질지 머릿속으로 상상하며 고민하느라 너무 많은 시간을 쓰기보다는, 지백이 1권의 "의미 없는 노력은 없다", "몸은 바쁘게, 마음은 여유롭게"라는 메시지를 떠올리며 당장 내가 할 수 있는 것을 일단 시작해 보세요. 고민하는 행위만으로는 알 수 없었던, 자신에

3) 최적 각성 수준(optimal level of arousal): 여키스-도슨(Yerkes-Dodson) 법칙에 따르면 각 개인은 특정 과제를 수행할 때 최고의 성과를 내는 각성 상태 지점이 있는데, 이것이 최적 각성 수준입니다. 복잡하고 어려운 고차원적인 과제를 수행할 때는 너무 높은 각성 수준보다 적당한 긴장감을 유지할 때 더 좋은 결과를 만듭니다. 반면, 단순 반복적인 과제를 할 때는 높은 각성 상태가 더 좋은 결과로 이어집니다. 이러한 최적 각성 수준은 개인마다 그리고 과제에 따라 다르게 나타납니다.

관한 많은 것을 알게 됩니다.

어떤 일을 시작하기에 앞서 과거에 기대했던 것과 다른 결과를 얻었던 경험이 있다면, 이번에는 새로운 분야에 도전해 보는 것도 좋습니다. 자신에 대한 선입견을 버리고 기존의 틀을 부수는 도전을 통해 예상하지 못했던 자신의 무기를 발견할 수도 있습니다. ADHD인은 숫자에 약하다고 생각했던 사람이 회계 업무에 흥미를 느끼고 능력을 발휘하는 ADHD인도 봤습니다. 자신에 대해 잘 알고 있다는 자부심을 내려놓으면, 새로운 돌파구를 찾을 수 있습니다. 생각해 본 적 없던 새로운 도전에서 가장 중요한 걸 깨우치는 경험을 할 수도 있습니다.

ADHD는 자기 직업에서 인정받고 성공하는 데 걸림돌이 아닙니다. 오히려 나만의 개성과 강점을 만들어 주는 특별한 무기가 될 수 있습니다. 이 사실을 항상 긍정한다면 무슨 직업을 선택하든 이전에 없던 좋은 결과를 낼 수 있을 것이라 확신합니다.

때로는 낯설고 고된 환경에서 기대에 없던 성장을 이루기도 합니다. 신체 건강한 대한민국 남성이라면 누구나 다녀오는 군대처럼 말입니다. 엄밀히 말해 군대는 전쟁을 대비하는 훈련소이지 교육기관이 아닙니다. 그럼에도 불구하고 군생활에서 많은 걸 배웠다고 말하는 사람이 있습니다. 솔직히 외부인의 시선에서는 분단국가에 태어났다는 이유로 혈기 왕성한 청춘에 일면식도 없는 사람들을 자유 없이 강제로 모아 둔 공간에서 무엇을 배웠다는 건지 이해하기 어려운 게 사실입니다. 그러나 사람은 꼭 이상적인 좋은 환경, 풍족한 상황에서만 무언가를 배우고 성장하는 건 아닙니다. 그렇지 못한 상황에서도 배울 수 있는 귀중한 교훈들이 있습니다. 마찬가지로 어떤 일이든 직접 부딪혀 보기 전에는 그 속에 무엇이 있는지 알 수 없습니다. 중요한 건 어떤 상황이든 배우고 성장하려는 자세입니다. 이러한 자세의 중요성을 느낄 수 '있고/없고'의 차이는 단순히 '득정 직업에 대한 ADHD의 유불리 차이'보다 삶 전체에 더 큰 영향을 끼칩니다.

나는 끊임없는 도전과 경험을 통해
나의 잠재력을 발휘할 수 있다.

07

친밀한 관계에서 말실수를 줄이고 싶어요

Q

사회생활에서 별로 안 친한 사람이나 한 번 보고 마는 사람에겐 예의를 지키고 친절한데, 가깝거나 친해지고 싶은 사람에게는 마음에도 없는 못된 말이나 이상한 말을 하게 되는 것도 ADHD 때문일까요? 긴장해서 충동적인 성향이 나오는 걸까요?

Kwoo

짧은 만남에서는 대부분 예상 가능한 상황이 반복됩니다. 그래서 과거의 경험을 바탕으로 비교적 쉽게 대처할 수 있습니다. 하지만 친밀한 관계에서 대화는 예측이 불가능하고 복잡할 때가 많습니다. ADHD인들은 주의력이 쉽게 분산되고, 새로운 정보를 빨리 처리하는 데 어려움을 겪곤 합니다. 그렇다 보니 매 순간 대화에 집중하는 게 어려울 수 있습니다. 또한 깊이 생각하지 않고 충동적인 말을 먼저 내뱉거나, 감정 조절이 잘되지 않아 의도치 않게 상대방에게 상처 주는 말을 할 수도 있습니다.

커뮤니케이션에서는 말의 내용보다 표정과 자세 등 비언어적 메시지가 더 큰 영향을 미칩니다. 하지만 ADHD인들은 이러한 비언어적 신호를 놓치는 경우가 많아 분위기 파악을 못 한다는 평가를 받거나, 하고 싶은 말만 한다는 지적을 받기도 합니다.

일반인들은 상대방의 말을 경청하고 반응하며 대화를 이어 나갑니다. 하지만 ADHD인들은 작업 기억력(단기 기억력)이 부족한 경우가 많아, 떠오르는 생각을 빨리 표현하고 싶은 충동을 느낍니다. 아이디어가 사라질까 봐 급하게 말하는 경향이 있죠. 하지만 상대방의 말을 끝까지 듣고 이해하며 공감한 후에 자신의 생각을 이야기하는 것이 중요합니다.

고민자님이 얘기한 '못된 말'은 악의적인 의도가 아니라, 생각 없이 내뱉은 충동적인 말이 상대방에게 상처를 주는 경우를 의미하는 것 같습니다. 못된 마음을 가진 사람은 타인을 배려하는 고민을 하지 않으니까요.

Q 듣고 보니 생각 없이 내뱉은 말이 맞는 것 같습니다. 답변하기 전에 한 번 더 생각하고 말하려면 어떻게 해야 할까요? 사실 예전에 시간차를 두고 천천히 말했다가 답답하니 빨리 대답하라고 한 소리 들었던 일이 있습니다. 이 기억 때문에 요즘은 빨리 대답하려고 하다 보니 자꾸 실수하게 됩니다.

Kwoo 그런 경험으로 인해 불안감을 느끼는 것은 당연합니다. 누구나 그런 경험을 하면 위축되고 불안해할 수 있습니다. 특히 ADHD인들은 과거 경험으로 인해 부정적인 피드백에 더 민감한 편입니다. 그래서 상대가 대수롭지 않게 던진 말에도 큰 상처를 받을 수 있습니다. 하지만 과거의 경험에 얽매이지 말고 새로운 대화 방식을 연습해 보는 것도 좋겠습니다. 혹시 어떤 상황에서 그런 일을 겪고 있나요? 직장인가요? 그렇다면 업무 관련 대화인지 아니면 업무 외적인 대화인지에 따라 대처 방법이 달라질 수 있습니다. 업무 관련 대화라면 평소에 업무 내용을 잘 숙지해 두는 것이 중요합니다. 그렇게 하면 업무 외적인 대화보다 범위가 정해져 있어 비교적 쉽게 대응할 수 있습니다.

Q 업무 관련 대화는 패턴이 있어서 비교적 답변하기 쉬운 것 같아요. 그런데 일상적인 이야기를 할 때 마치 중요한 사람도 아닌데 뜸을 들인다는 식으로 핀잔을 들었습니다. 유난히 저에게 그런 지적을 반복하던 직장 동료가 있었어요. 지금은 그 직장에 다니지 않지만, 그때의 감정이 남아서 아직도 누가 질문하면 1초 이내로 대답해야 할 것 같은 불안감이 있어요. 개인적인 트라우마 같긴 한데, ADHD인이 한 번 더 생각하고 말하는 노하우가 있을까요?

Kwoo 이미 지나간 일은 다 잊으세요. 그리고 이 말을 꼭 기억하세요. "ADHD인은 해야 할 말을 하지 않아서 망하는 게 아니라, 안 해도 되는 말을 굳이 해서 망한다." 기억하는 게 어렵다면 작은 종이에 적어서 지갑에 넣고 다니며 수시로 보는 것도 좋은 방법입니다.

말하기 전에 잠시 멈추어 내가 하려는 말이 상황에 적절한지 한 번 더 생각해 보는 습관이 필요합니다. 물론 ADHD인이 모든 대화에 완벽하게 대처하기는 어려울 수 있습니다. 저 역시 그렇게 완벽하게 해내진 못합니다. 저의 경우 중요한 자리에서 대화할 때는 '마음챙김 대화'를 이용합니다. 말을 듣고 바로 대답하기보다는 호흡을 통해 주의를 온전히 현재로 가져온 뒤 말을 시작하는 것이지요.

누군가가 던진 질문에 대해 아는 것이 없거나 생각해 본 적이 없다면 "글쎄요. 딱히 생각해 본 적이 없어 잘 모르겠습니다"라고 솔직하게 답변하세요. 질문을 받자마자 바로 이렇게 대답하면 상대방은 자신과 대화하기 싫은 것으로 오해할 수도 있으니, 잠시 생각하는 모습을 보인 후 답변하는 것이 좋습니다. 그리고 이어서 상대방에게 "저는 아는 게 없지만, 혹시 ○○님은 어떻게 생각하세요?"라고 질문하며 대화를 이어갈 수 있습니다.

상대방이 나와 대화를 나누는 건 내 의견이 궁금해서일 수도 있지만, 이해와 공감을 받기 위해서인 경우도 많습니다. 상대방의 말을 주의 깊게 듣고, 혹시 내가 잘못 이해한 건 아닌지 확인하기 위해 들은 내용을 요약하고 상대방에게 "그러니까 ○○님 말씀은 이런 내용인가요? 제가 놓친 부분이 있나요?" 하고 질문해 보세요. 상대방은 자신의 이야기를 잘 들어 주는 모습에 만족할 것입니다. 상대방의 이야기를 듣는 과정에서 고개를 끄덕이며 '맞아요, 맞아요', '그렇군요' 등의 추임새를 넣는 것도 좋습니다.

만약 대화 주제가 누군가를 비난하거나 비판하는 내용이라면, 긍정적인 표현과 함께 다른 주제로 자연스럽게 넘어가세요. 날씨, 사회적 이슈, 취미 등에 관해 이야기하며 대화 분위기를 부드럽게 만들 수 있습니다. 그러면 상대방은 고민자님과 나눈 대화를 긍정적으로 기억할 겁니다.

유튜브에서 스몰토크에 관해 검색해 보면, 소통 전문가들의 유용한 영상을 쉽게 찾을 수 있습니다. 전문가들의 설명은 스몰토크를 이해하는 데 도움이 되지만, 대화에 실질적으로 도움이 되려면 꾸준하게 연습해야 합니다. 혼자 거울을 보고 연습하는 것도 좋지만 스마트폰으로 가족과 대화하는 모습을 촬영해 객관적으로 평가받고 피드백을 나누는 것도 좋은 방법입니다. 처음에는 어색하고 번거롭겠지만, 몇 개월 꾸준히 연습하면 스스로 변화를 느낄 수 있습니다. 그뿐 아니라 이러한 노력의 과정은 사람들과 대화하는 데 있어 자신감을 향상시켜 줍니다.

스몰토크는 대부분 문제 해결보다는 공감과 소통을 위한 것입니다. 대화에서 실수하지 않겠다는 압박감에서 벗어나 편안하게 대화를 즐기세요. 공감과 위로를 우선으로 한다면 상대방과 진정한 소통을 나누게 될 것입니다.

나는 경청하고 공감하며,
상대방과 즐거운 대화를 나누는 사람이다.

08

뒷담화하는 상사와 어떻게 시간을 보내야 할까요?

Q

상사가 음식 남기는 걸 싫어해서 식당에서 잔반 남기는 사람들을 볼 때마다 흉을 봐요. 저는 사람마다 입맛이 다르니 음식을 남길 수도 있다고 생각하는데, 상사가 자꾸 본인 생각을 강요하는 것 같아 불편합니다. 제가 너무 예민한 걸까요? 둘이서 일하다 보니 매일 함께 식사해야 하는데 어떤 마음을 가져야 할지 고민입니다.

Kwoo

상사의 말 때문에 불편을 느끼는 건 당연합니다. 누구나 타인에 대한 험담을 듣는 것은 불편하지요. 반복될수록 스트레스가 커질 것이기에 고민자님의 감정은 자연스럽다고 생각합니다.

고민자님의 상사는 왜 다른 사람이 잔반을 남기는 것에 대해 뒷담화하는 걸까요? 단순히 음식을 남기는 게 싫을 수도 있지만, 완벽주의 성향 또는 강박적인 성향으로 인해 잔반을 남기는 행위에 불쾌감을 느끼는 것일 수도 있습니다. 어쩌면 자신이 받는 스트레스를 뒷담화를 통해 해소하려는 것일지도 모릅니다. 어쨌든 저 또한 상사와 식사하는 중에 그런 말을 듣는다면 상당히 불편하고 부담스러울 것 같습니다. 왠지 음식을 남기고 싶어도 못 남길 것 같습니다. 음식은 개인마다 기호가 다르고, 알레르기 문제도 있을 수 있는 만큼 음식을 남기는 것은 존중받아야 하는 개인의 선택이라고 생각합니다. 그렇지만 직급이 높은 상사에게 반박하기는 어려운 일입니다.

저 역시 ADHD인으로서 상황 전체를 파악하기보다는 상대방의 말에 담긴 논리적인 오류나 비합리적인 부분에 집중하는 경향이 있습니다. 그래서 우리 ADHD인들은 이런 상황에 처할 때 현명하게 대처하는 방법을 미리 생각해 두어야 합니다.

상사가 그런 말을 할 때 이렇게 말할 수 있습니다. "저도 음식 남기는 거 싫어해서 최대한 먹을 만큼만 담으려고 하는데요. 하지만 먹다보면 생각과 달리 소화가 잘 안되거나 양이 많을 때가 있더라고요. 습관적으로 매번 남기는 것은 좋지 않지만, 다른 사람들도 각자의 이유가 있지 않을까요? 알레르기가 있을 수도 있고, 입맛에 맞지 않을 수도 있잖아요?"

이때 말의 내용만큼 중요한 것은 전달 방식입니다. 메라비언 법칙에 따르면, 비언어적인 요인이 의사소통에 미치는 영향은 매우 큽니다. 따라서 이러한 말을 할 때는 부드러운 표정과 억양으로 '이런 말씀을 드려 죄송하지만…'과 같은 느낌을 담아 말하는 것이 좋습니다. 눈치 있는 상사라면 당신의 불편한 마음을 알아차리고, 더는 그런 말을 하지 않을 겁니다.

상사가 계속 뒷담화를 한다면 다른 방법을 생각해야 하지만, 상사의 태도가 지속되더라도 ADHD인의 성향에 따라 직설적으로 말하는 건 삼가야 합니다. 상사가 타인의 잔반에 대해 뒷담화를 반복하는 성격이라면, 고집이 세거나 융통성이 없을 확률이 높습니다. 자신이 모르는 사이 상사로 인해 피해를 받게 될 수도 있습니다.

상사의 말이 회사나 당신에게 직접적으로 피해를 주는 게 아니라면 굳이 반박하지 않아도 괜찮습니다. 침묵이 곧 동의를 의미하는 건 아니라는 사실을 분명히 알아야 합니다. ADHD인은 자신의 생각을 충동적으로 입 밖으로 꺼내거나 감정적으로 말하기 쉽기 때문에 침묵하는 것은 갈등을 피하고 상황을 악화시키지 않는 최선의 방법이 될 수 있습니다.

사람은 누구나 자신의 가치관이 합리적이라고 생각하며, 이는 상사도 마찬가지입니다. 우리는 상대방의 의견을 그 자체로 수용할 수 있어야 합니다. 상사는 자신의 가치관에 어긋나는 상황을 목격했을 뿐이며, 단지 그 감정을 당신에게 표현했을 뿐일 수 있습니다.

내키지 않을 수 있겠지만, 상사의 감정에 공감해 주는 것도 좋은 방법입니다. 상대방의 의견에 동의하지 않더라도 그의 감정에 공감하는 모습을 보여 주면 상황이 개선될 수 있습니다. 그 방법 중 하나는 자신의 비슷한 경험에 관해 이야기하는 겁니다. 예를 들어, "과장님, 저도 그 기분 잘 알 것 같아요. 함께 식사하는 상대에게 자신이 먹는 음식이 맛있다며 강하게 권하는 모습을 보면 참 불편하더라고요"와 같이 이야기하면서 공감대를 형성할 수 있습니다. 그런 다음 날씨, 사회적 이슈, 취미 등 다른 주제로 자연스럽게 대화의 주제를 바꾸는 것도 좋습니다. 만약 다른 주제가 떠오르지 않는다면, 업무 이야기를 하는 것도 좋은 방법입니다.

이는 단순히 음식을 남기는 것에 대한 옳고 그름을 따지는 것이 아닙니다. 나와 다른 의견을 가진 상대방을 대하는 상황에서 ADHD인들이 겪는 어려움과 현명한 대처 전략에 관한 이야기입니다. 자신도 모르게 튀어나온 솔직한 발언으로 분위기를 썰렁하게 만든 경험이 있더라도 자책을 반복하지 마세요. 많은 ADHD인이 겪는 일입니다. 다음에 비슷한 상황이 생긴다면, 자신의 불편한 마음을 알아차리고 잠시 멈춰서 심호흡하세요. 표정에 불편한 기색이 드러나지 않도록 주의하고, 상대방의 의견에 먼저 공감하는 태도를 보여 주세요. ADHD인은 충동적인 발언으로 곤란해지기 쉽지만, 상대방의 감정을 이해하려는 노력을 반복할수록 더 나은 관계를 만들어 갈 수 있습니다.

나는 불편한 상황에서도 침착하게 대처하고 현명하게 소통한다.

'이상한 사람'과 자꾸 부딪히는 ADHD인

많은 성인 ADHD인이 충동적인 성향으로 인해 자신이 불합리한 처우를 받거나 상대방의 언행이 불편할 때 직설적으로 말하는 경향이 있습니다. 또한 감정 조절이 어려워 누군가의 도발에 쉽게 흥분하고, 감정적으로 반응해 갈등을 유발하기도 합니다. 게다가 자신의 생각이나 감정을 솔직하게 표현하는 경향이 있다 보니 상대방에게 공격적인 태도로 보이거나 오해를 받기도 하지요. 그래서 많은 ADHD인이 윗사람이나 동료에게 미움을 사거나 불이익을 받곤 합니다. 시간이 지난 후에 이때를 회상하면서 '괜히 이상한 사람 만나서 솔직한 성격 때문에 나만 피해 봤어'라며 억울하게 생각합니다.

지백이 1권에서도 언급했지만, ADHD인은 '마음의 불편함을 참는 힘'이 약합니다. 그 불편한 순간을 바로 해결하지 않으면, 내일도 모레도 계속 반복될 것 같은 기분이 듭니다. 불편함이 영원할 것 같다는 생각이 들면, 지금 당장 해결해야만 할 것 같은 감정에 휩싸입니다. 그러면 상대방에게 '돌직구'를 날리는 것이 현재 할 수 있는 가장 합리적인 방법이라고 생각합니다. 하지만 이런 모습은 솔직한 것이 아니라 나에 대한 이미지와 평가를 안 좋게 만드는 행동이며, 지양해야 하는 모습입니다.

'이상한 사람'이 보여 주는 모습들

- 공격적인 언행을 하는 사람: 타인을 비난하거나 비하하는 말을 하는 사람, 자신의 잘못을 남의 탓으로 돌리는 사람
- 사회적 룰을 어기는 사람: 스터디 카페나 독서실에서 큰 소리로 떠들거나 냄새나는 음식을 먹는 등 남에게 피해를 주는 사람, 약속을 지키지 않는 사람, 무례한 사람
- 융통성 없는 사람: 자기 생각만 옳다고 주장하며 타협하지 않는 사람, 남의 기분을 배려하지 않고 자신의 이익만 생각하는 사람
- 남을 조종하려는 사람: 남을 자신의 이익을 위해 이용하려는 사람, 뒷담화를 주도하며 이간질하는 사람

이는 우리가 '이상한 사람'이라고 부르는 사람들이 보여 주는 행동의 일부입니다. 이러한 모습 중 일부를 아주 가끔 보여 주는 사람은 종종 있지만, '이상한 사람'은 이런 모습을 지나치게 자주 보입니다. 우리는 이상한 사람을 학교, 직장 등 다양한 곳에서 만날 수 있습니다.

어느 집단이든 이상한 사람은 꼭 있습니다. 집단 내 많은 사람이 그 이상한 사람을 좋아하지 않고 뒷담화하지만, 모두가 그 사람과 표면적으로 갈등을 겪지는 않습니다. 그 이상한 사람과 갈등을 겪는 사람이 있더라도, 다른 새로운 집단으로 갈 때마다 그곳에 있는 새로운 이상한 사람과 '매번' 갈등을 겪지는 않습니다(보통 일반인은 과거의 경험에서 학습하기 마련입니다).

그런데 저의 ADHD 진단 전 과거를 돌아보니, 저는 제가 속했던 집단마다 거기에 있는 이상한 사람과 크든 작든 늘 갈등을 겪었습니다. ADHD를 진단받고 약물 치료를 시작한 후에도 이런 양상이 계속되었던 걸 보면, 단순히 약물 치료만으로 해결되지는 않는 것 같습니다. 몇 년간 ADHD 지피지기 백전불태 커뮤니티를 운영하면서 많은 성인 ADHD인의 고민을 보니, 저와 같은 경험을 하고 같은 생각을 하는 ADHD인이 많았습니다. 그제야 저의 모습은 ADHD와 관계 있는, ADHD인이 빠지기 쉬운 함정이자 개선해야 할 문제라는 생각이 어렴풋이 들었습니다. 많은 시간 깊은 고찰을 하고 나서야 이러한 문제에 대한 생각이 점점 뚜렷해졌습니다.

집단을 옮길 때마다 비슷한 경험을 반복한다면 무엇보다 먼저 내 안에서 문제를 찾아야 합니다. 애초에 이것을 문제라고 인식하지 못한다면, 어느 집단을 가든 계속 반복될 뿐입니다. 이상한 사람과 갈등을 겪을 때 모두가 내 편을 들어준다 하더라도, 결국 손해를 보는 것은 우리 자신입니다. 그러한 감정적인 문제로 주의력이 흐트러지면 시간, 집중력, 에너지 등을 낭비하게 됩니다. 얻는 것 없는 싸움을 하는 셈입니다. 그 이상한 사람이 도를 넘는 행동을 했다면, 다른 누군가가 먼저 나서서 문제를 제기했을 것입니다. 부디 먼저 분쟁을 일으키는 사람이 되지 않기를 바랍니다.

"좋은 글이네요. 제가 실제로 직접 겪은 일과 같아서 더 와닿습니다."

"뼈 맞았습니다. 저는 제가 정의의 사도인 줄 알았어요."

"제 별명이 그래서 쌈닭이었나 봐요. 자제해야겠어요."

– ADHD 지피지기 백전불태 대화방 말말말

나는 어려운 상황에서도 감정을 조절하고

현명하게 대처할 수 있다.

09

ADHD 자녀의 게임 핵 사용 요구, 어쩌죠?

Q

아이가 게임에서 핵(불법 프로그램)을 사용하게 해 달라는데 해 줘야 할까요? 게임에서 값이 나가는 과일을 뽑고 싶어 하는데, 그걸 뽑을 확률이 매우 낮은가 봐요.

Kwoo

이 문제는 아이의 도덕적 판단과도 관련이 있으므로 좀 더 신중하게 접근해야 합니다. 아이가 불법 프로그램을 사용하면 게임 회사에서 계정을 정지시킨 수 있습니다. 아이도 이런 결과를 원하지는 않겠지만, ADHD 증상인 충동성 때문에 당장의 욕구에 휩쓸려 잘못된 선택을 할 수 있습니다. 특히 ADHD 아동은 맥락을 파악하는 능력이 부족하기 때문에 불법 프로그램 사용이 다른 게임 이용자와 회사에 어떤 피해를 주는지 그들의 입장을 이해하지 못할 수 있습니다.

ADHD라고 해서 도덕적 판단 능력 자체가 부족한 것은 아닙니다. 하지만 주의력 결핍, 감정 조절 어려움, 충동성 등 ADHD 증상으로 인해 올바른 판단을 내리지 못하고 실수를 저지르곤 합니다. 가령,

ADHD 증상으로 인해 지루한 과정을 견디지 못하고 편법을 이용해서 뭔가 빨리 얻고 싶은 마음이 생길 수 있습니다.

지금 상황에서 편법은 핵이라는 불법 프로그램이고 그 대가는 게임 계정 정지이겠지만, 이러한 태도가 일상으로 이어진다면 심각한 문제를 초래할 수 있습니다. (무단횡단을 습관적으로 하는 ADHD 아동의 경우도 비슷합니다. 신호를 기다리는 지루함을 참지 못하는 것이지 규칙을 모르는 것이 아닙니다.) 도덕적인 가치관을 가지는 것과 그 가치관대로 행동하는 것은 엄연히 다른 문제입니다. 그리고 한 번 어기면 두 번째 어기는 것은 더 쉽습니다. 이점을 명심해 주세요.

편법을 이용해 성과를 이루려 하는 마음가짐은 커닝 등 다양한 불법 행위로 이어질 가능성이 있습니다. 따라서 지금 이 상황에서는 모든 가능성을 고려하고 미연에 방지하기 위해 각별히 신경을 써야 합니다. 아이가 자라면서 올바른 선택을 할 수 있도록 지도해야 합니다.

불법 프로그램을 쓰려고 하는 ADHD 자녀에게 대처하기

아이 왜? 왜 안 되는데? 쓰면 왜 안 되는데?

엄마 네가 불법 프로그램을 쓰면 정상적으로 게임을 하는 다른 사람들의 기분은 어떨까? 너라면 어떨 것 같아? 너라면 네가 힘들게 얻은 걸 누군가가 반칙해서 단번에 얻는다면 기분이 좋을까? 그 사람이 얄미울 거 같지 않아? 그렇다면 다른 사람들도 네가 얄미울 수 있어. 남들이 너를 싫어하면 좋겠어?

아이 나를 싫어해도 상관없는데? 나는 남들이 반칙해도 상관없는데?

엄마 (단호하게) 네가 그렇다 하더라도 안 되는 건 안 되는 거야. 불법 프로그램을 쓰지 않는 건 '약속'이야. 앞서 말했던 다른 사람들의 기분과 회사의 피해를 생각하는 것도 중요하지만, 더 중요한 것은 쓰지 않는 것이 '규칙'이고 '약속'이기 때문이야. 약속은 어느 상황에서나 지켜야 해.

추가적인 대처

- 엄마: "게임을 하는 건 네 스트레스를 풀고 네 기분을 좋게 만들기 위해서야. 그런데 네가 이 게임으로 스트레스를 받고 그 비싼 과일을 얻지 못해서 괴롭다면, 이 게임을 굳이 해야 할까? 이 게임 말고 엄마랑 다른 게임을 찾아보자."
- 아이가 정상적인 방법으로 게임을 할 때는 게임을 통해 성취감을 느낄 수 있도록 칭찬해 주세요. (예: '와, 오늘은 몇 시간 동안 게임하면서 한 번도 핵을 쓰지 않았네! 정말 대단하다!')

10

아이의 약물 치료를 중단해도 괜찮을까요?

Q

초등학교 4학년 딸아이가 2학기를 시작하면서 복용하던 메디키넷 20mg을 끊었습니다. 약 거부가 심해서 어쩔 수 없었어요. 처리 속도와 주의력 부족으로 학업에 어려움을 겪어 병원에 갔다가 ADHD를 진단받고 약물 치료를 시작한 거였는데요. 약을 끊고 나니 다시 시작하는 게 너무 힘들어요. 약을 끊으면 아이가 스스로 어려움을 못 견디고 다시 약물 치료를 하겠다고 말할 줄 알았는데 착각이었어요. 부작용이 없어지니 오히려 더 편하다고 하네요. 한 시간 걸리는 숙제를 밤늦게까지 붙잡고 있는데도 아이는 괜찮대요. 다시 약물 치료를 했으면 좋겠는데 강제로 병원에 데려갈 수도 없으니 답답합니다. 사춘기가 되어 부모를 '정신병 약을 먹인 사람'이라며 원망하는 경우도 있다고 해서 조심스럽습니다. 담당 선생님도 스스로 필요성을 느낄 때까지 기다려 보자고 하시네요. 엄마 입장에선 시간만 흐르는 것 같아 너무 답답합니다.

Kwoo

아이가 ADHD 약을 먹을 때는 한 시간에 끝내던 숙제를 밤늦게까지 붙잡고 있는 모습을 보면서 속상해하는 마음 충분히 이해합니다. 아이가 더 좋은 결과를 낼 수 있는데도 그러지 못하는 상황이 답답하겠지요. 하지만 아이의 지금 모습에만 너무 집중하는 건 아닌지 생각해 보면 좋겠습니다. 아이가 약을 거부하며 학습에 어려움을 겪는 현재의 단편적인 모습만 보고, 앞으로도 약물 치료를 거부하며 경쟁에서 뒤처지고 과거를 후회하는 등 힘들어하는 미래를 상상하고 있는 건 아닌지요? 만약 그렇다면 지나친 걱정으로 괴로워할 수 있습니다. 그러나 아이의 미래는 아직 정해지지 않았고, 지금의 어려움을 극복하고 성장할 기회와 가능성은 충분합니다.

100세 시대라는 말처럼 인생은 결코 짧지 않습니다. '인생을 길게 보라'는 말은 쉽게 듣지만, 인생을 길게 보는 것은 누구에게나 쉽지 않습니다. 특히 전체 맥락을 읽는 힘이 약한 ADHD인이라면 더욱더 어려운 일입니다. 우리 ADHD인은 대체로 당장 눈앞에 있는 일에 몰두하는 경향이 있습니다. 그래서 예기치 못한 작은 문제라도 발생하면 전체를 보지 못하고 문제에 매몰되곤 합니다. 마치 작은 웅덩이라 할지라도 그 안에 들어가면 주변이 온통 물밖에 보이지 않는 것과 같은 이치입니다. 이런 상황이 되면 시간이 흐를수록 불안과 초조함이 커지면서 이 상황을 바라보는 부모의 시야도 점점 좁아집니다. 그러면 더 중요한 가치를 놓칠 수 있습니다. 지금 어머님도 아이의 학습 능력에만 지나치게 집중하느라 더 큰 걸 놓치고 있지는 않은지, 주어진 상황을 구석구석 돌아봐야 합니다.

저 역시 ADHD인이자 부모로서 어머님의 답답함을 충분히 이해합니다. 불확실한 미래를 막연하게 기다리는 것은 누구에게나 어렵습니다. 더욱이 ADHD인에게는 더더욱 그렇습니다. 그러나 지금은 아이를 믿고 기다려 주는 것 외에 할 수 있는 일은 없습니다. 이는 주머니에 손을 넣고 아이를 방관하라는 것이 아닙니다. 아이의 마음에 적극적으로 공감하고 부단하게 응원하자는 의미입니다.

약물 치료의 궁극적인 목적은 무엇일까요? 아이가 더 건강하고 행복한 삶을 살도록 돕는 것입니다. 단순히 학업 성취도를 높이는 데 그치는 게 아니라, 기타 다양한 상황에서 발생하는 문제를 줄이고 삶의 질을 전반적으로 향상시키기 위해 약물 치료가 필요합니다. 지금 아이의 학습 능력에만 집중하는 건 자칫 어머님과 아이 모두의 행복에 악영향을 끼칠 수 있습니다. 물론 약물 치료가 ADHD인의 삶을 개선하는 데 중요한 도구인 것은 맞습니다. 그러나 약물 치료는 ADHD 치료의 전부가 아닙니다. 약물 치료를 한다고 해서 모든 문제가 해결되거나 학습 기능, 사회성 기능, 정서 조절 기능 등 다양한 기능이 모두 향상되는 것도 아닙니다. ADHD를 진단받은 사람들을 살펴보면, 가지고 있는 강점과 약점이 제각기 다릅니다. 따라서 개인이 가지고 있는 특성을 파악하는 과정이 필요하고, 그에 맞는 치료적인 접근을 해야 합니다.

초등학생인 아이가 자기 자신을 이해하고 자기 강점을 파악하는 데 오랜 시간이 걸릴 수도 있습니다. 이 긴 과정이 훗날 빛을 보려면, 어머님의 끊임없는 지지와 진심이 담긴 격려 등 아이가 긍정적으로 성장할 수 있는 환경이 필요합니다. 지금은 초등학생이지만 아이는 곧 어른이 됩니다. 자신의 삶에 대해 스스로 생각하며 비전을 설정하고, 계획대로 행동할 수 있어야 합니다. 지금부터 아이가 자주적인 어른으로 자랄 수 있도록 격려하고 지지해 주세요. 아이가 당당한 사회인으로 살아갈 미래를 그리면서 넓은 시야로 바라봐야 합니다. 또한 초등학교 4학년은 부모의 말을 순순히 따르기보다는 자신의 생각을 펼치고 스스로 결정하려 하는 시기입니다. 이 과정에서 아이가 자신의 결정에 대한 책임이 자신에게 오롯이 있다는 것을 배울 수 있도록(책임감을 느낄 수 있도록),

따듯한 지지를 보내며 함께 가르쳐 주세요.

아이가 약물 치료를 받길 바라는 마음은 충분히 이해합니다. 그러나 이에 대한 과도한 압박은 약물 치료에 대한 거부감으로 연결될 수 있습니다. 이는 훗날 아이 스스로 약물 치료의 필요성을 느끼더라도 도움을 요청하지 못하게 만드는 계기가 될 수 있습니다. 제 입장에서 아이가 자신의 의견을 말하고 스스로 결정하는 모습 등을 보면 오히려 건강하게 성장하는 것 같습니다. "스스로 알을 깨면 병아리가 되지만, 남이 알을 깨면 계란프라이가 된다"라는 말을 기억해 주세요.

또한 아이의 행복을 바란다면 어머님 자신의 행복을 위해서 애를 쓰는 게 중요합니다. 지금 상황에서 어머님에게 가장 필요한 것은 감사하는 마음입니다. 아이가 당장 약물 치료를 하지 않아도 일상을 유지하는 것, 숙제가 더디게 진행되는데도 끝까지 포기하지 않는 끈기를 보여주는 모습, 스스로 결정하고 행동하는 자주적인 모습, 그리고 약물 치료에 대해 진솔하게 소통하는 모녀 관계 등 주어진 상황에 감사할 점이 많습니다. 아이가 약물 치료에 대한 도움을 요청하면 언제든지 재개할 수 있는 상황 역시 긍정적으로 볼 수 있습니다.

주어진 상황을 긍정적으로 바라보고 감사하는 마음을 갖는 것은 어머님의 마음에 여유를 줍니다. 그리고 그 여유로운 마음은 아이에게 전달됩니다. 반대로 불안함과 답답함으로 아이를 대한다면, 아이는 자신과 자신의 선택을 바라보는 부모의 마음을 부정적으로 느끼게 됩니다. 그러면 아이는 알게 모르게 자신의 선택을 의심하고 확신을 잃으며 불안해할 수 있습니다. 지금은 주어진 상황을 긍정적으로 바라보면서 믿고 기다려야 할 때입니다. 어머님의 감정이 아이에게 큰 영향을 준다는 것을 꼭 기억해 주세요.

자녀를 키우는 건 쉽지 않은 일이고, 특히 ADHD 자녀를 키우는 건 더 힘든 여정입니다. 하지만 "빨리 가려면 혼자 가고, 멀리 가려면 함께 가라"라는 말처럼 같은 어려움을 겪는 부모들과 함께 정보를 공유하고 지지를 주고받는다면 큰 힘이 될 겁니다. 네이버 카페와 카카오톡 오픈 채팅 등 다양한 온라인 커뮤니티를 통해 비슷한 고민을 가진 부모들과 소통해 보세요. 특히 지백이 커뮤니티 운영진 중 중등교사면서 최근 ADHD 자녀 교육을 주제로 책을 출간한 이사비나 작가가 운영하는 ADHD 학부모 카카오톡 오픈채팅방도 추천합니다. 어려움을 공유하고 서로 지혜와 힘을 나누길 바랍니다.

나는 긍정적인 마음으로 아이의 미래를 바라보고,
희망을 잃지 않는다.

이 고민에서 성인 ADHD인이 알아야 할 점

저 역시 그랬지만, 성인에 ADHD를 진단받은 ADHD인에게는 어린 시절에 치료받지 못한 아쉬움과 후회가 늘 있습니다. '좀 더 일찍 치료를 시작했다면 지금 훨씬 나을 텐데…' 하는 후회를 반복하며, 이미 어려운 상황을 더 힘들게 하곤 합니다. 하지만 어릴 때 약물 치료를 시작했다고 지금의 삶이 더 나아졌으리라 보장할 수는 없습니다.

과거의 자신을 떠올려 보세요. 부모님이 시키는 대로 따르는 순종적인 아이였나요? ADHD 성향을 가진 아이가 그런 모습이었을 가능성은 낮습니다. ADHD 약물 치료를 하는 성인도 매일 성실하게 노력하는 것은 힘든 일입니다. 그런데 과연 어린 시절에 약물 치료를 시작했다고 주변의 기대에 순응하며 하기 싫은 공부나 일을 끈기 있게 했을까요? 그럴 가능성은 크지 않을 겁니다. 일어나지 않는 일의 확률을 따지자는 게 아닙니다. 지나간 일은 이미 일어난 일입니다. 과거에 대한 후회보다는 현재에 집중해야 합니다. 자신의 상황에 맞는 길을 찾는 것, 즉 긍정적 사고를 다시 한번 강조하고 싶습니다.

지백이 대화방에 이런 고민을 털어놓는 부모들이 종종 보입니다. 그러면 많은 성인 ADHD인이 당장 약물 치료를 시작해야 한다고 조언합니다. 그러지 못했던 자신의 경험을 바탕으로 그것이 아이를 위한 것임을 재차 강조합니다. 그러나 이 고민에서 볼 수 있듯이 어린 시절 ADHD 약물 치료를 시작하는 것이 모든 문제의 해결책이 되지는 않습니다.

성인 ADHD인들은 과거에 학업, 대인관계 등에서 뼈아픈 실패와 깊은 좌절을 여러 번 경험했습니다. 그러다 보니 성인이 되어 약물 치료를 하면서 느낀 변화를 토대로 약물 치료의 효과를 이상적으로 보는 경향이 있습니다. 과거 부정적인 경험에 대한 기억을 유지한 채로 어린 시절로 돌아가 약물 치료의 유무만 바뀐 자신의 모습을 상상하곤 합니다. 그러나 어릴 때 진단받은 아이들은 그런 경험이 없으며, 약물 부작용에 더 민감합니다. 그렇기 때문에 아이들은 ADHD 약물 치료의 효과에 대해 의구심을 가질 수 있습니다. 이러한 상황에서 부모가 약물 치료의 효과를 기대하며 약물 치료를 강요한다면, 아이는 성인이 되어 약물 치료를 거부할 수도 있습니다.

이 사례에서 알 수 있듯이 ADHD인은 자신의 경험을 일반화하는 걸 늘 경계해야 합니다. 상대방의 상황을 고려하지 않고 일방적으로 소통하는 모습은 일반인에게도 보이지만 ADHD인에게 '더 흔하게' 또는 '심취한 모습'으로 나타나는 경향이 있습니다. 순수한 마음으로 자신의 경험을 나누는 ADHD인의 다정함에 대해선 잘 알고 있습니다만, 결과적으로 오해와 갈등을 만들어 자신이 힘들어질 수도 있습니다. 상대방의 고민 앞에서는 언제나 이해와 공감이 우선되어야 합니다.

11

ADHD 자녀의 감정 조절 어려움, 어떻게 대처할까요?

초등학교 5학년인 아이가 ADHD 치료약 메디키넷을 먹습니다. 저녁에 약효가 떨어지니 감정 조절이 잘 안되나 봐요. 사소한 일에도 계속 서럽게 우네요. 어떻게 도와줘야 할까요? 감정을 받아 주니 끝이 없고, 모르는 척하자니 아이가 상처받는 것 같아 마음이 갈팡질팡합니다. 사소한 일에도 너무 서럽게 우니까 걱정스럽네요. 사춘기 때문인지 약 부작용 때문인지 모르겠습니다. 전혀 울 일이 아닌데 울어서 왜 우는지 물어봐도 대답을 흐리네요. 약에 적응하면 괜찮아질까요? Q

15년째 ADHD 약물 치료를 이어오고 있는 저 또한 아침에 약을 복용하고 약효가 지속되는 동안에는 감정이 다소 억눌리는 듯한 느낌을 받습니다. 하지만 약효가 떨어지는 저녁이 되면, 이에 대한 반동 작용 때문인지 감정 기복이 심해지기도 합니다. 가령 작은 일에도 쉽게 감동하거나 슬퍼하는 등 감정이 요동칩니다. 이는 ADHD 약물 치료 부작용의 일종이지만, 다른 부작용에 비하면 소소한 편입니다. 또한 일반인들 Kwoo

도 저녁에 더 감성적인 경향을 보이는 만큼 ADHD인에게만 나타나는 특이한 현상은 아닙니다. 늦은 밤에 쓴 편지를 다음 날 아침에 보면 너무 유치해서 찢어 버린다는 말처럼, 밤에 감성적으로 변하는 것은 인간의 보편적인 모습이라 할 수 있습니다.

아이가 저녁에 감정을 표출할 때는 '그랬구나', '많이 속상했구나', '엄마였어도 힘들었을 것 같아'와 같이 아이의 감정을 있는 그대로 인정하고 수용해 주세요. 이러한 소통 과정을 통해 아이는 자연스럽게 진정될 수 있습니다. 하지만 ADHD 자녀를 둔 부모 역시 ADHD 성향을 가진 경우가 많아서 말처럼 실행하는 게 쉽지 않을 수 있습니다. 부모 또한 하루의 피로가 쌓인 저녁에는 이성적으로 판단하기 어렵기 때문에 아이의 감정에 휩쓸리거나 빨리 해결하고 싶은 조급한 마음이 생길 수 있습니다. 그러나 큰 소리로 말하며 다그치는 방식으로 접근하면 아이의 감정이 진정되기는커녕 오히려 더 악화됩니다. 아이의 감정이 건강하게 해소되는 것과 마음 깊은 곳에 억눌리는 것이 겉으로 보기에는 비슷해 보일지 몰라도 아이는 완전히 다른 양상으로 성장합니다.

저 또한 ADHD를 치료하는 부모로서 이론과 실제의 괴리를 누구보다 잘 알고 있습니다. 때로는 자기 마음대로 안 된다고 말 그대로 난동을 피우는 아이를 보면, 저도 모르게 언성이 높아지기도 합니다. 하지만 이내 심호흡하고 마음을 다잡으며 배운 것을 실천하려고 노력합니다. 먼저 차분한 톤으로 일정하게 말하면서 아이의 눈높이에 맞춰 속상함을 공감하고 이해하려고 합니다. 만약 이해하기 어렵더라도 그 자체로 수용하려 합니다. 아이가 진정되면 비슷한 상황이 반복될 때 어떻게 대처하면 좋을지 함께 대화하며 현실적인 대안을 살펴봅니다.

가장 쉽고 효과적인 방법은 '심호흡하기'입니다. 실제로 유치원에서부터 배우지만 정작 필요할 때 잊어버리는 경우가 많습니다. 아이가 감정의 소용돌이에 휩싸일 때마다 옆에서 끊임없이 알려 줘도 아이는 기억하지 못합니다. 이는 아이에게 자연스러운 현상이므로 조급해하며 닦달해서는 안 됩니다. 언제나 일관된 태도로 같은 규칙과 방식을 유지하는 것이 중요합니다.

수많은 육아 서적이 있지만 모든 아이에게 완벽하게 적용되는 건 아닙니다. 우리 아이는 일반적인 아이가 아닌 ADHD 아동이라는 점, 그리고 부모 또한 ADHD 성향이 다분할 수 있다는 점을 항상 기억해야 합니다. 우리는 우리의 특수한 상황을 이해하고, 이를 바탕으로 적절한 방법을 찾아야 합니다.

또한 올바른 방법을 기반으로 많이 노력했다고 해도 즉각적으로 해결되지 않습니다. 눈에 띄게 변화하기보다는 아주 점진적으로 개선됩니다. 그러나 상황이 전혀 나아지지 않고 악화된다면, 주치의 선생님과 상담해 약물 변경이나 용량 조절 등을 고려해 볼 수 있습니다. 비약물 치료를 병행하는 것도 매우 좋은 방법입니다. 더욱이 5학년 여자아이라면 사춘기가 시작되는 나이이기 때문에 호르몬 변화로 인해 이전과 다르게 더 예민해질 수 있습니다. 약물 부작용과 사춘기 중 하나라기보다는 약물 부작용과 사춘기가 복합적으로 작용할 수 있으므로 이에 대해 주치의 선생님과 논의해야 합니다.

원래 아이들의 감정은 예측이 불가능할 정도로 쉽게 변하기 마련입니다. 특히 ADHD 아동이라면 더 그런 경향이 있습니다. 이런 아이를 키우는 부모의 마음이 매우 힘들겠지만, 더 힘든 것은 아이의 마음입니다. 따라서 아이가 자신의 감정을 조절할 수 있도록 지지하고 격려하는 과정에서 무엇보다 중요한 것은 부모의 꾸준한 인내입니다.

나는 아이의 감정 변화에 침착하게 대응하고,
따뜻하게 공감해 줄 수 있다.

이런 말은 하지 말자

- "뭘 그런 걸 가지고 힘들어해?", "지나고 나면 별거 아니야"
  아이의 감정을 무시하고 아이가 가진 문제를 축소하는 말입니다. 아이는 작은 어른이 아닙니다. 아이가 바라보는 세계와 어른이 바라보는 세계의 크기는 같지 않습니다. 부모가 볼 때 사소해 보이는 문제일지라도 아이에게는 전부처럼 느껴질 수 있습니다. 아이의 입장을 인정하고 함께 해결책을 찾아가는 소통 과정을 가져야 합니다.
- "또 시작이야?", "왜 너만 이렇게 예민한 건데?"
  아이의 감정을 부정하고 모든 책임이 아이에게 있다는 의도로 느껴집니다. 아이는 원래 감정 조절하는 걸 어려워합니다. 인내심을 가져야 하는 건 아이가 아니라 양육자입니다.
- "다른 애들은 안 그러는데 왜 너만 그래?"
  아이를 타인과 비교하는 말입니다. 그럴수록 아이는 더 비참함을 느낍니다. 또한 부모에게 남과 비교하는 사고방식을 배워, 자기보다 부족한 면을 가진 친구의 이름을 대며 자신을 합리화할 수 있습니다. 모든 사람에게는 일장일단이 있다는 것을 아이에게 이해시켜 주면서 개별적으로 접근해야 합니다.
- "별것도 아닌 걸로 왜 자꾸 울어"
  부모 앞에서 우는 건 잘못된 게 아닙니다. 안전한 공간에서 신뢰하는 사람 앞에서 울 수 없다면, 아이는 어디서 울어야 할까요? 아이가 집 안에서 감정을 자유롭게 표현하게 하되, 감당할 수 있는 수준의 건전한 해소 방법을 익히도록 도와줘야 합니다.

이런 말을 해 보자

- "속상했구나", "힘들었겠다", "나도 그런 일로 힘들었을 때가 있었어" 등 소통에서 중요한 건 비언어적 메시지라는 메라비언 법칙을 떠올려 보세요. 다정한 목소리와 눈 맞춤이 더 중요합니다. 그리고 손잡는 것과 포옹 등 스킨십도 함께 하세요.

자녀가 없는 성인 ADHD인이 이 고민에서 알아야 할 점

이 고민은 비단 ADHD 부모에게만 도움이 되는 건 아닙니다. 성인 ADHD인은 내면에 아이 같은 순수한 모습이 있는데, 이를 '내면 아이'라 부르기도 합니다.

완벽주의 성향을 가진 성인 ADHD인은 자기 자신을 엄격하게 관리하려 합니다. 여기에는 주변 사람들에게 인정받고 싶은 욕구와 어린 시절의 부정적 경험을 피하고 싶은 마음 등이 원인으로 작용합니다. 그러나 이 내면 아이는 우리가 생각하는 것보다 쉽게 상처받습니다.

주변 또래의 모습을 비교 기준으로 삼고 자기 관리를 하기보다는 자신을 있는 그대로 받아들이세요. 감정 조절을 못해 실수하더라도 자책과 후회에 매몰되지 말고, 연민과 동정심을 가지고 자기 자신을 격려하는 것이 중요합니다.

이 고민에서 부모가 ADHD 자녀에게 접근하는 방식처럼 자신의 감정을 공감하고 지지해 주세요. '괜찮아, 그럴 수 있어', '남들과 비교하지 말자' 등 자신을 위로하는 말을 반복할수록 자신에 대한 연민을 키울 수 있습니다.

하양이에 나오는 대로 자신의 감정을 조절하거나 감당하는 게 어려울 때는 현재 감정 상태를 적당하게 표현할 수 있는 단어를 떠올리며 말해 보세요. 마음을 정리하는 데 큰 도움이 됩니다. 감정 일기처럼 하루를 마무리하면서 하루의 감정을 글로 표현한다면, 좀 더 자신을 이해하는 데 도움이 될 겁니다.

12

'나'를 넘어 '우리'를 생각해야 할 때

Q 조혈모세포 기증을 해 보신 분 있나요? 등록한 지 15년 만에 연락이 와서 하려고 하는데 가족들의 반대가 너무 심합니다. 조금이라도 남을 돕고 싶은데 부모님부터 아내까지 난리네요. 정말 당황스럽습니다. 이런 것까지 스스로 결정하지 못하는 건가 싶어 답답해요. 관련 자료를 살펴봤는데, 그동안 운동도 꾸준히 하고 술이랑 담배도 안 해서 건강한 편이라 몸이 조금 피곤해진다고 못할 이유는 없다고 생각하거든요. 누군가에게는 정말 간절할 텐데 답답합니다.

Kwoo 왜 조혈모세포 기증을 하고 싶은 건가요?

Q 자존감을 찾아가는 과정이라 생각하고, 남을 도우면서 보람을 느끼고 싶어요. 어쩌면 아무나 할 수 없는 도움이라는 생각도 들고요. 그런데 이러한 것을 말로 전달하기가 좀 낯간지럽고 쑥스럽네요.

Kwoo 혹시 부모님과 아내분에게 “이런 것도 혼자 결정하지 못해? 답답하네” 라고 하신 건 아니겠죠?

Q 그렇게 말해 버렸어요.

Kwoo 자, 차분하게 생각해 봅시다. ADHD인은 때때로 주변 상황이나 타인의 감정을 파악하는 데 어려움을 겪습니다. 세부적인 것에 집중하느라 전체적인 그림을 놓치는 경우가 흔합니다. 이런 상황을 나무만 보느라 숲을 못 본다고 할 수 있는데, 숲을 보는 역량을 '눈치'라고 표현합니다. 지금 고민자님은 숲을 보지 못하고 있습니다.

조혈모세포 기증을 하고자 하는 마음은 훌륭합니다. 본인의 마음만 고려한다면 당장 기증을 진행해도 문제될 것이 없습니다. 그러나 15년 전 기증 등록을 할 당시와는 상황이 많이 달라졌습니다. 결혼도 했고 가정을 꾸렸기 때문에 이제는 본인의 결정이 가족에게 미치는 영향도 고려해야 합니다.

부모님과 아내분은 왜 반대할까요? 부모는 자식의 건강을 누구보다 걱정합니다. '신체발부수지부모'라는 옛말처럼 자녀의 몸은 부모에게서 받은 것이기에 우리 문화에서는 자신의 신체를 더 소중하게 생각합니다. 아내분 역시 남편의 건강과 안전을 누구보다 걱정하고 있을 것이고요.

ADHD 성향으로 인해 때때로 주변 사람들에게 신뢰를 얻는 것이 일반인에 비해 더 어려울 수 있습니다. 부모님과 아내분은 지금까지 고민자님이 겪어 온 어려움을 지켜보며 이번에도 충분한 고민 없이 기증을 결정한 것은 아닌지, 기증 후에 발생할 수 있는 상황을 다 알고 있는 건지, 그에 대한 준비가 부족한 건 아닌지 염려하고 있을 수 있습니다.

물론 조혈모세포 기증은 누군가의 생명을 살리는 귀중한 일이며, 기증자에게 큰 용기가 필요한 일입니다. 안정성 또한 현대의학에서 입증되었기 때문에 비교적 안전한 절차를 거칩니다. 하지만 세상일에 100%는 없습니다. 낮은 확률이지만 부작용이나 합병증이 발생할 수 있고, 상황에 따라서 1~4일 정도 입원할 수 있습니다. 이때 생기는 경제적인 손실과 위험은 가족 구성원이 함께 짊어지게 됩니다.

따라서 가족들이 반대하는 것은 충분히 이해할 만한 일입니다. 가족들은 고민자님이 굳이 하지 않아도 되는 일에 또 나선다고 생각하며 만류부터 했을 수 있습니다. 조혈모세포 기증에 관한 이야기를 꺼내기 전에 이러한 점들을 미리 파악한 뒤 가족들과 충분히 대화했다면 원만하게 진행되었을 겁니다. 하지만 이미 결정을 알린 후이기 때문에 지금 할 수 있는 최선의 방법을 생각해 봅시다.

가족들의 마음을 돌리기 위해서는 먼저 그들의 걱정과 불안을 이해하고 공감해야 합니다. 진심으로 가족들의 마음을 헤아리고 위로하는 시간을 넉넉하게 가지세요. 그런 다음 왜 조혈모세포 기증을 하고 싶은지, 15년 전에 어떤 계기로 기증 등록을 했는지, 이를 통해 어떤 가치를 얻을 수 있는지 등을 차분하게 설명하세요. 고민자님의 기증으로 수여자가 얻는 이득에 관해 말하는 것도 필요하지만, 가족들이 듣고 싶은 이야기는 아닐 겁니다. 가족들은 당신의 건강과 안전을 더 걱정한다는 사실을 잊지 마세요.

더불어 기증 과정이 얼마나 안전하고 체계적으로 이루어지는지, 회복 과정은 어떤지 등 구체적인 정보를 말해 줌으로써 가족들의 불안을 덜어야 합니다. 의학적인 자료나 전문가의 의견을 참고해 기증 과정의 안전성을 강조하고, 발생 가능한 부작용에 어떻게 대비하고 있는지 알려 주세요.

이야기를 나누는 과정에서 상대방의 감정을 이해하고 의견을 존중하는 자세를 유지하는 것이 중요합니다. ADHD인은 때론 자신의 뜻을 관철시키기 위해 급하게 결론을 내리거나 감정적으로 대응하는 경향이 있습니다. 그러나 이런 모습은 가까운 사람들과의 관계를 망칠 수 있다는 것을 기억해야 합니다. 다른 사람을 돕는 것도 중요하지만, 가장 가까운 사람들의 마음을 헤아리는 것은 더 중요합니다. 우선순위를 잊지 마세요.

부모와 아내는 고민자님을 아끼고 사랑하는 마음에서 기증을 반대하고 있습니다. 기증 과정에 대한 정보 부족과 고민자님의 과거 경험으로 인해 걱정과 불안감이 커진 것일 수 있습니다. 따라서 가장으로서 그들의 걱정을 이해하고 공감하며, 관련된 정보를 충분히 알려 주면서 차분하게 대화하도록 노력해야 합니다. 함께 살아간다는 것은 서로 이해하고 배려하는 과정입니다. 가족 구성원 각자의 입장을 고려하고 존중하며, 함께 행복한 결정을 내릴 수 있길 바랍니다.

- 추신: ADHD인 중에는 대화가 길어지거나 뜻대로 되지 않을 때 감정 조절에 어려움을 겪는 분이 많습니다. ADHD 약물 치료는 이러한 어려움에 도움을 줄 수 있습니다. 정신건강의학과 전문의와 상담해 약물 치료를 시작하거나 변경하는 것도 고려해 보세요. 감정 조절 기능이 향상되면 가족과 대화하는 것이 더 원활해질 수 있습니다.

나는 성숙하고 책임감 있는 태도로 가족들과 소통하며,
서로를 이해하고 존중한다.

ADHD인에게 도움이 되는 가족 대화 방법

- 시간과 장소 정하기: ADHD인은 종종 하고 싶은 말을 하고 싶을 때 불쑥 말하고는 상대방이 찰떡같이 이해하길 바라곤 합니다. 충동적으로 말하기보다는 미리 가족들에게 대화할 시간과 장소를 알려 주세요. 그들도 마음의 준비가 필요합니다.
- 메시지 준비: 대화에 앞서 메시지를 간략하게 정리하고, 흥분하거나 감정적으로 말하지 않도록 주의합니다. 이 부분이 특히 어렵다면, 글로 작성해 메시지를 전달하는 것도 좋은 방법입니다.
- 타협점 찾기: 자기 의견만 고집하기보다는 가족들의 의견을 존중해야 합니다. 함께 타협점을 찾으려는 자세를 보여 주세요.
- 경청과 공감: 가족의 말을 경청하고 그들의 마음에 공감하는 것이 우선입니다.
- 심호흡: 대화하는 동안 자신도 모르게 감정이 격해진다면, 잠시 심호흡하면서 감정을 가라앉히세요. 차분하게 대화하는 것이 중요합니다.

초록이와 하양이에 있는 소통 관련 부분을 다시 한번 읽고, 대화 전략을 연습해 보세요.

아버지, 어머니 그리고 사랑하는 나의 아내에게.

15년 전 조혈모세포 기증을 등록했는데, 최근에 이를 실천할 기회가 왔습니다. 이로 인해 걱정을 끼쳐 죄송합니다. 저도 여러분의 마음을 충분히 이해합니다. 하지만 이번 기증은 저에게 큰 의미가 있습니다.

저는 평소 사람들에게 많은 도움을 받으며 살아왔습니다. 이번 기증을 통해 저 역시 누군가에게 도움을 줄 수 있는 사람이라는 것을 확인하고 싶습니다. 아무나 할 수 없는 특별한 경험을 통해 자존감을 높이고 성장하는 계기로 삼고 싶습니다.

물론 처음에는 저도 걱정이 많았습니다. 하지만 의사 선생님과 충분히 상담하고 관련 자료를 찾아보면서 기증 과정이 안전하다는 것을 확신할 수 있었습니다. 여러분이 걱정하는 부분을 잘 알고 있기에, 기증 전후에 건강 검진을 하고 회복하는 과정에서도 꾸준하게 건강 관리를 할 것을 약속드릴게요.

예전처럼 독단적으로 결정할 생각은 없습니다. 저 혼자 결정하지 않고 여러분의 의견을 충분히 듣고 함께 이야기를 나누면서 최선의 결정을 내리고 싶습니다. 혹시 대화 중에 제가 감정적으로 흥분하거나 말이 막히는 모습을 보이더라도 너그럽게 이해해 주면 감사하겠습니다. 저도 최대한 노력하겠지만, ADHD 특성상 감정 조절에 어려움을 겪을 수 있습니다. 감정적으로 흥분하고 있음을 알려 준다면, 잠시 대화를 멈추고 심호흡하며 감정을 가라앉히려 노력하겠습니다.

ADHD 커뮤니티를 운영하게 된 계기

Q ADHD 지피지기 백전불태 오픈채팅방을 만든 이유가 궁금해요. 혹시 책을 쓰려고 시작한 건가요?

Kwoo 지백이 커뮤니티가 세상에 나온 지 벌써 4년이 훌쩍 넘었습니다. 5년 차에 접어들면서 대화방 1,000명, 공지방 500명, 자기계발방 300명, 운영진방 10명까지, ADHD 관련 단일 주제로는 국내 최대 규모의 카카오톡 오픈채팅방으로 성장했습니다.

처음 방을 만든 이유는 솔직히 잘 기억나지 않습니다. 거창한 목적이나 계획 없이 그냥 시작했던 것 같아요. 5년 전 저는 지금보다 젊고 열정이 넘쳤으며, 같은 고민을 가진 ADHD인들에게 조금이나마 도움을 주고 싶었습니다. 책을 낼 생각은 전혀 없었지요. 어릴 때부터 글쓰기에는 소질이 없었고, 글쓰기는 늘 고통스러운 경험이었으니까요.

처음에는 참여하는 사람이 많지 않았지만, 저와 비슷한 어려움을 겪는 ADHD인들이 조언을 구할 때마다 진심을 담아 답변했습니다.

과거의 저에게 도움이 되었던 조언들을 떠올리며, 때로는 직설적이고 아프게 들리더라도 솔직하게 이야기하는 것이 더 중요하다고 생각했습니다. 제가 힘들 때 저를 변화시킨 것은 듣기 좋은 말보다는 진심과 진정성이 담긴 메시지였기 때문입니다. 옳고 그름을 판단하게 해 주는 조언들이 제 안에 오래 남았습니다. 물론 솔직하게 조언하는 저 역시 마음이 불편할 때가 많았습니다. 하지만 듣기 좋은 말만 하려고 귀한 시간과 에너지를 쓰는 것은 아니라고 생각했습니다. 과거의 저, 그리고 미래의 제 아이에게 해 줄 수 있는 진솔한 조언을 해 주는 것이 옳다고 믿었습니다.

커뮤니티를 운영하면서 두 가지를 깨달았습니다. 첫 번째는 고민을 털어놓는 사람은 바뀌어도 비슷한 고민이 반복된다는 것이고, 두 번째는 시간이 흐르면서 저의 조언 방식이 점점 부드러워졌다는 것입니다. 결혼하고 아이를 낳으면서 마음이 말랑말랑해진 탓인지 예전처럼 직설적인 조언보다는 따뜻한 공감과 함께 조언하게 되었습니다. 하지만 열정 가득한 청년들에게는 따끔한 조언이 필요할 수도 있다는 생각에 '조금이라도 젊을 때의 생각을 글로 남겨야겠다'고 마음먹었습니다. 그렇게 블로그에 꾸준히 글을 쓰던 중 우연히 어떤 ADHD인이 쓴 글을 보고 출판을 결심하게 되었죠(자세한 이야기는 지백이 1권 에필로그에 있습니다).

글을 쓰는 과정은 쉽지 않았습니다. 익숙하지 않은 글쓰기에 스트레스를 받아 머리카락을 뽑는 틱 증상이 나타날 정도였고, 괜히 시작했나 후회하기도 했습니다. 아내, 친구, 주치의 등 주변 사람들은 나중에 전문의가 된 뒤 안정적인 환경에서 책을 쓰라고 조언했지만, 지금보다 나이가 들고 여유가 생긴 후에 책을 쓴다면 지금과는 다른 내용이 되어 지백이 1권만이 주는 감동이 없을 것입니다.

만약 제가 책을 쓰기 위한 목적으로 대화방을 만들었다면, 혹은 제가 그렇게 계획적이고 생산적인 사람이었다면 ADHD인들의 마음을 깊이 이해하거나 공감하지 못했을 것입니다. 그들의 입장에서 생각하지 못했다면 지백이 1권은 지금처럼 많은 사람에게 사랑받는 책이 되지 못했을 겁니다.

지백이 시리즈가 누군가의 삶을 바꾸는 책이 될 수 있었던 것은 여러 우연과 주변 사람들의 도움 덕분입니다. 하지만 저는 한 가정의 가장으로서 저의 선택으로 인해 희생하는 사람들이 있다는 것을 알기에 언제까지나 하고 싶은 대로 하면서 살 수는 없습니다. 인생은 예측할 수 없기에 지백이 2권이 출간될 수 있을지, 혹은 ADHD 지백이 대화방이 언제까지 지속될 수 있을지 장담할 수 없습니다.

그래서 저는 '오늘, 지금, 여기'에 집중하며 하루하루를 즐겁고 의미 있게 보내려고 노력합니다. 지나고 나서 돌아봤을 때 후회 없는 선택과 괜찮은 삶의 여정이었다고 말할 수 있기를 바랍니다.

에필로그

1권에서 2권으로 떠나는 여정

지백이 1권 『당신이 ADHD라고 해서, ADHD가 당신은 아니다』에서는 ADHD인의 성향과 이를 바탕으로 공부하는 방법을 제안하며 자기 이해와 수용의 과정을 함께했습니다. 특히 ADHD 치료를 시작한다고 모든 문제가 쉽게 해결되는 것은 아니라는 점을 강조하며, 잘못된 가치관을 바로잡고 올바른 가치관을 세우는 것에 관해 이야기했습니다. 또한 약물 치료 과정에서 참고할 만한 조언과 함께 다른 ADHD인들의 고민과 해결 방향을 공유하며 서로에게 공감하는 기회를 마련했습니다. 한편, 이번 지백이 2권 『미워하지 않으려면, 미움받지 않으려면』에서는 ADHD 성향으로 인해 대인관계에서 겪는 어려움의 원인을 파악하고, 긍정적인 관계를 만들어 나가는 방법에 대해 고민해 보았습니다.

1권이 ADHD인으로서 자기 자신을 있는 그대로 인정하고 진정한 성공의 의미를 깨달으며 우리도 성공한 인생을 살 수 있다는 가능성을 확인하는 여정이었다면, 2권에서는 이를 바탕으로 세상과 소통하고 더불어 살아가는 지혜를 얻음으로써 행복한 삶을 살아가기 위한 자신감을 얻을 수 있도록 했습니다. 또한 1권이 'ADHD인의 성공한 인생'에 초점을 두었다면, 2권은 'ADHD인의 행복한 인생'에 초점을 두었습니다. 성공은 행복을 위한 하나의 수단이 될 수 있지만, 성공 자체가 행복을 보장하지는 않으니까요. 저는 개인적으로 '행복한 인생'이 더 중요하다고 생각합니다.

2권을 온전히 이해하기 위해서는 1권 내용이 기본 바탕이 되어야 합니다. 1권과 2권을 함께 읽으면 자신의 ADHD에 대해 더 깊이 이해할 수 있으며, ADHD 성향을 긍정적인 방향으로 활용해 더 나은 삶을 살아가는 데 도움이 될 것입니다.

4배의 시간과 노력이 들어간 지백이 2권

지백이 2권을 쓰는 데 1권보다 4배 이상의 시간이 걸렸습니다. 지백이 1권(기본편/공부편)은 ADHD 진단 전후 시절과 수험생 시절 등 특정 시기의 기억과 깨달음을 바탕으로 썼습니다. 하지만 2권은 '대인관계'에 중점을 두다 보니 제 삶 전체를 되돌아보고 잊힌 기억을 끄집어내야 했습니다. 본가에 가서 일기장과 메모장을 뒤지고, 오랜 친구에게 연락해 과거의 추억을 떠올리며 당시의 감정을 되새겼습니다. 부모님에게 어린 시절에 대해 묻고, 저는 기억하지 못하는 여러 일에 관해서도 들었습니다. 심지어 고등학교 시절 학교 폭력 가해자들에게 SNS 계정으로 연락해 보기도 했습니다.

힘들었던 과거와 마주하는 것은 쉽지 않았지만, 저와 같은 어려움을 겪는 ADHD인들에게 작은 위로와 희망을 주고 싶었습니다. ADHD

는 불리한 점이 아니라 불편한 점일 뿐 마음먹기에 따라 얼마든지 극복할 수 있다고 믿습니다. 긍정적인 마음을 갖고 긍정적인 시각으로 자신과 세상을 바라보며 부단하게 노력한다면 행복한 삶을 살 수 있다고 저는 믿습니다.

앞으로도 ADHD인들과 소통하며 긍정적인 영향을 주는 글을 쓰도록 노력하겠습니다. 서로에게 힘이 되어 주는 ADHD 지피지기 백전불태 커뮤니티가 오래도록 지속되기를 바랍니다. 여러분의 응원에 진심으로 감사드리며, ADHD인 모두가 행복한 삶을 살아가는 날이 오기를 간절히 바랍니다.

다시 한번 1권 에필로그의 마지막 부분을 인용하며 2권을 마무리합니다.

> "저는 성인 ADHD인으로서 가지고 있는 신념이 있습니다. 저의 말과 글을 보고, 크게 각성하여 자신을 계발하고 변화시켜, 대한민국에서 이미 형성된 ADHD의 부정적인 인식을 바꿀 훌륭한 분이 나올 것이라 믿고 있습니다. 그것을 위해 지금 이렇게 책을 쓰고 강연을 하는 데 시간을 씁니다. 지금 현재의 삶이 어떻든지 간에 모두가 그렇게 각오한다면, 모두가 변하는 것도 가능하다고 저는 믿습니다. 저는 지금 거창하고 위대한 성공을 이야기하는 게 아닙니다. 한 번이라도 더 참고, 한 번이라도 더 애쓰는 삶을 말하는 겁니다. 남과의 비교가 아닌, 지금의 나보다 조금이라도 나아지는 과정을 꾸준히 지속하면서 성취감을 느끼고 자존감을 올릴 수 있다면, 그것이야말로 성공한 인생입니다.
>
> 스스로 여러 난관을 극복하고, 미래를 향해 열심히 노력하는 여러분의 오늘에 진심 어린 경의와 격려를 보냅니다. 모쪼록 이 책 한 권이

세상 풍파의 고난 속에서 좀 더 나은 삶을 위해 답을 찾고자 고군분투하는 동료 여러분에게 조금이나마 보탬이 될 수 있기를 진심으로 기원합니다. 이렇게 1권을 마무리하겠습니다. 앞으로도 함께 더욱 정진합시다. 기회가 되면 또 만날 수 있기를 기대합니다."

5. 자식을 키우는 부모로서, 자녀에게 타인을 괴롭히지 말라고 교육하는지?
6. 그런 일을 자식이 당하고 왔다면 부모의 마음이 어떨지?
7. 당시의 사건이 자신의 가정과 스스로 떳떳한지?

이렇게 일곱 가지 질문을 보낸다.
이 글을 쓰는 지금 이 순간도 그 월요일 이전의 주말, 혼자 집에서 떨던 기억이 생생하게 떠올라 좀처럼 마음이 진정이 되진 않는다. 그러나 언젠간 한번 짚고 넘어가는 게 옳다고 생각해서 이렇게 연락을 해본다. 진심을 담아서 답변해주길 바라.

연초에 가해자들에게 보낸 메시지 일부입니다. 장문의 답변이 왔고, 아내와 함께 읽어 보았습니다. 최근 유명인들의 학교 폭력 사건이 재조명되면서 사회적 이슈가 되는 상황이라 그런지, 형식적인 사과처럼 느껴졌습니다. 하지만 아내는 진정성 없는 변명과 핑계로 가득하다고 말하더군요. 저는 아직 숨은 맥락을 파악하는 게 부족한가 봅니다. 사실, 진심으로 반성할 사람이라면 애초에 그런 일을 저지르지 않았을 것 같습니다.

지백이 대화방에는 저와 비슷한 경험을 가진 ADHD인이 많습니다. 제 경험을 통해 그분들이 간접적으로나마 교훈을 얻기를 바랍니다. 꼭 기억하세요.

“가해자의 반성을 기대하지 말고,

과거는 잊고 현재의 삶에 집중하는 것이 최선이다.”

감사의 말

먼저 이 책을 끝까지 읽어 주신 독자 여러분에게 진심으로 감사드립니다. 여러분의 뜨거운 성원과 응원 덕분에 2권이 나올 수 있었습니다.

특히, 바쁜 일정 중에 시간을 쪼개어 추천사를 써 주신 반건호 교수님, 신기택 원장님, 안경진 원장님께 깊이 감사드립니다. 선생님들의 전문적인 지식과 풍부한 경험은 이 책이 ADHD인들에게 긍정적인 변화를 가져다주는 데 크게 기여했습니다. 명망 있는 선생님들의 귀중한 추천사는 ADHD로 힘들어하는 많은 ADHD인에게 희망과 위로를 전하는 데 더할 수 없는 보탬이 됩니다. 그리고 어려운 상황에서도 묵묵히 환자를 위해 애쓰시는 모든 의사 선생님에게도 감사의 말씀을 전합니다. ADHD 치료는 단순히 약을 처방하는 것 이상의 의미를 지닙니다. 의사 선생님들의 따뜻한 격려와 지지는 ADHD인에게 큰 힘이 됩니다.

지백이 커뮤니티를 운영하면서 많은 ADHD인으로부터 이 책(당신이 ADHD라고 해서, ADHD가 당신은 아니다)을 주치의 선생님에게 추천받았다는 반가운 소식을 들었습니다. 바쁜 진료와 연구 활동 중에도 이 책을 읽고 환자들에게 권해 주신 의사 선생님들에게 깊은 감사를 드립니다. 선생님들의 이러한 모습에서 환자의 마음을 이해하고, 그들에게 필요한 것이 무엇인지 찾아내기 위해 끊임없이 고민하는 따뜻한 마음을 온전히 느낄 수 있었습니다. 저도 선생님들의 존경스러운 모습을 본받아, 주어진 일만 하는 의사가 아닌 진정으로 환자를 생각하고 고민하는 훌륭한 의사가 되도록 노력하겠습니다.

ADHD 관리에 열정적인 독자들의 모습 또한 저에게 큰 힘이 되었습니다. 많은 좌절과 아픔을 겪으면서도 긍정적인 변화를 위해 끊임없이 노력하는 모습은 다른 ADHD인들에게도 희망과 용기를 줍니다. 시간이 흐를수록 이런 분이 점점 많아지고 있다는 사실이 저에게 큰 감동과 희망을 줍니다. 이렇게 감동적인 현장에 함께할 수 있다는 것은 제 삶의 큰 축복입니다. 지극히 개인적인 소망에 함께해 주시는 모든 ADHD인과 치료자들에게 다시 한번 진심으로 감사드립니다. 여러분의 응원과 지지가 없었다면 이 책은 세상에 나올 수 없었을 것입니다. 앞으로도 ADHD인의 삶에 긍정적인 영향을 줄 수 있도록 최선을 다하겠습니다.

또한 지백이 1권에 이어 2권이 세상에 나올 수 있도록 아낌없이 지원해 주신 하나의학사 관계자 여러분에게 깊이 감사드립니다. 여러분이 없었다면 이 책은 세상에 나오지 못했을 겁니다.

ADHD 지피지기 백전불태 커뮤니티를 함께 운영하는 운영진에게도 언제나 감사드립니다. 여러분 덕분에 세상 풍파에 지친 많은 ADHD인이 잠시나마 쉴 수 있는 쉼터가 5년 넘게 이어지고 있습니다. 특히 운영진 이사비나 님의 『우리 아이가 ADHD라고요?』는 제 어린 자녀들이 앞으로 경험할 상황에 대한 지혜를 미리 얻는 데 큰 도움이 되었습니다.

날카로운 통찰력과 따뜻한 조언으로 저를 더 나은 방향으로 이끌어 준 친구 송 사장과 내과 전공의 이 선생님 부부에게 진심으로 감사드립니다. 힘들 때마다 옆에서 응원과 격려를 아끼지 않은 여러분이 없었다면 이 책은 완성되지 못했을 겁니다.

바쁘다는 핑계로 자주 찾아뵙지 못해 죄송한 마음뿐인 우리 부모님, 이 책을 쓰는 동안 어린 시절이 떠올라 부모님께 감사한 마음이 더 커졌습니다. 그때는 몰랐지만, 돌이켜보면 부모님의 끊임없는 사랑이 지금의 저를 있게 한 유일한 힘이었습니다. 그 사랑에 보답하기 위해 앞으로도 지속적으로 성장하는 모습 보여드리겠습니다. 부디 건강하게 오래오래 지켜봐 주세요.

그리고 사랑하는 아내! 당신의 헌신과 희생 덕분에 온전히 글쓰기에 집중할 수 있었습니다. 퇴근 후 힘든 내색 없이 아이들을 사랑으로 돌보고 집안일까지 척척 해내는 당신이 존경스럽습니다. 덕분에 우리 아이들이 무척이나 건강하고 행복한 매일을 보냅니다. 늘 긍정적인 당신을 보며 많은 것을 배웁니다. 당신은 나에게 햇살처럼 따뜻하고, 멜로디처럼 아름다우며, 뮤즈처럼 영감을 주는 존재입니다. 당신은 나의 전부이자, 삶의 낙원이자, 세상에서 가장 아름다운 꽃입니다. 진심으로 고맙고 사랑합니다.

우리는 자주 잊고 살지만,

지금 이 순간에도 생의 마지막을 향해
끊임없이 나아가고 있습니다.

지금 이 순간조차 곧 과거가 되고,
한 번 흘러간 시간은 절대로 다시 돌아오지 않습니다.

세상에 예외 없는 단 한 가지 진리가 있다면,
시간은 앞으로만 흐른다는 것입니다.

이 책을 쓰는 동안 이 사실을 마음 깊이 깨달았습니다.

똑같은 순간은 두 번 다시 오지 않기에,
지금 이 순간은 다시는 없을 소중한 시간입니다.

그리고 지금 이 순간, 내 곁에 있는 사람들 또한
더없이 소중한 인연입니다.

부록

> 각 장의 마지막에 있는 「 … 」 문장은 앞서 다룬 내용을 바탕으로 만든 긍정적인 자기 암시 문구입니다.

1장. ADHD와 나에 대한 이해를 넘어서

- 나는 과거의 두려움을 극복하고, 변화를 통해 성장하는 용기 있는 사람이다.
- 나는 ADHD에 대한 정보를 적극적으로 활용해 더 나은 삶을 만든다.
- 나는 변화를 두려워하지 않고, 용기 있게 앞으로 나아가는 사람이다.
- 나는 나의 부족한 부분을 인정하고 개선하기 위해 노력하는 용기 있는 사람이다.
- 나는 욕망회로와 통제회로의 균형을 맞추며 건강한 삶을 산다.
- ADHD 치료는 나의 시간을 더 풍요롭고 의미 있게 만들어 준다.
- 나는 나의 ADHD 특성을 이해하고, 이를 통해 더 나은 소통을 할 수 있다.

2장. 대인관계 개선의 실마리

- 나는 다른 사람들과 조화롭게 어울리며 사회성을 키울 수 있는 사람이다.
- 나는 과거의 상처를 극복하고 진솔한 나를 표현하는 사람이다.
- 나는 상대방의 감정에 공감하고 이해할 수 있는 능력을 가지고 있다.
- 나는 상대방의 생각과 감정을 존중하며, 나의 의견을 강요하지 않는다.
- 나는 상대방의 비언어적 표현을 파악하고, 감정과 의도를 파악한다.
- 나는 상대방의 표정을 읽고, 감정을 이해하며 소통한다.
- 나는 다양한 역할 속에서 나의 우선순위를 정하고, 균형 있는 삶을 사는 사람이다.
- 나는 유연하게 생각하고 행동한다.
- 나는 꾸준히 노력해 소통 능력을 향상시키고, 원만한 대인관계를 유지할 수 있는 사람이다.
- 나는 긍정적인 첫인상으로 사람들에게 좋은 에너지를 전달하는 사람이다.
- 나는 예상치 못한 상황에서도 침착하게 대처하고, 나 자신을 보호한다.
- 나는 감정적인 대응을 자제하고, 차분하게 문제를 해결한다.
- 나는 과거의 상처에 얽매이지 않고, 현재의 관계에 집중한다.

3장. 내면의 힘 기르기

- 나는 어떤 유혹에도 굴하지 않고, 옳은 길을 선택하는 사람이다.
- 나는 건강하고 행복한 연애를 할 수 있는 사람이다.
- 나는 새로운 습관을 만들고, 긍정적인 변화를 이끌어 내는 사람이다.
- 나는 스트레스를 효과적으로 관리해서 새로운 습관 형성에 집중할 수 있는 사람이다."

4장. 함께 성장하기

- 나는 나만의 대화 법칙을 만들고 실천해 자신감 있는 대화를 하는 사람이다.
- 나는 긍정적인 자기 암시를 통해 자존감을 높이고, 자신감 있는 태도로 세상에 맞서는 사람이다.
- 나는 소중한 사람에게 감사와 사랑을 표현할 수 있는 사람이다.
- 나는 임신 기간 동안 스트레스를 관리하고, 건강한 마음으로 아이를 기다린다.
- 나는 ADHD에 대한 이해를 바탕으로 아이에게 더 나은 양육 환경을 제공할 수 있다.
- 나는 뛰어난 눈치와 판단력으로 어떤 상황에도 능숙하게 대처하는 사람이다.

5장. 지백이 대화방 고민 상담

- 나는 긍정적인 에너지로 주변 사람에게 좋은 영향을 주는 사람이다.
- 나는 나의 불안과 질투를 인정하고, 건강하게 해소한다.
- 나는 모두가 함께 즐기는 행사에 참여하고 소속감을 느낄 수 있는 사람이다.
- 나는 통제할 수 없는 일에 대한 걱정을 내려놓고, 현재에 집중할 수 있다.
- 나는 끊임없는 도전과 경험을 통해 나의 잠재력을 발휘할 수 있다.
- 나는 경청하고 공감하며, 상대방과 즐거운 대화를 나누는 사람이다.
- 나는 불편한 상황에서도 침착하게 대처하고 현명하게 소통한다.
- 나는 어려운 상황에서도 감정을 조절하고 현명하게 대처할 수 있다.
- 나는 긍정적인 마음으로 아이의 미래를 바라보고, 희망을 잃지 않는다.
- 나는 아이의 감정 변화에 침착하게 대응하고, 따뜻하게 공감해 줄 수 있다.
- 나는 성숙하고 책임감 있는 태도로 가족들과 소통하며, 서로를 이해하고 존중한다.

참고

1장. ADHD와 나에 대한 이해를 넘어서

01 ADHD인이 흔히 빠지는 인지 오류 17가지

- J. Russell Ramsay, Anthony L. Rostain, 『성인 ADHD의 대처기술 안내서』, 한국성인ADHD 임상연구회 옮김(서울: 하나의학사, 2019), pp. 150-151.
- 리디아 자일로스카, 『ADHD를 위한 마음챙김 처방』, 조현주 외 3인 옮김(서울: 북스힐, 2016), pp. 123-126.

06 약물 치료가 시간을 늦추고 수명까지 늘린다?

- 시간 감각에 영향을 주는 ADHD 약물 치료
  https://www.hani.co.kr/arti/science/science_general/629820.html
  https://www.hani.co.kr/arti/science/science_general/887719.html
- 실제 수명을 늘리는 ADHD 약물 치료
  https://www.yna.co.kr/view/AKR20240314025600009
  https://brunch.co.kr/@drgogo/69

2장. 대인관계 개선의 실마리

10 첫인상을 넘어서 진정한 관계까지

- https://m.dongascience.com/news.php?idx=24648
- 폴커 키즈, 마누엘 투쉬, 『마음의 법칙』, 김희상 역(서울: 포레스트북스), 181.

3장. 내면의 힘 기르기

02 호연지기와 부동심 ②: ADHD인의 연애

- "ADHD 자녀 둔 부부 이혼율 높아," 연합뉴스, 2009년 3월 3일 게시, https://www.yna.co.kr/view/AKR20090303182300009.
- "ADHD, 나이 들면 증상 약해질까?," 헬스조선, 신은진 기자, 2024년 3월 10일 게시, https://health.chosun.com/site/data/html_dir/2024/03/05/2024030501846.html

4장. 함께 성장하기

04 ADHD와 임신: 산모의 스트레스가 태아에 끼치는 영향

- http://www.psychiatricnews.net/news/articleView.html?idxno=34688.
- https://mdtoday.co.kr/news/view/1065567725414976.

지백이 1권의 핵심 메시지를 담은 삐삐 그림입니다. 깊은 고민 끝에 말풍선을 한 줄 한 줄 채웠습니다. 그림을 보며 1권 내용을 떠올려 보세요. 1권의 메시지는 2권으로 이어지며 더 확장됩니다. 내용 이해에도 도움이 될 것입니다. 그림 원본은 QR코드에서도 확인할 수 있습니다.

빨리 쉽게 성공하는 방법 없을까?
성공을 위한 쉬운 지름길은 없어 속지마
어차피 안 될 꺼 왜 열심히 해?
정말 중요한 건 눈에 보이지 않아 공짜는 없어

이것만 사면 더 사고 싶은 건 없어
이걸 사도 결국 사고 싶은 게 계속 생겨 늘 그랬어
너무 어렵네 그냥 건너뛸까
?
익숙하지 않아서 그럴 거야 반복 하자

컨디션이 안 좋아 일단 쉬는 게 합리적이야
아무 것도 못할 정도는 아니야 할 수 있는 걸 하자
나한테 어떻게 이럴 수 있어 너무 화가 나
이해는 안 되지만 이유가 있겠지 에너지 낭비말자

할 게 너무 많아 시간이 부족해 안 될 거야 망했어
시간이 없다고 느껴질수록 좀 더 바쁘게 움직이는 거야 누군가 해
난 남들보다 늘 부족해 왜 항상 불리한 걸까?
불리하지만 그래도 시작하고 완수하는 게 용기야

이번엔 글렀으니 다음부터 진짜 열심히 하는 거야
'지금 여기서' 최선을 다하지 않으면 '언젠가 거기서' 역시 마찬가지야
더 좋은 효율적인 방법은 없을까? 슈퍼 울트라 짱
효율성을 고민 말고 빨리 시작해 일단 하면서 생각해

열심히 했는데 왜 안 되는거야 역시 다 소용 없어
열심히 했지만 조금 부족했나 봐 조금 더 해보자
미리 해둘걸 그때 나는 대체 뭘 한거야
부단하게 노력하는 사람에겐 후회 할 시간이 없다

나 지금 갑자기 해야 할 일이 생각났어! (중요 X)
기분대로 하면 후회해 계획한대로 행동하자
상황이 이렇게 된 건 전부 너/가족/상황 때문이야
일단 심호흡해 내가 오해한 적 많잖아

고민이 있다고? 무슨 말을 해줄까? 무슨 조언을 해줄까?
조언보다 필요한 건 공감과 위로야 말을 아끼자
주변 말대로 일이 쉽게 풀릴 것 같은 기분이야 (근거 X)
주변 말에 휘둘리지 말고 최악을 대비하자

미워하지 않으려면, 미움받지 않으려면

초판 1쇄 인쇄 2024년 12월 2일
초판 1쇄 발행 2024년 12월 9일

지은이 | 김강우
펴낸이 | 소정영

펴낸곳 | 도서출판 하나의학사
출판신고 | 1988년 4월 1일 제2022-000082호

주소 | 서울특별시 송파구 동남로 159, 302호(한흥빌딩)
전화 | 02-730-2555, 2556 **팩스** | 02-730-2557
이메일 | hanampc1@naver.com
홈페이지 | www.hanampc.co.kr

ISBN 979-11-91658-53-8 03180